Bauwelt Fundamente 43

Herausgegeben
von Ulrich Conrads

Beirat
für das Programm:
Gerd Albers
Hansmartin Bruckmann
Lucius Burckhardt
Gerhard Fehl
Rolf-Richard Grauhan
Herbert Hübner
Werner Kallmorgen
Frieder Naschhold
Julius Posener
Dieter Radicke
Mechthild Schumpp
Thomas Sieverts

Michael Trieb

Stadtgestaltung
Theorie und Praxis

Bertelsmann Fachverlag

© 1974 Verlagsgruppe Bertelsmann GmbH
Bertelsmann Fachverlag, Düsseldorf
Umschlagentwurf von Helmut Lortz
unter Verwendung einer Zeichnung von
Jurek Katz und einer isometrischen Skizze von
Ernst May (Frankfurt 1923)
Gesamtherstellung: Mohndruck Reinhard Mohn OHG,
Gütersloh
Alle Rechte vorbehalten · Printed in Germany
ISBN 3-570-08643-7

Inhalt

Vorwort von Thomas Sieverts 9
Vorbemerkung 15
Einleitung 17

Erster Teil

Theorie der Stadtgestaltung 29
1. Stadtgestaltung als Arbeitsfeld 30
   1.1 Geschichtliche Aspekte 30
   1.2 Erkenntnis- und Handlungsfeld 33
   1.3 Definition der Stadtgestaltung 42

2. Erkenntnistheoretische Grundlagen 45
   2.1 Notwendigkeit einer Theorie 45
   2.2 Stufen der Umwelterfahrung 48
   2.3 Vorhandene und wirksame Umwelt 52
   2.4 Interaktionsprozeß Mensch–Umwelt 55
   2.5 Vorhandene, wirksame und erlebte Umwelt 60

3. Grundzüge der Theorie der Stadtgestaltung 66
   3.1 Stadtgestalt, Stadterscheinung und Stadtbild 66
   3.2 Ebene der Stadtgestalt 68
   3.3 Ebene der Stadterscheinung 70
   3.4 Ebene des Stadtbildes 72
   3.5 Grundzüge der Theorie 74

4. Elemente des theoretischen Modells 77
   4.1 Faktoren des Stadtbildes 78
   4.2 Faktoren der Stadterscheinung 82
   4.3 Faktoren der Stadtgestalt 86

5. Theoretisches Modell der Stadtgestaltung 90
   5.1 Wechselbeziehungen der Faktoren 90
   5.2 Zuordnung anderer Wissenschaften 91
   5.3 Ableitung des stadtgestalterischen Planungsprozesses 93

Zweiter Teil

Praxis der Stadtgestaltung 97
1. Stadtgestaltung und Stadtentwicklung 98
    1.1 Element der Stadtentwicklung 98
    1.2 Aufgaben in der Stadtentwicklungsplanung 103

2. Planung auf der Stadtbildebene 110
    2.1 Aspekte des Stadtimages 112
    2.2 Ziele der Stadtgestaltung 118
    2.3 Konzept des Stadtbildes 130

3. Planung auf der Stadterscheinungsebene 140
    3.1 Elemente der Sequenzplanung 140
    3.2 Sequenzplanung 147

4. Planung auf der Stadtgestaltebene 149
    4.1 Höhen- und Baumassenkonzept 159
    4.2 Negativraumstruktur 163
    4.3 Fassadenfolgen 169
    4.4 Repertoire der Stadtgestaltung 182

5. Planungsprozeß der Stadtgestaltung 194
    5.1 Elemente des Planungsprozesses 194
    5.2 Modell der Planungsprozesse 199
    5.3 Planungsprozeß in der Stadterneuerung 203
    5.4 Arbeitsfelder der Stadtgestaltung 208

6. Methoden der Stadtgestaltung 212
    6.1 Bestandsaufnahme und Bestandsbewertung 212
    6.2 Sequenzsimulation und Notierungsverfahren 215
    6.3 Stadtgestalterische Realisierungsmaßnahmen 220

Anhang 227
Literaturverzeichnis 233
Bildnachweis 244

Dem Freund und Lehrer Antero Markelin gewidmet

Vorwort

Vor fast zehn Jahren haben wir in einem Seminar an der Technischen Universität Berlin aus Begeisterung für die konzeptionell neue Sichtweise von Stadt, die Kevin Lynch in seinem Buch »The Image of the City« entwickelt hatte, diesen Betrachtungsansatz auf die Untersuchung eines Stücks des Berliner Stadtteils Wedding übertragen. Seit dieser Zeit hat sich auch in der Bundesrepublik das Gebiet der Analyse der Stadtgestalt, ihrer Wirkung auf den Bewohner und der planvollen Beeinflußbarkeit dieser Wirkung in die Breite entwickelt, die Literatur ist kaum noch ohne weiteres zu übersehen, und das Gebiet beginnt sich allmählich als eigenes Arbeitsfeld auch in der Planungspraxis durchzusetzen.
Deshalb erscheint dieses Buch zu einem Zeitpunkt, in dem es mit einem besonderen Interesse rechnen kann. Mit ihm wird der Versuch gemacht, eine Zwischenbilanz aus Arbeiten in vielen Ländern zu ziehen und eine systematische Ordnung in die vielfältigen Gedankenansätze zu bringen, indem diese zurückgeführt werden auf einige psychologische Gesetze und Grundbegriffe. Fast noch wesentlicher aber sind die Vorschläge für die Anwendung der Erkenntnisse in der Planungspraxis, die hier skizziert werden. Das Studium dieses Buches ist nicht immer ganz einfach, manches wird sich vielleicht noch in einem weiteren Abklärungsprozeß begrifflich einfacher fassen lassen. Ich möchte versuchen dazu beizutragen, eine Verständnisbrücke vom derzeitigen Zustand der Stadtgestalt und von der gegenwärtigen Lage der Stadtentwicklung, wie ich sie sehe, zu den Aussagen dieses Buches zu schlagen, indem ich insbesondere die gesellschaftlichen Voraussetzungen und Möglichkeiten zu skizzieren versuche, innerhalb derer Stadtgestaltung heute steht und konkretisiert werden muß.
Wir stehen gegenwärtig in den »alten« Industrieländern Europas am Beginn einer neuen Phase der Stadtentwicklung, die gekennzeichnet ist durch stagnierendes Bevölkerungswachstum und abgeschwächtes Stadtwachstum. Die wesentliche vor uns liegende Aufgabe des Städtebaus wird das »Inordnungbringen« der vorhandenen Stadtsubstanz sein unter Ausnutzung der Verschiebungen in der Wirtschafts- und Gesellschaftsstruktur. Das bedeutet kontinuierlichen Stadtumbau und fortwährende Stadterneuerung. Hierin liegt eine Chance, unsere in vieler Hinsicht so unbefriedigenden Städte langfristig auch gestalterisch wieder zu ordnen, sie erlebnisreicher zu machen und sie zu humanisieren. Hierzu mangelt es bisher nicht nur an gesetzlichen, ökonomischen und organisatorischen Mitteln, sondern ganz besonders auch an konzeptionellen Vorstellungen, ohne die die besten Gesetze und ökonomischen Möglichkeiten nichts nützen.
Der Nachkriegsaufbau zeigt einen Verlust an Stadtgestalt, wie wir ihn in der Geschichte der Stadt noch nicht erlebt haben. Die Stadtgestalt hat sich in der Stadtregion aufgelöst, die Stadterweiterungen zeigen einen schwer erklärbaren Mangel

an räumlicher Qualität, die auch durch gelungene Einzelbauwerke kaum verbessert werden kann; die Erneuerung der Stadtkerne ist nur selten gestalterisch befriedigend gelungen.

Der Rückgriff auf historische Vorbilder ist nur noch in mittelbarer, übersetzter Form möglich.

Wir müssen uns einerseits mit dem vielfältigen historischen Erbe im Sinne einer lebendigen Stadtbildpflege auseinandersetzen, andererseits unsere eigenen Zusätze, Umbauten und Erweiterungen nach unseren gesellschaftlichen Bedingungen formen, um den dialektischen Prozeß des ständigen Gestaltwandels der Stadt lebendig zu halten.

Die gesellschaftlichen Bedingungen, unter denen heute Stadtgestalt entsteht und erlebt wird, sind völlig andere, ohne historische Vorbilder. Die aufgelöste Stadtgestalt ist nur noch vom Flugzeug aus großer Höhe erfaßbar, sonst nur noch entweder in kleinen Abschnitten oder in den Querschnitten der Verkehrsbänder erlebbar. Diese Verkehrswege, der parzellierte Bodenmarkt und grob gerasterte Nutzungsbestimmungen sind die wesentlichen Bestimmungsfaktoren, die die Stadtgestalt heute formen, im Zusammenwirken mit der Anonymität von Kapitalgesellschaften und öffentlicher Hand, die die wesentlichen Bauherren stellen.

Die Ergebnisse dieser Kombination sind unbefriedigend. Nicht nur im großen, auch im stadtgestalterischen Detail löst sich die Stadtgestalt auf: Die Topographie wird zunehmend überspielt von den technischen Verkehrsbauwerken, diese haben keinen gestalterisch-räumlichen Zusammenhang mehr mit den durch sie erschlossenen Gebäudekomplexen, die Straßen haben sich nach ingenieurtechnischen Gesetzmäßigkeiten selbständig gemacht. Die Gebäude geraten dadurch in räumliche Isolierung, architektonische Mittel allein sind im allgemeinen zu schwach, die Bedeutung im einzelnen und im Stadtganzen sinnfällig zu machen.

Allmählich beginnen wir wieder, die Bedeutung der Stadtgestalt zu begreifen. Nach der quantitativen Befriedigung von elementaren Bedürfnissen der Nahrung und Kleidung, der Wohnung und der Arbeit gewinnt die Qualität dieser Basisfunktionen und der räumliche Rahmen des Alltags an Bedeutung, sie werden zunehmend nicht mehr allein instrumental-funktional zur Verbesserung des materiellen Lebensstandards betrachtet, sondern als Teil der Lebensqualität selbst begriffen. Der Grad ihrer Verknüpfung und ihrer Qualität wird in der täglichen Umwelt erfahren und symbolisiert sich auch in der Stadtgestalt. Der Bedeutungscharakter steht gleichwertig neben dem funktional-instrumentalen Charakter der Umwelt.

Sinnliche Erfahrung hat etwas mit Sinn-Erfahrung zu tun, persönliche Verantwortung für die Stadt, in der man lebt, wächst nur bei Identifikation mit ihr oder – einfach ausgedrückt – indem man seine Stadt liebt, und zu jeder Liebe gehört »Sinnlichkeit«.

Der Ganzheitscharakter der Stadt kann aber heute nur noch über die Erfahrung von Teilbereichen und über deren Verbindung durch Verkehrswege vermittelt werden. Dabei stehen wir vor einem Dilemma: Die einzelnen Elemente der Stadt sind zwar wie niemals zuvor voneinander abhängig – ohne »Infrastruktur« wäre die Stadt auch nicht einen Tag lang lebensfähig –, denn Stadt ist als **Wirkungsgefüge** keine Addition von Einzelparzellen, sondern ein höchst produktives und verflochtenes kollektives Instrument. Wir können aber diesen Wirkungszusammenhang nicht mehr sinnfällig anschaulich machen.

Das einzelne Gebäude ist nur noch selten, für sich allein betrachtet, von allgemeiner Bedeutung, das »Einzelmonument« ist die Ausnahme – oder sollte sie zumindest sein. Denn das einzelne Gebäude ist nur funktionsfähig und erhält seinen Sinnzusammenhang aus seiner Stellung im Stadtganzen. Und gerade dieses Ausdrucksziel kann so selten erreicht werden: Funktion und Bauweise der üblichen und typischen Bauaufgaben machen es den Architekten schwer, einzigartige und unverwechselbare Architektur zu schaffen: Die Lochfassade im Großtafelwohnungsbau ist nur in engen Grenzen variierbar, die Rasterfassade des Bürohauses ebenfalls, anstelle des architektonischen Ausdrucksmittels der Gestalt treten Lichtreklame, Schilder, grafische Zeichen.

In dieser Situation gewinnt der »Außenraum« im weitesten Sinne an unersetzlicher Bedeutung: Topographische Merkmale, auch ganz bescheidener Art, wie Bäume, Hügel, Wasser, markieren eine Situation als unverwechselbar. Die Straßen verschiedener Art bilden eine neue, künstliche Topographie, die als Stadtgestaltungsprobleme allerersten Ranges zu sehen sind. Nur durch das Netz von Topographie und Verkehrswegen können Situationen geschaffen werden, in der die Bauten und ihre Zusammenfügung Außenräume bilden können, die in ihrer Ordnung den Gesamtzusammenhang der Stadt sinnfällig machen. Nicht mehr die architektonische Qualität der Bauten selbst, sondern die Ordnung der Freiräume ist in erster Linie entscheidend für die Stadtgestalt. Erst die zusammenhängende Ordnung der Freiräume weist dem Bauwerk seinen Standort an, aus dem heraus es seine spezifische architektonische Qualität entwickeln kann. Die Ausformung der öffentlich zugänglichen Freiräume als eine Folge von Raumerlebnissen ist die zentrale Aufgabe der Stadtgestaltung.

Der strukturelle Zusammenhang der Freiflächen und Standorte ist eine Aufgabe der Stadtplanung, ihre Gestaltung eine Aufgabe des Städtebaus im weiteren Sinne, also unter Einschluß der Landschaftsgestaltung. Stadtplanung und Städtebau liefern die »Vorlagen« – um im Fußballjargon zu sprechen –, die von Architekt und Bauherr in Architektur »verwandelt« werden müssen. Stadtplaner, Städtebauer und Architekt müssen deshalb wieder enger zusammenrücken.

Eine Reihe von Ursachen für den im ganzen unbefriedigenden Zustand der Stadtgestalt liegt im gestörten Verhältnis zwischen öffentlicher Hand, Bauherr und Architekt. Wenn wir in Zukunft das skizzierte Dilemma zwischen dem funktionellen Charakter der Stadt und ihrer Gestalt schrittweise auflösen wollen, müssen wir die »Produktionsbedingungen« analysieren, unter denen die vielen beteiligten Partner heute arbeiten.

Der Architekt heute ist nach seiner Tätigkeit und in seinem Selbstverständnis ein Produkt der bürgerlichen Gesellschaft des 19. Jahrhunderts, in der er sich neben anderen »freien Berufen« als Berater des bürgerlichen Bauherrn herausgebildet hat. Noch die berühmte BDA-Rede von Hans Poelzig im Jahre 1930 beschreibt das persönliche Verhältnis zwischen Bauherrn und Architekt als eine der wesentlichen Voraussetzungen für gelungene Architektur. Ein Blick auf die Bautafeln der Baustellen zeigt einen tiefgreifenden Wandel in diesem Verhältnis: Anstelle des persönlichen, selbstverantwortlichen Bauherrn ist gerade bei den für die Allgemeinheit wesentlichen Bauten der »Funktionär« getreten, der im Auftrag einer »juristischen Person« handelt, einer Firma, einer Stiftung, einer öffentlich-rechtlichen Körperschaft, einer Verwaltung. Kennzeichen des Funktionärs ist seine Abhängigkeit, Weisungsgebundenheit und prinzipielle Austauschbarkeit. Bei großen, komplexen Aufgaben ist er sogar nur noch für Teile zuständig, für das Ganze gibt es keinen Verantwortlichen mehr. Dies ist eine reine Tatsachenfeststellung, ohne polemische Nebenabsicht.

Aber nicht nur auf der Seite des Bauherrn, auch auf der des Architekten ist ein vergleichbarer Wandel zu erkennen: Die bis in das Detail hinein persönlich von einem Architekten geprägten Bauwerke sind eine Minderheit, die zudem selten die großen Gemeinschaftsaufgaben umfassen. Auch die gestalterische Verantwortung ist im Zuge der Arbeitsteilung bei den eigentlich zeittypischen Bau-Aufgaben aufgesplittert bis zur nahezu völligen Anonymität. Hier liegt sicherlich eine wesentliche Ursache für das so typische gestalterische »Mittelmaß«, das nicht zur Schönheit, auch nicht zur Häßlichkeit, sondern vielmehr zur risikolosen Langeweile führt. Denn immer noch gilt und wird wohl immer gelten: Gestalterische Qualität setzt Kreativität voraus, und diese wiederum wird genährt von viel »Herzblut«, persönlicher Verantwortung, Unbequemsein, Mut und Dialog von Person zu Person (nicht von juristischer zu juristischer Person). In diesem Tatbestand haben wir wahrscheinlich ein Kernproblem der Stadtgestaltung vor uns. Ein Zurück zum allgewaltigen fürstlichen Bauherrn und zum »Meisterarchitekten« gibt es nicht, im Gegenteil, die Arbeitsteilung wird noch weiter fortschreiten, die Zahl der beteiligten Partner weiter wachsen. Wie ist unter derartigen Produktionsbedingungen überhaupt Kreativität zu fördern und zu verwirklichen?

Die Erfahrungen mit der Arbeit in der Gruppe – in Gruppen der verschiedensten Art – sind ebenso vielfältig wie zwiespältig. Die Gruppe – sei es ein großes, interdisziplinäres Büro, eine Behörde, eine Firma der Wirtschaft – ist verantwortlich für die Kontinuität und das Entscheidungsmilieu, das Klima, in dem kreative Leistungen entstehen, wachsen und realisiert werden können. Ohne diese Kontinuität und ohne dieses Klima wäre Kreativität zum Verdorren verurteilt, wie andererseits die Gruppe ohne den unbequemen, kreativen Nonkonformisten gestalterisch nur Unbedeutendes produziert. Das muß zu erheblichen Spannungen führen zwischen den »Machern« am Reißbrett und in der Baugrube und den verantwortlichen »Committee-men«, die den Überblick behalten müssen. Diese um der Sache willen notwendigen Spannungen führen meist zu unfruchtbarer bürokratischer Reglementierung, nicht zum fruchtbaren Austragen dieser Spannungen. Die Voraussetzungen kreativer gesellschaftlicher Arbeit in einer so hochgradig arbeitsteiligen Gesellschaft wie der unseren ist noch nicht genügend durchschaut.

Die Problematik kreativer Gestaltung des öffentlichen Raumgefüges wird sich in Zukunft noch verschärfen durch zunehmende und gezieltere Bürgerkritik, die vielfach auch nur bestimmte Teilinteressen vertritt, und durch das Verlangen nach Mit- und Selbstgestaltung. Die Kompliziertheit der Planungsverfahren ist heute schon so groß, daß bürokratische Schematisierung kaum noch zu vermeiden ist. Diese Schematisierung kann nur über ein Durchdenken der verschiedenen Planungsebenen und der durch sie gegebenen Planungsinhalte und Planungsgrenzen vermieden werden. Dabei geht es um ein Durchdenken des vernünftigen und legitimen Geltungsbereichs von Planung auf den verschiedenen Ebenen und um das Abstecken der die Planung komplementär ergänzenden Bereiche, die der inneren Selbstentfaltung überlassen bleiben sollten. Das bedeutet, daß man sich auf den verschiedenen Planungsebenen in der konkreten Gestaltung auf die Sachverhalte beschränkt, die jeweils den notwendigen kollektiven Rahmen setzen als Voraussetzung für nachgeordnete Ebenen. Diese kollektiven Rahmenbedingungen, wie zum Beispiel das Hauptstraßennetz, das Hauptfußwegenetz und die öffentlichen Einrichtungen, sollten dann aber in ihrer übergeordneten Bedeutung auch in ihrem gestalterischen Zusammenhang kräftig zum Ausdruck gebracht werden. Innerhalb eines solchen dominanten Gestaltrahmens können dann individuelle Gestaltansätze nach festgelegten »Spielregeln« entwickelt werden und wachsen.

Das lebendige Wechselspiel zwischen kollektiver Struktur und individuellem Ausdruck, zwischen Planung und Spielraum muß in der Organisation der Planung seinen Niederschlag finden, in neuen Formen der Zusammenarbeit, die die Einheit in der Vielfalt und die Vielfalt in der Einzeit gedeihen lassen. Zu diesem Zweck müssen auch neue, anschauliche Darstellungs- und Verständigungsmittel entwickelt werden, die den Dialog zwischen den verschiedenen Planungsebenen ermöglichen, in dem Gestaltungsalternativen anschaulich gemacht und damit diskutiert werden können.
Im Zuge der Entwicklung zu weiterer Arbeitsteilung werden sich die Tätigkeiten und das Selbstverständnis von öffentlicher Hand, Bauherren und Architekten weiter wandeln müssen. Der Weg wird vom »funktionalistischen Bauen« zum »konditionierenden Bauen« gehen, zur Kontinuität des Umbauens und Erneuerns, zum Wechselspiel zwischen Raumnutzung und Raumform. Der Begriff der architektonischen Qualität im engeren Sinne als formale Gestaltqualität verliert dadurch nicht an Bedeutung, er wird weiter gefaßt werden, eingebunden in einen Qualitätsbegriff, der den Entstehungs- und Nutzungsprozeß mitumfaßt, der Stadt lebendig macht.
Stadtgestalt als öffentliche Aufgabe besteht in der Gestaltung des öffentlichen Raums und in der Setzung von Spielregeln für die einzelnen Akteure, die den Rahmen des öffentlichen Raums ausfüllen, seien es einzelne oder Gruppen, Benutzer oder Investoren, Bewohner oder Besucher. Dieses »Ausfüllen« des kollektiv gesetzten Rahmens im Sinne einer guten Konvention oder auch im Sinne des Experiments, des »Außer-Gewöhnlichen« bedarf der starken gestalterischen Einbindung in den öffentlichen Raum, wenn der gesellschaftliche Charakter von Stadt wieder sichtbar werden soll.
Stadtgestaltungspolitik muß als ein Kernstück der Kulturpolitik aufgefaßt werden,

einer Kulturpolitik zur Herstellung und Sicherung der Stadt als Kulturlandschaft und als kulturelles Instrument der Kommunikation.
Für die Konzeption einer solchen Stadtgestaltungspolitik vermittelt das Buch gedankliche Grundlagen und praktische Anregungen, die hoffentlich auf einen fruchtbaren Boden fallen werden.

Thomas Sieverts
April 1974

Vorbemerkung

Stadtgestaltung ist bewußte Arbeit an der psychischen Qualität unserer Städte. Sie war lange Zeit ein vernachlässigtes Arbeitsfeld der Stadtplanung, das erst durch die zunehmende Kritik an der urbanen Umwelt wieder an Bedeutung gewann. Jetzt zeichnet sich ab, daß das wachsende Umweltbewußtsein der Öffentlichkeit Stadtgestaltung zu einer gesellschaftspolitischen Aufgabe werden läßt. Diese wird sie aber nur dann erfüllen können, wenn ihre Ziele, Mittel und Methoden so weit entwickelt sind, daß sie die nachvollziehbare Grundlage aller Entscheidungen bilden können, die die Stadtqualität beeinflussen. So beruht die vorliegende Veröffentlichung auf der Überzeugung, daß die Qualität der urbanen Umwelt kein Zufallsprodukt sein darf, sondern das Ergebnis bewußten Handelns werden muß, das praktische Aufgaben auf der Grundlage theoretischer Erkenntnisse zu lösen versucht. Angesichts des komplexen Erkenntnis- und Handlungsfeldes der Stadtgestaltung kann sie aber nicht mehr als ein Versuch sein, einen Beitrag für die sinnvolle Einbindung stadtgestalterischer Aspekte in den Prozeß der Stadtentwicklung zu leisten.
Wesentliche Impulse während meiner langjährigen Beschäftigung mit dem Gebiet der Stadtgestaltung verdanke ich der intensiven und kritischen Beteiligung der Studenten an den Seminaren zur Stadtgestaltung an der Universität Stuttgart. Dabei belebte Professor Dr. Max Bense aus der Sicht der Wissenschaftstheorie einerseits, der Informationsästhetik andererseits mit temperamentvollen Verknüpfungen von Erkenntnissen verschiedener Wissenschaftszweige meine Auseinandersetzung mit diesem Problemkreis – ohne daß er in irgendeiner Weise mit dem Ergebnis identifiziert werden dürfte. In ihrem interdisziplinären Ansatz würde diese Arbeit entscheidende Mängel enthalten, wenn nicht Prof. Dr. Joachim Franke die hier entwickelten Grundgedanken mit ständig kritischem Interesse verfolgt hätte. Ohne diese Unterstützung aus sozialpsychologischer Sicht wäre der theoretische Ansatz teilweise vielleicht Spekulation geblieben.
Für die intensive Bemühung um die zeichnerischen Darstellungen einzelner Aspekte des Themas danke ich an dieser Stelle Frau Maria Elaine Kohlsdorf sowie den Herren Jurek Katz und Wittig Belser. Frau Ruth Schaufler war die treibende Kraft während der Realisierung dieser Veröffentlichung; so bin ich ihr für weit mehr als die technische Bearbeitung der verschiedenen Manuskriptfassungen zu tiefem Dank verpflichtet. Die vielfältige Unterstützung und ständige Förderung durch den Architekten und Stadtplaner Prof. A. Markelin hat meine Arbeit auf diesem Gebiet überhaupt erst möglich gemacht. Er war es, der meine skizzenhaften Vorstellungen zu einem Zeitpunkt aufgriff, an dem der ganze Problemkreis

noch vielen suspekt erschien. Während mehrerer Jahre verfolgte er jede Phase ihres Entstehens und gab besonders in kritischen Momenten immer wieder neue Anstöße. So ist ihm dieses Buch gewidmet – ohne daß das mehr als die Andeutung eines Dankes sein kann.

Stuttgart, im Juni 1974   Michael Trieb

Einleitung

Stadtplanung erreicht heute nur selten den geistigen Rang, der etwa einer Weltmeisterschaft im Schachspiel zuzumessen ist. Denn: Wann wird wirklich jede einzelne städtebauliche Entscheidung von allen denkbaren Seiten auf ihre direkten und indirekten Wirkungen überprüft? Der Vergleich zwischen einem guten Schachspiel und dem üblichen städtebaulichen Entscheidungsprozeß fällt meist sehr ungünstig für den letzteren aus. Das aber ist bedauerlich, da die Konsequenz einer falschen Maßnahme in der Stadtplanung ungleich schwerwiegender als die eines falschen Zuges auf dem Schachbrett ist – sie bestimmt den Alltag vieler, manchmal für Generationen. Weiß also derjenige, der, an welcher Stelle auch immer, für städtebauliche Entscheidungen mit verantwortlich ist, oft gar nicht, was er tut? Es scheint so; schlimmer noch, oft kann er es gar nicht wissen! Passanten, die im Großstadtverkehr stecken, sich durch ein Automeer winden, sind das Opfer städtebaulicher Entscheidungen, die das Verkehrsproblem lösen sollten, deren Nebenwirkungen man aber unterschätzte oder übersah. Rentner, die am Ende ihres Lebens aus ihrer altvertrauten Wohnumgebung vertrieben wurden und sich in funktionsgerechten, aber sterilen neuen Siedlungen wiederfinden, aller emotionalen Bindungen an ihre alte Umgebung beraubt, symbolisieren unbeabsichtigt die Folgen städtebaulicher Entscheidungen, die die Wohnungsnot beheben sollten. Was symptomatisch für die Entscheidungsprozesse in allen Gebieten unseres Lebens heute ist, gilt auch für die Stadtplanung: daß Entscheidungen, die zur Lösung einzelner Probleme dieser Gesellschaft beitragen sollen, ohne Berücksichtigung anderer Faktoren, unmittelbarer Nebenwirkungen und langfristiger Folgen gefällt werden. Die Folge: Durch die Lösung alter Probleme werden oft neue geschaffen. Die Steigerung der Industrieproduktion führt zur Umweltverschmutzung, die Erhöhung der Agrarproduktion führt zu Lebensmittelvergiftungen, der Versuch, die Verkehrsprobleme städtebaulich zu bewältigen, oft zu unmenschlichen Städten. Die Ursache ist nicht nur Kurzsichtigkeit, Nachlässigkeit oder böser Wille. In vielen Fällen fehlen auch die Kenntnisse über die Wirkung solcher Entscheidungen, bei denen, die sie treffen ebenso wie bei den Betroffenen selbst.

Dekoration, Renditefaktor oder Politikum?

So wurde auch in der Stadtplanung lange der Aspekt der psychischen Wirkungen der gebauten Umwelt auf die Stadtbewohner vernachlässigt. Das Ergebnis aber treibt heute die Menschen auf die Barrikaden, und immer geht es dabei auch um Fragen der Stadtgestaltung!
Aber – was ist Stadtgestaltung? Während sich die Haupteinkaufsstraßen von Hamburg bis Stuttgart mehr und mehr gleichen, während die Freizeitzentren von

der Ostsee bis zum Schwarzen Meer austauschbar scheinen und zwischen Flensburg und Passau der Verlust städtischer Identität beklagt wird, wird Stadtgestaltung zum Prediger der Menschlichkeit im Sinne urbaner Individualität. Wenn sich der französische Staatspräsident mit der Frage beschäftigen muß, ob der Arc de Triomphe sich für die Passanten auf den Champs Elysées weiter von dem Hintergrund des sich stets verändernden Pariser Himmels abheben soll oder vor der im Entstehen begriffenen neuen Stadtsilhouette der City-Erweiterung an der Défense, dann wird Stadtgestaltung zum Politikum. Wo, wie bei den gegenwärtigen Vorschlägen zur Erneuerung des Picadilly-Circus in London, an einem Ort nationaler Bedeutung gerüttelt wird und die Bevölkerung Londons auf die Barrikaden geht, weil hier Werbung zum Augenschmaus, Dekoration zum Lebensbestandteil wurde, da wird Stadtgestaltung zum Anliegen einer ganzen Weltstadt. Wenn die gleichen Städte, die täglich mehr ihr eigenes Gesicht verlieren, zunehmend Anstrengungen machen, ihr Image, das aber heißt: ihren Ruf, ihre Attraktivität im Bewußtsein der eigenen Bewohner wie der Fremden zu verbessern, dann ist Stadtgestaltung oft nichts anderes als ein Renditefaktor. Wo Städte auf der Suche nach dem Besonderen in ihrem Image sind, wenn Hannover durch »Straßenkunst«, München durch »heitere Spiele« und Stuttgart als »Partner der Welt« charakterisiert sein will, da geht es um konkrete wirtschaftliche Fragen. Und wenn, wie am Bodensee, das Wettrennen der Gemeinden um das beste Stück vom Kuchen des Massentourismus Gefahr läuft, das Bodenseeufer zu einem anonymen Betonverhau werden zu lassen und das Innenministerium des Landes Baden-Württemberg diese Entwicklung durch einen stadtgestalterisch begründeten Hochhauserlaß zu verhindern sucht, dann wird Stadtgestaltung zum Gegenstand von Ministerialerlassen.

Advokat der Bürgerseele

Stadtgestaltung als Politikum, als Renditefaktor, als Ministerialerlaß, als Bürgerbegehren, als Bannerträger urbaner Menschlichkeit? Sicher – das sind Facetten der Stadtgestaltung heute. Denn Stadtgestaltung im hier verstandenen Sinne, als ein Teil der Stadtplanung, der lange vernachlässigt wurde, steht vor solchen und anderen Problemen. Oft ohne Maßstäbe, die an sie gelegt werden könnten, ohne Kriterien, die unserer Zeit entsprechen würden, ohne Werte und Wertwichtungen, die unsere Gesellschaft repräsentieren könnten. Diese Werte in einer gesellschaftspolitischen Diskussion herauszukristallisieren und ihnen, soweit es mit städtebaulichen Mitteln möglich ist, in der Stadtplanung Rechnung zu tragen, ist die eigentliche Aufgabe der Stadtgestaltung. So verstanden ist Stadtgestaltung weit mehr als etwa nur urbane Bühnenkunst, städtebauliche Dekoration oder Umweltkosmetik. Für sie sind Emotionen ebenso wichtig wie Vernunftgründe, als Spiegel psychischer Reaktionen, denen die Stadtplanung genauso Rechnung tragen muß wie etwa wirtschaftlichen oder verkehrstechnischen Gesichtspunkten. Stadtgestaltung in diesem Sinne betrachtet den öffentlichen Raum, die Straßen, Plätze und andere Freiräume, als einen Erlebnisraum, der nicht nur physische, sondern auch psychi-

1 Erlebniswirksamkeit geplanter Monotonie

sche Bedürfnisse erfüllen muß. Damit ist ihr Arbeitsfeld nicht nur die äußere Erscheinung – woran der Begriff Stadtgestaltung zunächst denken läßt –, sondern auch die Nutzung und die Bedeutung unserer täglichen Umgebung. Denn: was im Bewußtsein der Städter zählt, wie wohl sie sich auf dem Weg zur Arbeit, beim Spaziergang oder beim Einkauf fühlen – das aber hängt davon ab, was sie erleben. Die Faktoren, die dieses Erlebnis bestimmen, reichen von der Art der Nutzung über die Erscheinung bis zu ihrer Bedeutung – anders ausgedrückt: von den Wohnungen in einem Gebiet über die Fassaden, hinter denen sie liegen, bis zu dem Ruf, den sie genießen.

Die tägliche Umgebung

Städtische Umwelt ist nichts anderes als die tägliche Umgebung jedes Städters, die dieser bewußt und unbewußt auf jedem Weg, auf jeder Fahrt erlebt. Diese städtische Umwelt, der öffentliche Raum, ist die Alltagswelt der Stadtbevölkerung, die allen gemeinsam ist. Ihre wesentlichsten Elemente sind Erlebnisräume, deren Attribute nicht nur physischen, sondern auch psychischen Bedürfnissen genügen müssen, die sich in der Bewertung des Stadtimages oft am deutlichsten äußern können. Mit der zunehmenden Befriedigung der Primärbedürfnisse wie Wohnungskomfort oder Lebensstandard gewinnt die Qualität der urbanen Umwelt immer größere Bedeutung im Bewußtsein der Städte. So beginnen auch nicht von ungefähr die Nachrichtenmedien in den letzten Jahren, sich der Stadtgestalt, der Wirkung der städtebaulichen Umwelt auf die Menschen mehr und mehr anzunehmen. Hier artikuliert sich ein allgemeines Unbehagen an der ästhetischen Verarmung unserer Städte, dem eine Mangelerscheinung psychischer und intellektueller Art zugrunde liegt.

2 Bewußte Vielfalt oder Umweltkosmetik?

Vernachlässigung elementarer Lebensbedürfnisse

Um was geht es? Um die Vernachlässigung derjenigen psychischen Bedürfnisse des Menschen, die nur durch seine urbane Umwelt befriedigt werden können – die heute aber oft nur Unerfreuliches bietet. Da aber die psychischen Komponenten unserer Umweltwahrnehmung unablösbarer Bestandteil der für unsere Handlungen wirksamen Umwelt sind, beeinflussen diese psychischen Mangelerscheinungen unsere Aktionen und Reaktionen mehr, als es uns bewußt ist. So deutet das Unbehagen am heutigen Städtebau immer mehr auf Lebensbedürfnisse des Menschen hin, die vorhanden sind, aber nicht befriedigt werden. Der Mangel an möglichen emotionalen Beziehungen zur urbanen Umwelt als Basis persönlicher Ortsbezogenheit gehört ebenso dazu wie die Erlebniswirksamkeit geplanter Monotonie, mangelnder Orientierungsmöglichkeiten in Neubaugebieten und die generelle Unwirtlichkeit des öffentlichen Raumes unserer Städte.[1] Städtebauliche Mängel dieser und ähnlicher Art umschreiben ein unbewältigtes Aufgabenfeld der Stadtplanung, dessen im eigentlichen Sinne gesellschaftspolitische Bedeutung noch kaum erkannt ist. In der städtebaulichen Planungspraxis wird man dann, oft unbewußt mangels begründeter Kenntnisse, oft ohnmächtig mangels politischer Durchsetzungskraft, Mitschuldiger oder Zeuge neuer Irrtümer.

Die verlorene Realität

Stadtplanung war bisher weitgehend von der politischen Wichtung wirtschaftlicher, rechtlicher, technischer und verkehrstechnischer sowie im besten Falle sozialer Faktoren geprägt; psychische Faktoren, etwa die sozial relevante Ästhetik, standen an letzter Stelle – wenn überhaupt. Darüber hinaus führte die Komplexität stadtplanerischer Aufgaben dazu, daß mit einem abstrakten Zeichensymbolsystem die Zukunft nicht nur einzelner Stadtviertel, sondern auch ganzer Städte geplant und in Stadtentwicklungsplänen, Flächennutzungsplänen, Strukturplänen und Bebauungsplänen fixiert werden muß; dabei aber gerät nur zu oft die Realität in Vergessenheit, für die diese Zeichensymbole stehen.[2] Freilich für eine komplizierte Realität: Wo in einem Stadtplan ein Kreuzsymbol sich findet, befinden sich vielleicht in Wirklichkeit eine viergeschossig bebaute Straßenkreuzung, eine Straßenbahnhaltestelle, eine Litfaßsäule, ein Zeitungskiosk, drei Bäume und ein sich sonnender Hund zwischen einigen Passanten. Und in der Realität hofft hier zur gleichen Zeit ein junges Mädchen, stirbt ein Verkehrsteilnehmer, friert eine

---

1 Alexander Mitscherlich und seinen Schülern Heide Berndt, Alfred Lorenzer und Klaus Horn kommt das Verdienst zu, im Sinne Victor Hugos »J'accuse!« dieses Unbehagen an dem gegenwärtigen Städtebau nachvollziehbar gemacht und mit großer Resonanz in der Öffentlichkeit artikuliert zu haben. A. Mitscherlich, Die Unwirtlichkeit unserer Städte, Frankfurt a. M. 1965; H. Berndt, A. Lorenzer, K. Horn, Architektur als Ideologie, Frankfurt a. M. 1968.

2 T. Sieverts, Stadtgestalt, Wissenschaft und Politik, in: Mitteilungen der Deutschen Akademie für Städtebau und Landesplanung, H. 12, 1972.

alte Frau, gibt ein Arzt eine Injektion, macht jemand ein gutes Geschäft, wird ein Kind geboren, brütet ein Schüler über seinen Aufgaben und zwitschert ein Kanarienvogel. Mit der Überlagerung der einzelnen Tätigkeiten, der vielfältigen Vorstellungen, Bedürfnisse, Erwartungen und Erlebnisse wird der gleiche Ort, der gleiche Punkt auf der Karte zur gleichen Zeit vielfach erwartet, erlebt und erinnert. Stadtplanung aber heißt, für all diese Schicksalsmomente zu planen: um sie zu ermöglichen und um sie zu erleichtern; dazu aber gehört auch die Qualität des öffentlichen Raumes unserer Städte. So ist die Stadt der Rahmen und das Abbild menschlicher Tätigkeiten, der Ort, in dem wir geboren werden, arbeiten, träumen, wohnen, hoffen, schlafen, verzweifeln, lieben und sterben als Individuen, als Gruppe und als Gesamtheit. Unsere Straßen und Plätze sind für diese Tätigkeiten nichts anderes als der erweiterte Lebensraum, der Wohnraum des einzelnen, den er mit mehreren in seiner Wohnstraße, mit vielen in seinem Viertel, mit allen im Stadtzentrum teilt. Maßnahmen, die die Neubildung wie die Veränderung des öffentlichen Raumes zur Folge haben – städtebauliche Planungsmaßnahmen also –, haben Auswirkungen auf den einzelnen Menschen nicht als anonymen Einwohner, sondern als Individuum mit seinen physischen, psychischen und intellektuellen Eigenschaften.[3] Zwei Aspekte dieser Tatsachen hat die Stadtplanung in den letzten Jahrzehnten vernachlässigt: das ständige Bewußtsein, daß sie nicht für Einwohnerzahlen, sondern für Gruppen von Individuen Entscheidungen trifft, und das Wissen darüber, daß der Mensch nicht nur eine physische, sondern auch eine psychische Seite hat, die durch städtebauliche Maßnahmen oft stark beeinflußt wird. Daher wird heute nur selten an der Qualität unserer urbanen Umwelt bewußt und mit nachvollziehbaren Kriterien gearbeitet. Während jeder Gastwirt weiß, wie sehr die Attraktivität seines Lokals für diese oder jene Gruppe von Gästen von der Einrichtung seiner Räume abhängt, und eine ganze Industrie davon lebt, dem einzelnen eine Wohnumgebung zu ermöglichen, in der er sich scheinbar oder wirklich wohlfühlt, haben die Stadtplanung und das Bewußtsein der Öffentlichkeit jahrzehntelang den öffentlichen Raum als Qualität vernachlässigt. Das beweist der Vergleich zwischen den zahllosen liebevoll eingerichteten Wohnzimmern einerseits und den Straßen, an denen diese Wohnzimmer liegen, in fast jeder neuen Siedlung.

Folgen einseitiger Entscheidungen

Freilich, wer den Entstehungsprozeß der Planungen vieler Siedlungen kennt, wundert sich nicht: Werden nicht die meisten städtebaulichen Wettbewerbe bisher aus der Vogelperspektive entschieden? Fehlen nicht nur die Kriterien, um den

---

3 Sehr deutlich hat darauf Antero Markelin in einem Vortrag an der Universität Stuttgart hingewiesen: »Der Inhalt der Stadt ist nichts anderes als die Summe menschlicher Tätigkeiten; der öffentliche Raum der Stadt ist die erweiterte Wohnung des einzelnen und nicht anonyme, statistisch erfaßte Einwohnermengen, sondern Individuen sind von unseren Planungsmaßnahmen betroffen.« Zitiert nach: Was ist Städtebau? Stuttgart 1971.

späteren alltäglichen »Weg« der zukünftigen Bewohner schon im Entwurf beurteilen zu können, sondern noch schlimmer, meist auch der Wille dazu?[4] Das Schlimmste aber ist das meist noch fehlende Bewußtsein der Öffentlichkeit für die psychische Bedeutung der Stadtumwelt, wie es die unkontrollierte Veränderung des Stadtbildes beispielsweise durch hohe Gebäude in einer Weltstadt wie Paris ebenso beweist wie in irgendeiner aufstrebenden deutschen Kleinstadt. Viel zu selten sind noch die Städte, die die Auffassung vertreten, daß die Veränderung des Stadtbildes nicht einseitig privaten Interessen überlassen bleiben darf.[5] Welche

3 Chicago, London oder Frankfurt? Paris!

Gemeinde prüft wirklich systematisch die Fernwirkung hoher Gebäude oder die optische Konsequenz komplizierter Hochstraßenverflechtungen? Wo hat die Stadtgestalt als kommunalpolitische Aufgabe schon so viel Gewicht, daß sie wirtschaftlichen oder verkehrstechnischen Aufgaben gleichgesetzt würde? Wenn sich auch hier heute eine Wende im kommunalpolitischen Bewußtsein abzuzeichnen beginnt, so oft nicht zuletzt nur deshalb, weil der zunehmende Wettbewerb der

---

4 Und die Folgen: »Was auf dem Reißbrett oder der Modellplatte sich als konsequente Konzeption ausnahm, geriet im Maßstab 1:1 ins Lächerliche – oder ins Unmenschliche.« W. Pehnt, Zwischen Babylon und Gralsburg, in: U. Schultz (Hrsg.), Umwelt aus Beton oder unsere unmenschlichen Städte, Hamburg 1971.
5 Um so mehr Bedeutung für die Zukunft werden beispielsweise so programmatische Sätze wie die der Stadt Hannover gewinnen: »Hohe Gebäude bestimmen das Stadtbild nachhaltig. Ihre Lage und Form dürfen nicht einseitig von privaten Interessen bestimmt werden; sie haben einen Symbolwert für alle Bürger und Besucher. Die Bestimmung der Stadtgestalt darf nicht dem Zufall überlassen werden. Sie ist eine kommunalpolitische Aufgabe.« Stadtplanungsamt Hannover, Zur Diskussion: Innenstadt, Hannover 1970 S. 9.

Städte auf dem Gebiet des Stadtimages gezeigt hat, welche Rolle die psychischen Wirkungen der Stadtgestalt für die Attraktivität einer Stadt spielen. Wenn sich nicht, mit anderen Worten, die wirtschaftliche Relevanz der Stadtgestalt erwiesen hätte. So zeigt sich heute, wie oft genug bei städtebaulichen Entscheidungen nur einzelne Faktoren und ihre direkten Auswirkungen, nicht aber ihre Gesamtwirkung bedacht wurden. Mit der Beteiligung an der Formulierung von Stadtentwicklungszielen beeinflußt der Stadtplaner die Aufgaben, die sich eine Stadt stellt; mit der Verteilung der Flächennutzungen und der Ausbildung des Verkehrssystems veranlagt er die physische wie die psychische Umwelt[6] der Städter; mit der detaillierten Bestimmung von Art, Maß, Lage und dreidimensionaler Form der möglichen Nutzungen fixiert er diese Umwelt, die durch den Architekten realisiert wird und deren psychische Relevanz so real ist wie die physische. So haben städtebauliche Entscheidungen auf allen Planungsebenen nicht nur materielle, sondern auch immaterielle Konsequenzen, die im Bewußtsein der Öffentlichkeit, in der städtebaulichen Praxis und in der städtebaulichen Forschung allzulange ignoriert oder unterschätzt wurden, oft sogar unter dem Vorwand bewußter Gestaltneutralität.[7] Solange jedoch städtebauliche Entscheidungen gefällt werden – und das war, ist und wird immer der Fall sein –, wird die Gestalt der Umwelt verändert, neue geschaffen, alte zerstört. Auch scheinbar gestaltneutrale Umweltveränderungen erzeugen dann Gestalt – diese aber unreflektiert.

Stadtgestaltung als Bewußtseinsakt

So darf die Bestimmung der Stadtgestalt nicht dem Zufall überlassen werden. Vielmehr wird es darum gehen, nicht nur verfügbare Gestaltungsprinzipien und ihre sinnvolle Anwendung wieder in das Bewußtsein zu rufen, sondern auch Umweltkriterien zu entwickeln, die technischen, wirtschaftlichen und sozialen Indikatoren gleichzusetzen sind. Damit ist die Grundthese der vorliegenden Arbeit benannt: Die Qualität der urbanen Umwelt als Voraussetzung für die Befriedigung psychischer Bedürfnisse des Menschen in der Stadt ist ein ebenso wichtiger Faktor der Stadtplanung wie der wirtschaftliche oder rechtliche Gesichtspunkt. Diese Umweltqualität aber entsteht nicht zufällig, sondern ist die Folge der Art und Weise,

6 Ein Beispiel für die psychische Wirkung des Verkehrssystems: »Es ist nicht nur so, daß die Straßen, Wege und Durchgänge dem Menschen Bewegungsrichtungen und Bewegungsart vorschreiben, sondern sie determinieren auch die Art der Beziehungen, die innerhalb eines solchen ›Kanalsystems‹ bevorzugt zustande kommen. (...) So können städtebauliche Gestaltungen Aufforderungen und Abweisungen darstellen.« J. Franke, J. Bortz, Der Städtebau als psychologisches Problem, in: Zeitschrift für experimentelle und angewandte Psychologie, H. 1 (Bd. XIX), 1972.
7 Dabei übersah man, daß städtebauliche Gestaltneutralität nicht existiert: »Eine Straße mit einer langen, stereotypen Reihung gleichartiger Häuser ist keineswegs eine gestaltneutrale Straße, sie ist vielmehr für das Erleben hochwirksam durch ihre ermüdende Monotonie, die als kalt, anonym, abweisend und verwirrend ›ortlos‹ empfunden und abgelehnt wird.« A. Lorenzer, in: a.a.O., S. 70.

in der sie gebildet oder verändert wurde.[8] Daher brauchen wir für die täglichen Entscheidungen des Stadtplaners, die die psychische Qualität unserer Städte betreffen, empirisch begründete und theoretisch fundierte Erkenntnisse sowie Kriterien, die die bewußte und begründete Gestaltung unserer Städte ermöglichen. Nur die Erforschung dessen, was der Städter in seiner Stadt wahrnimmt, und die Erarbeitung von Kriterien, mit Hilfe derer man an städtebauliche Entscheidungen Maßstäbe anlegen kann, werden dazu beitragen können, die aufgeworfenen Probleme zu lösen.[9] Erst wenn es gelingt, zuverlässige Methoden zur Erfassung der erlebnis- und verhaltensprovozierenden Wirkungen einzelner Umweltkonfigurationen zu entwickeln, die die Voraussage der Wirkungen geplanter öffentlicher Raumsequenzen schon im Planungsstadium ermöglichen, werden städtebauliche Entscheidungsprozesse, die die Umweltqualität bewußt beeinflussen, wieder möglich.

Nun sind nicht erst heute Antworten auf diese Fragen gesucht worden, und manches Erfahrungswissen, das auch heutigen Ansprüchen an wissenschaftlich belegte Kriterien genügen würde, liegt in der städtebaulichen Literatur vergangener Epochen bis zum Anfang dieses Jahrhunderts begraben und wurde auch in neuerer Zeit formuliert.[10] Darüber hinaus mehren sich Ansätze, die die obengenannten und andere relevante Einzelfragen zu beantworten suchen. Diese Arbeiten, die nur zu einem geringeren Teil aus dem Bereich der Stadtplanung kommen, versuchen Antworten auf städtebauliche Fragestellungen aus der Sicht der Verhaltensforschung, der Wahrnehmungs- und Sozialpsychologie sowie aus der anderer wissenschaftlicher Disziplinen zu geben. Was aber fehlt, sind Versuche einer in der täglichen Planungsarbeit verwendbaren Gesamtübersicht, Untersuchungen, die Einzelarbeiten wie die zitierten in einen anwendbaren Zusammenhang stellen, die wechselseitige Beziehungen sichtbar machen und aus ihnen Möglichkeiten für die rationale Begründung der stadtgestalterischen Planungsentscheidungen entwickeln. Mit der vorliegenden Arbeit wird ein solcher Versuch unternommen; in ihr aber wird es nicht so sehr um einzelne Aspekte des Arbeitsgebietes Stadtgestaltung gehen.

---

8 Sehr anschaulich hat darauf Kevin Lynch hingewiesen: »The immediate sensuous quality of an environment – the way it looks, smells, sounds, feels – is one consequence of the way it is put together, and of how and by whom it is beeing perceived.« K. Lynch, City Design and City Appearance, in: Principles and Practice of Urban Planning, Washington 1968, S. 250.
9 Diese Aufgabe ist insbesondere von der Psychologie aufgegriffen worden. »Damit zusammenhängend stellt sich der Psychologie die Aufgabe, ein Instrumentarium zu erarbeiten, das die Erlebnisreaktionen der Stadtbewohner auf ihre bauliche Umwelt erfaßt und so transformiert, daß Daten entstehen, die in rational kontrollierte Denkprozesse eingehen können.« J. Franke, J. Bortz, a.a.O., S. 2.
10 Hier seien nur zwei Arbeiten genannt, die jeweils eine ganze Folgeliteratur angeregt haben: Camillo Sittes Arbeit über den Städtebau nach seinen künstlerischen Grundsätzen und Gordon Cullens Analyse der ›Townscape‹. C. Sitte, Der Städtebau nach seinen künstlerischen Grundsätzen, 6. Auflage, Wien 1965; G. Cullen, Townscape, London 1961.

4 Die typische Umgebung – gewollt?

Theorie: roter Faden der Praxis

Hier stellt sich vor allem die Frage, ob aus der Sicht konkreter städtebaulicher Probleme ein komplexes Erkenntnisfeld systematisiert werden kann, das in ständigem Wachsen begriffen ist und in welchem sozialpsychologische, anthropologische und gestaltungspsychologische Verfahren und Erkenntnisse ebenso eine Rolle spielen wie solche der Semiotik, der Informationstheorie, der Stadtsoziologie und nicht zuletzt des Städtebaues.

Das Problem lautet also: In welcher Beziehung stehen die Stadtbildelemente Kevin Lynchs zu Klassifikationsmethoden der Semiotik im Sinne von Charles Peirce? Wie verhalten sich Meßverfahren, wie das semantische Differential im Sinne Osgoods, zu den Ansätzen, Notierungsverfahren für die Stadtgestaltung zu entwickeln, wie es Philipp Thiel versucht? Wo begegnen sich die Anmutungsqualitäten Joachim Frankes mit den Gestaltqualitäten Gordon Cullens? Was verbindet die wissenschaftstheoretischen Arbeiten Max Benses mit den künstlerischen Regeln Camillo Sittes?

So geht es also in dieser Untersuchung um die wechselseitige Beziehung dieser und anderer Aspekte sowie die daraus resultierenden Konsequenzen für die Stadtplanung. Sie ist der Versuch eines strukturalen Konzeptes, das versucht, metrisch-topologische Aspekte der urbanen Umwelt mit dadurch beeinflußten psychischen und intellektuellen Aktionen oder Reaktionen des Menschen so in Beziehung zu setzen, daß begründete Entscheidungshilfen für die bewußte Bestimmung der Qualität urbaner Umwelt daraus abgeleitet werden können. Das Anliegen dieser Arbeit ist es, die Grundzüge einer Theorie der Stadtgestaltung und ihrer Auswirkung auf die Planungspraxis zu entwickeln. Ein Vorhaben also, das zum Ziel hat, einen Beitrag zu der Entwicklung empirisch begründeter, rational nachvollzieh-

5 Die Realität des Alltags

barer Entscheidungsprozesse in der Stadtgestaltung zu leisten.[11] Das bedeutet, daß hier versucht wird, einen Pfad durch den Dschungel eines komplexen interdisziplinären Arbeitsfeldes zu schlagen, von dem es sich erst erweisen muß, ob es später auch die Trasse einer Straße durch die noch zu kultivierende Landschaft der Stadtgestaltung werden kann. In folgendem wird daher nicht ein Lehrbuch der Stadtgestaltung entwickelt, sondern ein möglicher Weg skizziert, Stadtplanung unter dem Aspekt der Stadtgestaltung zu interpretieren und zu bearbeiten. Eines aber ist sicher: Immer wird man dabei im Bewußtsein haben müssen, daß das Entscheidende aller Bemühungen um die Stadtgestaltung das Ergebnis ist – der Schatten unter den Bäumen, die Struktur des Gehsteigbelages, die Gliederung und die Farbe der Fassaden, die Proportion des Straßenraumes oder, anders gesehen: das Gefühl, in einem angenehmen, interessanten, übersichtlichen und schönen Bereich einer Stadt zu leben.

11 Zu den wenigen bisher bekannten Ansätzen zu einer Theorie der Stadtgestaltung gehört vor allem: M. Schneider, T. Sieverts, Zur Theorie der Stadtgestalt – Versuch einer Übersicht, in: Stadtbauwelt, H. 26, 1970.

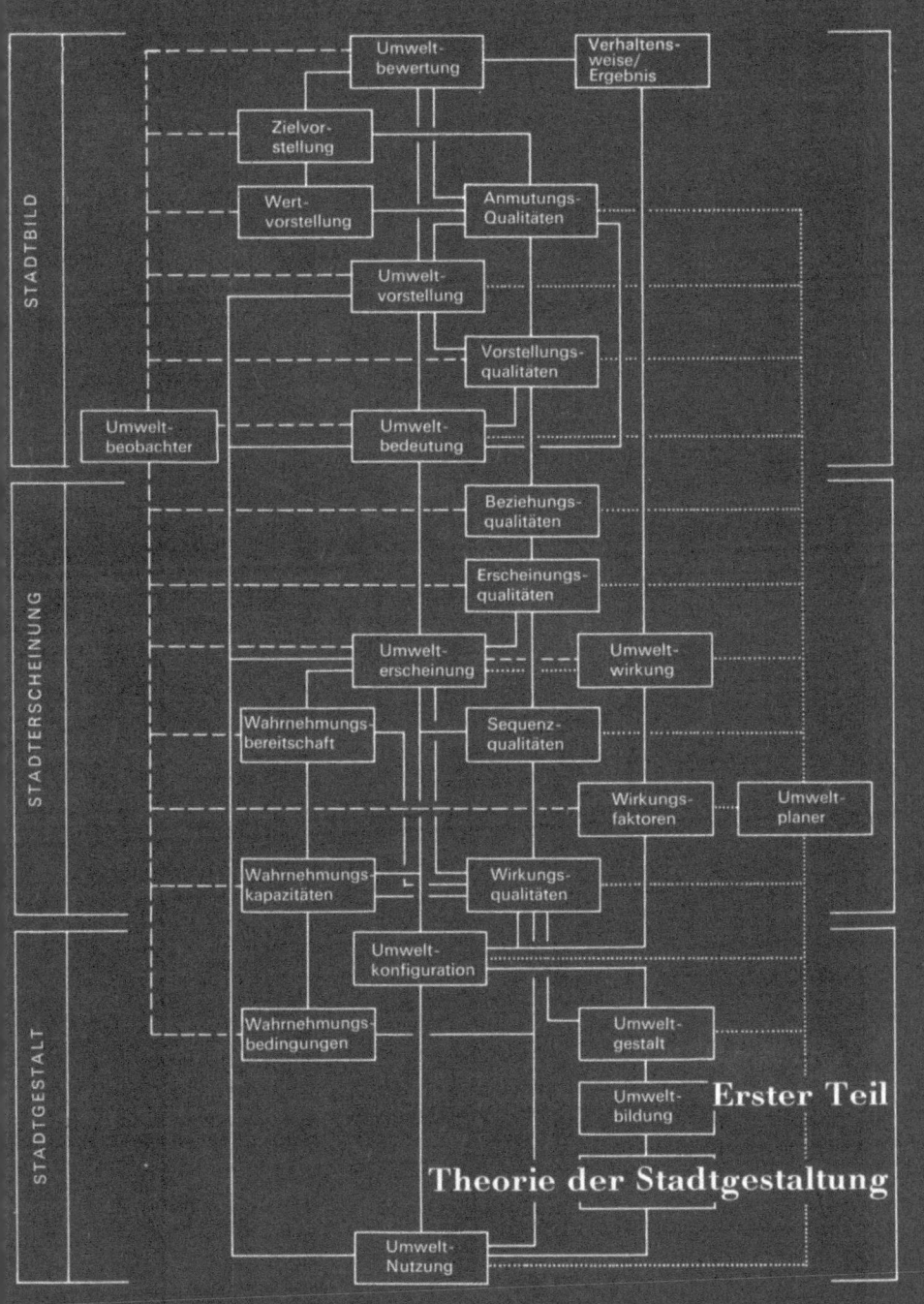

1. Stadtgestaltung als Arbeitsfeld

1.1 Geschichtliche Aspekte

Noch immer wird häufig das chaotische Bild unserer Städte, die strafbare Häßlichkeit unserer täglichen Umgebung mit dem Hinweis entschuldigt, die Städte, in denen man sich noch wohl fühlen könne, etwa aus dem Mittelalter, aber auch viele heutige Weltstädte mit großer Vergangenheit, seien eben im Laufe der Zeit organisch gewachsen und nicht, wie heute, bewußt geplant. In Wahrheit jedoch ist fast das Umgekehrte der Fall, zumindest hinsichtlich der Stadtgestalt. Wurde seit dem Mittelalter bis in den Anfang unseres Jahrhunderts hinein gerade die Gestalt der Städte höchst bewußt ausgebildet, so scheint sie in der Mitte unseres Jahrhunderts erst wirklich zu einem Zufallsprodukt geworden zu sein. Ebenso wie heute Städte wie Rom, Petersburg oder Washington ihren unverwechselbaren Charakter und ihre Eigenart dem eindeutigen Gestaltungswillen einzelner verdanken, sei es einem Zaren, einem Papst oder einem demokratischen Präsidenten, ebenso sind Städte wie Lübeck, Florenz oder Bologna entscheidend von dem gemeinsamen Gestaltungswillen vieler, von den gewählten Vertretern einer selbstbewußten Bürgerschaft, geprägt worden. Deshalb hat auch die fadenscheinige Begründung, die bewußte Stadtgestalt sei *nur* dank besonderer Gesellschafts- und damit Herrschaftsstruktur möglich gewesen, keinerlei Berechtigung.

Das Märchen von der gewachsenen Stadt

Allmählich erst entdeckt man heute, daß die äußere Erscheinung etwa der italienischen Stadtstaaten das Ergebnis äußerst bewußter, oft in langwierigen Abstimmungsverfahren entstandener Planungsprozesse ist. Wenn sich auch die mittelalterliche Stadtgestalt wohl primär erst nach symbolischen Prinzipien und erst sekundär nach ästhetischen Gesichtspunkten entwickelt hat, so ist es dennoch eindeutig, daß sie aus einem ganz bewußten Willen der Beteiligten entstand und verändert wurde.[1] Zu Beginn des 12. Jahrhunderts kann man schon von bewußter Stadtgestaltung in den vom Bürgertum beherrschten Stadtstaaten Italiens sprechen. So wurde beispielsweise durch einen Erlaß eine einheitliche Formgebung der den Hauptplatz von Siena umschließenden Häuser festgelegt oder die Fassadenausbildung in Florenz bis zur Materialwahl reglementiert. Überraschender noch, die Durchsetzung dieser Erlasse wurde von »Stadtgestaltungsbeamten« überwacht, die die Beachtung der teilweise sehr detaillierten Bauordnungen kontrollierten.[2]

1 J. Pahl, Die Stadt im Aufbruch der perspektivischen Welt, Berlin 1963, S. 48.
2 W. Braunsfeld, Mittelalterliche Stadtbaukunst in der Toskana, Berlin 1953.

7 Florenz — von allein gewachsen?

Ebenso bewußte städtebauliche Leitideen lagen Städtegründungen und Stadtentwicklungen wie Lübeck oder Bamberg zugrunde; hier wurden Städte gerade auch hinsichtlich der Wirkung der Stadtsilhouette bewußt angelegt, und die städtebaulichen Dominanten, wie etwa die Kirchen, wurden mit einem eindrucksvollen Gefühl für die Wirkung des fertigen Stadtbildes placiert.[3] Damit stellt auch die Entstehung deutscher mittelalterlicher Städte sich nicht als planloses Erbauen einzelner Monumentalbaukomplexe dar, sondern als bewußte Realisierung geistiger und künstlerischer Leitideen.[4] Diese bewußte Stadtgestaltung des Mittelalters wurde in der Renaissance und im Barock weiterentwickelt. Schon 1485 weist Alberti darauf hin, wie gekrümmte Straßen durch die ständige Blickbrechung Städte größer und abwechslungsreicher erscheinen lassen.[5] Im Barock begann man

---

3 H. Pieper, Lübeck: Städtebauliche Studien zum Wiederaufbau einer historischen deutschen Stadt, Hamburg 1946, S. 20.
4 U. Paschke, Die Idee des Stadtdenkmals, Nürnberg 1972, S. 81.
5 L. D. Alberti, Zehn Bücher über die Baukunst, Leipzig 1912 (Florenz 1485).

dann die künstlerische »Totalplanung« der Stadt im Grundriß wie im Aufriß, in ihrer inneren und äußeren Erscheinung bewußt anzustreben. In diesem Sinne gelang es Papst Sixtus V., durch die bewußte Verknüpfung geistiger und weltlicher Brennpunkte Rom eine städtebauliche Struktur zu geben, die auch noch nach seinem Tode weiterentwickelt wurde und das heutige Gesicht Roms prägt.[6] Ähnlich wurde später Paris, zunächst unter militärstrategischen Gesichtspunkten, durch Haussmann neu strukturiert, und die Stadtgründungen Karlsruhe, Petersburg oder Washington waren von Anfang an dem bewußt planenden Willen unterworfen. Stadtentwicklungen wie Bath oder die englischen Gartenstädte, wie sie von Raymond Unwin mitgeprägt wurde, setzten die Reihe bewußter stadtgestalterischer Konzipierung und Weiterentwicklung städtebaulicher Strukturen in die Gegenwart fort[7], und viele dieser im Laufe der Geschichte realisierten stadtgestalterischen Gedanken fanden beispielsweise Eingang in die Planungskonzeption für Philadelphia, die Edmond Bacon in den 60er Jahren des 19. Jahrhunderts entwickelte.

Geistige Väter der Stadtgestaltung heute

Durch eine Reihe von Stadtplanern wurden seit dem Ende des 19. Jahrhunderts die Inhalte früherer stadtgestalterischer Leistungen theoretisch fixiert, erweitert und unter dem Einfluß anderer Erkenntnisgebiete weiterentwickelt.[8] Stellt sich Camillo Sitte als der geistige Vater einer ganzen Generation späterer Städteplaner mit seiner theoretischen Analyse der stadtbaukünstlerischen Grundsätze des Städtebaues dar[9], so erprobt Raymond Unwin die von ihm vertretenen stadtgestalterischen Planungsprinzipien in eigenen Arbeiten bei der Realisierung neuer Siedlungen und prägt damit die englische Gartenstadtbewegung entscheidend mit.[10] In der Mitte dieses Jahrhunderts erhielt der Gedanke der Stadtgestaltung aus zwei unterschiedlichen Richtungen neue entscheidende Impulse. In England war es Gordon Cullen, der mit seiner Veröffentlichung »Townscape« den Anstoß zu einer sich seitdem im angelsächsischen Raum ständig erweiternden pragmatischen Richtung der Stadtgestaltung gab.[11] Etwa gleichzeitig gelang Kevin Lynch in den Vereinigten Staaten mit seiner Arbeit über das Image der Städte eine entscheidende Erweiterung und Vertiefung des Begriffes der Stadtgestaltung aus psychologischer, soziologischer und anthroprologischer Sicht.[12] Diese Arbeit schuf erst die

6 E. Bacon, Stadtplanung von Athen bis Brasilia, Zürich 1968.
7 W. Kieß, Geschichtliche Aspekte der Stadtgestaltung, unveröffentlichtes Typoskript, Stuttgart 1973.
8 T. Sieverts hat sehr anschaulich die Entwicklung der Stadtgestaltung in neuerer Zeit bis zum Jahre 1965 geschildert: Beiträge zur Stadtgestaltung, in: Stadtbauwelt H. 6, 1965.
9 C. Sitte, a. a. O.
10 R. Unwin, Grundlagen des Städtebaues, Berlin 1910.
11 G. Cullen, a. a. O.
12 K. Lynch, Das Bild der Stadt, Berlin 1965.

Möglichkeit, aus dem Bewußtsein der Gegenwart heraus den Sinn und die Notwendigkeit der bewußten Ausbildung und Gestaltung der urbanen Umwelt zu verstehen. Damit kommt Kevin Lynch das eindeutige Verdienst zu, die Voraussetzungen dafür geschaffen zu haben, daß Stadtgestaltung in einer gegenüber der Vergangenheit erheblich erweiterten und veränderten Form zu einer Aufgabe der Gegenwart werden kann, die vom Willen aller Beteiligten getragen wird.

Stadtgestaltung in Geschichte und Gegenwart

So geht es bei der Stadtgestaltung nicht um ein neues Feld der Stadtplanung, sondern um ein Arbeitsgebiet, das über Jahrhunderte hinweg einen Schwerpunkt der Stadtplanung darstellte und erst in jüngster Zeit im Städtebau vernachlässigt wurde. Sicher wurde Stadtgestalt früher anders aufgefaßt und betrieben, als es heute sinnvoll und möglich erscheint, insbesondere da, wo Stadtbaukunst früher allein auf künstlerischen Absichten bei der Gestaltung der Erscheinung der Städte beruhte. Nun muß heute der Begriff der Stadtgestaltung erheblich erweitert werden, denn er umfaßt nicht nur die Gestaltung der sichtbaren, sondern auch die begründete und bewußte Gestaltung der unsichtbaren Umwelt, soweit diese auf die seelische und geistige Verfassung des Menschen einwirkt. Dennoch bleibt die Stadtbaukunst so, wie sie im Laufe der Jahrhunderte entwickelt wurde, ein integrierter Bestandteil der Stadtgestaltung im heutigen Sinne. Dies gilt trotz der Tatsache, daß die Kenntnisse und Erfahrungen der Stadtbaukunst von einst auch jetzt noch weitgehend verschüttet sind und nur langsam wieder entdeckt werden. Gerade das Erfahrungswissen, das auch für eine bewußte Gestaltung unserer heutigen Städte nicht nur im künstlerischen, sondern auch im wissenschaftlichen Sinne von Bedeutung sein könnte, stellt sich als ein ungehobener Schatz aus der Vergangenheit dar. Schon oberflächliche Einblicke in Planungsabsichten vergangener Jahrhunderte zeigen nicht nur Parallelen zwischen neuesten wissenschaftlichen Forschungsergebnissen und Planungsprinzipien, etwa aus der Renaissance, sondern beweisen auch z. B. hinsichtlich der Abstimmung des Straßenraumes auf optische Gesetzmäßigkeiten oder der bewußten Dimensionierung von Plätzen eine eindeutige Kenntnis ihrer Wirkung auf die Stadtbewohner, die in der Stadtplanung heute weder gekannt noch angewendet wird. So stellt der geschichtliche Aspekt der Stadtgestaltung, der in dieser Arbeit nicht weiter verfolgt werden kann, in vieler Hinsicht die Grundlage des Arbeitsfeldes dar, das hier mit Stadtgestaltung umschrieben ist. Aber erst wenn Sinn und Notwendigkeit der Stadtgestaltung im Bewußtsein der Gegenwart wieder verankert sind, wird es wieder möglich werden, die Erfahrungen vergangener Jahrhunderte bei der Planung und Umgestaltung der urbanen Umwelt für die Gegenwart fruchtbar zu machen.

1.2 Erkenntnis- und Handlungsfeld

Städter hängen oft sehr an sinnlich wahrnehmbaren Merkmalen, etwa an den optischen Qualitäten ihrer Umwelt. Sie werden zwar selten bewußt wahrgenom-

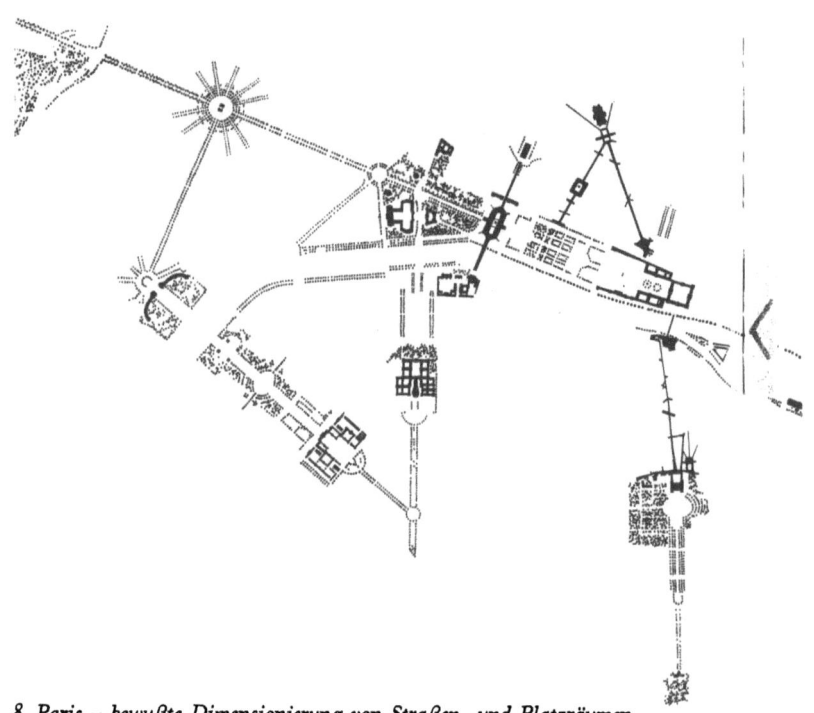

8 Paris – bewußte Dimensionierung von Straßen- und Platzräumen

men und erkannt, ihr Fehlen aber oder ihre falsche Zuordnung wird immer stark empfunden.[13] Je mehr nun in einer Gesellschaft die materiellen Bedürfnisse befriedigt sind, desto mehr gewinnen immaterielle an Bedeutung; je mehr die Quantität gesichert ist, desto wichtiger wird die Qualität. Das ist der Grund dafür, daß heute, nach der Befriedigung der primären materiellen Bedürfnisse, gerade in den hochindustrialisierten Ländern Stadtgestaltung wieder stärker ins Bewußtsein rückt.

Erkenntnis- und Handlungsfeld der Stadtgestaltung

Welchen Einflüssen unterliegt der Städter im Alltag, so die Hausfrau auf dem Weg zum Einkaufen, der Mann im Auto unterwegs zu seinem Arbeitsplatz, der Sohn

[13] Die Passanten nehmen die Bedeutung einer Brunnenfigur, einer Fassade oder eines Straßenprofils in der Regel erst dann wahr, wenn sich etwas ändert: »au moment ou elle change, subit une mutation, on s'interroge sur ce qui fait son charme et son interet.« J. Michel, in: La rue et ses signes nouveaux in Le Monde, Nr. 4, 1971.

auf seinem Schulweg, die Tochter auf dem Weg zum ersten Rendezvous? Verkehrslärm, graue Fassaden, attraktive oder triste Schaufenster, Verkehrszeichen, Reklameschilder, Gerüche, Bäume, Autos, Vitrinen, Passanten, enge oder weite, kurze oder lange Straßen, unterschiedliche Gehsteigbeläge und dergleichen mehr wirken mit unterschiedlicher Intensität auf den Menschen als Ganzes.[14] Dies nicht nur einmal, sondern ständig, nicht als momentan gegebene Situation, die man mit den nächsten Schritten wieder verlassen kann, sondern als unaufhörliche Eindrucksfolge auf alle Sinnesorgane des Menschen.[15] In den besten Fällen hat man in der Stadtplanung einmalige Momentsituationen in solchen Sequenzen zu planen versucht; was jedoch zu tun wäre, ist, alle möglichen unterschiedlichen Momentaufnahmen zu Sequenzen zusammenzustellen und deren voraussichtliche Wirkung abzuschätzen. Weit mehr als bisher müßte von der Stadtplanung nicht nur als Lippenbekenntnis, sondern als ständig gegenwärtige Arbeitsgrundlage die Tatsache gesehen werden, daß die Umwelt Einflüsse auf den Menschen ausübt, die sein Leben erleichtern oder erschweren. Diese Tatsache wiegt umso schwerer, als es sich dabei um Wirkungen der sinnlichen Umwelt auf die psychischen Seiten des Menschen handelt, denen sich niemand entziehen kann, der sich im öffentlichen Raum bewegt.[16] Diese These zu belegen, ist nicht Gegenstand der vorliegenden Arbeit, sondern kann als nachgewiesen betrachtet werden. Nicht die Frage, ob die Umwelt Einfluß auf seelische Grundvorgänge, etwa auf Stimmungen, ausübt[17] oder ob solche psychischen Wirkungen der Umgebung auf den Menschen nachweisbar sind[18], stellt sich der Stadtplanung, sondern das Problem, wie sie diesem Gesichtspunkt[19] mehr als bisher entsprechen kann. Wenn sich das Wohl-Fühlen des Menschen in seiner urbanen Umwelt als ein legitimes Bedürfnis erweist und dieses ebenso von der seelischen Verfassung des einzelnen wie von seiner Umgebung abhängt, dann ist die Bedeutung dieser städtebaulichen Aufgabe erwiesen. Es gilt also in der Stadtplanung, ebenso wie wirtschaftliche, technische, rechtliche oder soziale Faktoren auch die auf Sinneseindrücken beruhenden psychi-

14 Vgl. die Untersuchung von »Erlebnisprofilen« durch T. Sieverts, Stadt-Vorstellungen, in: Stadtbauwelt, H. 9, 1966.
15 Denn in der Realität zählt nicht die sinnliche, etwa visuelle Einzelepisode, sondern die Abfolge solcher Episoden und der daraus resultierende Gesamteindruck des Passanten. »The visual character of an area is not to be found only in individual buildings and spaces, but also in continuous sequences of visual experience.« Covent Garden Planning Team, Covent Garden Moving, London 1969.
16 »Die Gewichtigkeit der Umwelterfahrung für den Aufbau der psychischen Strukturen wird noch dadurch vermehrt, daß es dabei um Eindrücke geht, denen sich niemand entziehen kann und die in einer ständigen Eindruckskette auf die Sinnesorgane einwirken.« A. Lorenzer, in: a.a.O., S. 70.
17 Vgl. A. Mitscherlich, Thesen zur Stadt der Zukunft, Frankfurt a. M. 1965, S. 122.
18 J. Franke, Zum Erleben der Wohnumgebung, in: Stadtbauwelt, H. 24, 1969.
19 Ein Gesichtspunkt, der beispielsweise bedeutet, daß man auch von einer Straßenlaterne nicht nur erwartet, daß sie leuchtet, sondern auch, daß sie psycho-intellektuellen Bedürfnissen genügt: »... éclairer mais aussi répondre aux exigences de l'esprit«, J. Michelin: a.a.O.

schen Faktoren zu berücksichtigen.[20] Damit wird die Forderung nach Funktionalität des Städtebaues auf die Erfüllung psychischer Bedürfnisse erweitert, und das rehabilitiert, was nicht das Bauhaus selbst, wohl aber seine Epigonen geleugnet haben.[21] So gilt es heute nicht, den Menschen seiner Umwelt anzupassen, sondern die Umwelt dem Menschen anzupassen. Die Ansprüche des Menschen an seine Umwelt sind rationaler, im engen Sinne funktionaler, darüber hinaus aber auch emotionaler und intellektueller Art. Die Umwelt, den urbanen Umraum dem Menschen anzupassen, heißt damit für die Stadtplanung, eine bewußte Politik und Planung des Erscheinungsbildes der Gemeinden zu entwickeln, soweit es für das psychische Wohlbefinden der einzelnen notwendig ist. Mit der These, daß Stadtplanung immer gleichzeitig eine Auseinandersetzung mit den Bedürfnissen des psychischen und des physischen Lebens bedeutet, wird ein Erkenntnis- und Handlungsfeld der Stadtplanung beschrieben, das zur Aufgabe hat, psychische und intellektuelle Wirkungen auf den Menschen zu berücksichtigen, die aus der durch die Stadtplanung bestimmten Gestalt der urbanen Umwelt resultieren.[22]

Stadtgestaltung als Wissenschaft, Kunst und Politik

Welche Folgen ergeben sich aus dieser Aufgabe für die Stadtplanung? Mit Hilfe der vorbereitenden und der verbindlichen Bauleitplanung, des Flächennutzungsplanes und des Bebauungsplanes, bestimmt die Stadtplanung nicht nur Art, Lage und Maß der möglichen Nutzungen auf dem Gebiet der Gemeinden, sondern auch ihre mögliche dreidimensionale Form und damit die wesentlichen Merkmale des öffentlichen urbanen Raumes, die dreidimensionale Gestalt der Straßen und Plätze, der Freiräume überhaupt; gemeinsam mit der Architektur der Einzelgebäude bildet Stadtplanung das Erscheinungsbild des öffentlichen Raumes.[23] So muß ein

20 »Es wird demnach nicht nur von materiellen Funktionen wie Handel und Verkehr, sondern auch von immateriellen Funktionen wie dem Wirken von optischen und symbolischen Werten zu sprechen sein.« G. Gebhardt, Wertvorstellungen als Elemente der Planung, in: Stadtbauwelt, H. 17, 1968.
21 »Funktionalismus war nicht gleichbedeutend mit rationalem Vorgehen, er umfaßte ebenso die psychologischen Probleme. Wir waren uns klar darüber, daß emotionale Bedürfnisse ebenso zwingend sind wie praktische (...).« W. Gropius, Architektur, Frankfurt a. M. 1955, S. 79.
22 Es gilt also, Erfahrungen der Stadtbewohner vorauszusehen, die aus der Gestalt der Umwelt resultieren: »(...) de prévoir des expériences qui porteront sur un certain nombre ou sur la totalité des associations possibles des éléments partiels de cet environnement.« P. Thiel, La notation de l'espace, du mouvement et de l'orientation, in: Architecture d'Aujourd'hui, H. 9, 1969.
23 Die Erscheinung der Stadt wird von Stadtplanern und Architekten gemeinsam bestimmt: Die dreidimensionale Festlegung eines möglichen Hochhauskörpers durch den Stadtplaner kann in ihrer Wirkung auf die Bewohner der Stadt durch die Art der Realisierung verbessert oder verschlechtert werden. – Man denke daran, welche Bedeutung hier allein die Ausbildung einer Hochhausfassade hinsichtlich Struktur, Material und Farbe spielt: Jeder Vergleich zwischen einem fertiggestellten Gebäude und seinem Rohbau zeigt das.

Teilgebiet der Stadtplanung, das die Befriedigung immaterieller menschlicher Bedürfnisse in der urbanen Umwelt als den Kern seines Auftrages versteht, die Bildung und Veränderung der Umwelt in vollem Bewußtsein der daraus resultierenden möglichen Umwelterfahrungen der Stadtbewohner vornehmen. Das bedeutet, daß Stadtplanung in diesem Sinne nur auf der Ebene der voraussichtlichen Umwelterfahrung der Betroffenen betrieben werden kann, der möglichen Erlebnisse der Fußgänger, Autofahrer und Massenverkehrsmittelbenutzer, der Kinder, Jugendlichen, Erwachsenen und Alten, der Gesunden und Kranken, der Einwohner, Besucher und Touristen. So zählt auch nicht mehr der selbstbewußte Seufzer des Stadtplaners angesichts des fertigen Modells der Trabantenstadt, sondern nur noch die Summe kontinuierlicher Folgen individueller Umwelterfahrung der zukünftigen Einwohner auf dem Weg zur Arbeit, zum Einkaufen oder beim abendlichen Spaziergang.[24] Städtebauliche Entscheidungen müssen also nicht nur wieder aus der Augenperspektive gesehen, abgewogen und getroffen werden, sondern vor allem auch von der voraussichtlichen Wirkung auf die Betroffenen bestimmt sein. Die prägnante Großform des städtebaulichen Entwurfes muß zur Voraussetzung, nicht mehr zum Ziel der eigentlichen Planung werden, und erst die Simulation der voraussichtlichen Umwelterfahrung zukünftiger Bewohner darf zur Grundlage städtebaulicher Entscheidungen werden.[25]

Stadtgestaltung als künstlerische Aufgabe

Es gibt zahlreiche Ansätze zur Erläuterung und Abgrenzung dieses Gebietes der Stadtplanung. So beschreibt Gordon Cullen Stadtgestaltung aus seiner Sicht als die Kunst, die Straßen, Gebäude und Räume, die die urbane Umwelt ausmachen, in einen geordneten visuellen Zusammenhang zu bringen[26] und wechselseitige Beziehungen zwischen den städtebaulichen Elementen herzustellen. Auch Kevin Lynch drückt sich in seinen ersten Arbeiten ähnlich aus und definiert Ansätze zur städtebaulichen Lageplanung als die Kunst, Gebäude und andere Strukturen auf einem Gelände so anzuordnen, daß sie zueinander in Harmonie stehen.[27] Diese

---

24 »Dans tel grand ensemble, je suis aveugle á la géometrie plus au moins subtile qui a inspire la maquette; ma perception est structurée par la nécessité d'y retrouver ma maison, les meilleurs accés d'un point á un autre, tel élément distrayant.« F. Choay, L'urbanisme, utopies et réalités, Paris 1965, S. 72.
25 »Warum wird den Siedlungsplanern und Städtebauern nicht zur Auflage gemacht, ihre Modelle auf räumliche Qualität aus der Sicht der späteren Benutzer zu testen? Nicht nur aus der des lieben Gottes!« Vgl. H. Afheldt, Städte im Wettbewerb, in: Stadtbauwelt, H. 26, 1970.
26 »Townscape is the art of giving visual coherence and organisation to the jumble of buildings, streets and spaces that make up the urban environment.« G. Cullen, The concise Townscape, op. cit. S. 202.
27 »Site planning is the art of arranging buildings and other structures on the land in harmony with each other.« K. Lynch, Site Planning, Cambridge/Mass., 1962, (aus dem Vorwort).

Definition beruht aber auf der Überzeugung, daß die Funktion der sinnlichen Wahrnehmung der Umwelt so wichtig ist wie die Forderungen des Verkehrs oder der Nutzung.[28] So wird hier schon mit diesen Begriffsbestimmungen der mögliche Verdacht widerlegt, Stadtgestaltung sei nicht mehr als Eklektizismus und Ästhetizismus der kapitalistischen Gesellschaft. Weder bei Gordon Cullen noch bei Kevin Lynch geht es um Stadtästhetik als schöne Zutat, als Umweltkosmetik, sondern es geht um einen Teil essentieller menschlicher Interessen. Ein solcher Vorwurf der Verschleierung wäre nur da gerechtfertigt, wo Stadtästhetik als solche weder einen Bezug zu wirtschaftlichen, technischen oder sozialen Faktoren besitzt, noch legitime psychische Bedürfnisse zu befriedigen hat. Nicht Putten, Risalite, verschnörkelte Laternen und schmiedeeiserne Bedürfnisanstalten als Selbstzweck sind Gegenstand der Stadtgestaltung, nicht das vorgeschriebene Maß an Kunst am Bau, nicht das seiner Umgebung fremd gewordene Einzelbauwerk unter Denkmalschutz, sondern die kontinuierliche Wirkung der Stadtgestalt als Ganzes. Diese aber hängt davon ab, wie städtebauliche Einzelelemente einander zugeordnet werden. Insoweit also ein ästhetisches Werk dazu beiträgt, eine Umwelt zu erzeugen, die psychischen Bedürfnissen des einzelnen in der Stadt entgegenkommt, gehört es zur Stadtgestaltung; insoweit ist Stadtgestaltung Kunst.

Stadtgestaltung als wissenschaftliches Arbeitsfeld

Aber im hier verstandenen Sinne ist Stadtgestaltung mehr als das. Francois Vigier versucht, dieses Arbeitsfeld der Stadtplanung unter dem Begriff des Urban Design als die bewußte Übersetzung von Planungsentscheidungen in die dritte Dimension zu beschreiben, ein Arbeitsgebiet, das als solches demzufolge mit allen Aspekten der Umweltgestaltung befaßt ist und von der Festlegung der möglichen ›Wege‹ in einer Stadt über den architektonischen Charakter von Einzelgebäuden und den Entwurf von Straßenmöblierungen bis zur Ausprägung ganzer Stadtsilhouetten reicht.[29] Auch Vigier wendet sich gegen die Auffassung, Urban Design sei nichts anderes als Stadtdekoration, und bezeichnet es als unentbehrlichen Teil des Planungsprozesses, weil dieses Arbeitsgebiet es dem Beobachter ermögliche, sein Verhältnis zur Umwelt zu verstehen und dadurch mit weniger Frustration und mehr persönlicher Befriedigung in ihr effektiver handeln zu können.[30] Auf welcher Abstraktionsebene Planungsentscheidungen auch gefällt werden, immer werden sie

28 »A setting will either convey clarity or ambiguity, meaning or senselessness, stimulus or monotony, pleasure or disgust. The sensuous function is as important as the demands of circulation or of use.« K. Lynch, a.a.O., S. 55.
29 »I would define urban design as the willful, threedimensional interpretation of planning decisions. As such, it is concerned with every aspect of shaping the environment – from the establishment of vehicular and pedestrian movement to that of the architectural character of individual buildings and their stylistic control; from the design of street furniture to that of grandiose perspectives.« F. C. Vigier, An experimental approach to urban design, in: Journal of the American Institute of Planners, H. 31, 1965.
30 F. C. Vigier, a.a.O.

in irgend einer Form in eine dreidimensionale Umwelt übertragen: Dieses dreidimensionale Endprodukt ist die Aufgabe des Planers.

Stadtgestaltung als sozialpolitisches Handeln

Nun läßt eine kritische Interpretation dieser Definition des Urban Design den passiven Charakter der Arbeitsfeldbeschreibung Vigiers deutlich hervortreten: Stadtgestaltung wäre dann nichts anderes, als schon getroffene Planungsentscheidungen so gut wie möglich in die dritte Dimension zu übertragen.[31] Hier geht Donald Appleyard weiter, wenn er Urban Design, das hier der Stadtgestaltung gleichgesetzt sei, als den Repräsentanten einer Reihe von Umweltwerten beschreibt, die die Stadt zu einem affektive Bindungen ermöglichenden Objekt machen und einen Ort der Bequemlichkeit, Sicherheit und Wahlfreiheit zum Träger ablesbarer Bedeutungen werden lassen.[32] Wenn es aber darum geht, die Stadt mit den Begriffen des Bewußtseins derer, die sie erleben, zu sehen und zu planen, so bedeutet das, sich bewußt zu sein, daß jede Planungsentscheidung für die Stadtbewohner Bedeutungen im psychischen Sinne erzeugt und sie dreidimensional festlegt. So sieht Alfred Lorenzer Stadtgestaltung als räumliche Artikulation von Bedeutungen.[33] Diese Aufgabe setzt natürlich eine Reihe von verschiedenen Aktivitäten voraus und zielt auf die Befriedigung verschiedenartiger Erwartungen der Bewohner ab. Folgerichtig interpretieren Frank Elmar und Duncan Sutherland Stadtgestaltung als die Aufgabe, mehr zu sein als die Kunst, ästhetisch einwandfreie, erfreuliche urbane Umwelt zu schaffen: Stadtgestaltung[34] müsse den Rahmen für die ständige Selbstverwirklichung des Nutzers durch die Möglichkeit eigener Umweltmanipulation herstellen. Damit reichen die Interpretationen des Arbeitsfeldes der Stadtgestaltung von der Stadtbaukunst als ästhetisch be-

---

31 »(...) the end product of the planning-to-urban design sequence is a readily perceptible image of the environment, illustrative of its functions and generally satisfactory (or pleasing) to the observer.« F. C. Vigier ebd.
32 Urban Design als Vertreter von »environmental values, the liveability and loveability of the physical city: as a place of comfort, safety, efficiency, choicefulness, symbolism, legibility, as a medium of communication, as a setting for selfactualization, acculturation and learning, as a source of pleasure, pride and delight.« D. Appleyard, Notes on Urban Design and Physical Planning, vervielfältigtes Typoskript, Berkeley 1968.
33 »Stadtgestaltung ist immer unausweichlich zugleich Operation mit Bedeutungen, das heißt mit Normen der Kommunikation. Die Ebene, die im Rahmen der Arbeitsteilung dabei dem Stadtplaner zufällt, ist die räumliche Artikulation von Bedeutungen.« A. Lorenzer, Die Problematik der Bedeutung des Urbanen Raumes, vervielfältigtes Typoskript, Stuttgart 1970.
34 »Urban Design should be thought of as more than the art of providing ›aesthetically correct‹ and pleasing environments; it should provide an area for the user's ongoing self-expression through environmental manipulation.« F. L. Elmar; D. B. Sutherland, Urban Design and Environmental Structures, in: Journal of the American Institute of Planners, H. 1, 1971.

friedigende und harmonische wechselseitige Zuordnung der städtebaulichen Elemente über die bewußte Übersetzung städtebaulicher Entscheidungen in die dritte Dimension, die Verteidigung von Umweltqualitäten durch Stadtplanung bis zu der Auffassung, Stadtgestaltung vertrete psychische Faktoren wie etwa Bedeutungen und müsse als solche jedem Stadtbewohner die Möglichkeit der Selbstverwirklichung geben.

Wissenschaft, Kunst und Politik

So betrachtet, umfaßt Stadtgestaltung ein komplexes Feld wissenschaftlicher Erkenntnisse, künstlerischer Erfahrungen und gesellschaftspolitischer Wertvorstellungen. Auf wissenschaftlichem Gebiet gibt es heute eine Fülle von Forschungsansätzen und Forschungsergebnissen. Leider jedoch sind diese entweder weit von konkreten städtebaulichen Problemen entfernt oder den Stadtplanern nicht bekannt oder nicht untereinander in Beziehung gesetzt. Auf künstlerischem Gebiet findet sich ein großer Reichtum an Erfahrung und Wissen, der aber gegenwärtig weitgehend verschüttet ist und oft nur an älteren Beispielen analysierbar bleibt; selten wird dieser künstlerische Erfahrungsschatz in der Gegenwart erprobt. Auf gesellschaftspolitischem Gebiet herrscht ein schnell zunehmendes Bewußtsein der Öffentlichkeit für stadtgestalterische Probleme, die gleiche Öffentlichkeit ist aber noch weit davon entfernt, Stadtgestaltung als gleichwertigen Aspekt der Stadtentwicklungsplanung zu sehen und ihre Berücksichtigung, etwa bei kommunalpolitischen Tagesentscheidungen, zu erzwingen.
Angesichts dieser Situation kann aber die Frage nicht lauten, ob Stadtgestaltung Wissenschaft, Kunst oder Politik ist, sondern nur, inwieweit jedes dieser Gebiete etwas zu der Aufgabe beitragen kann, der sich die Stadtgestaltung gegenübersieht. Stadtgestaltung ist also nicht die wissenschaftliche Disziplin der Stadtplanung, sondern ein Teilgebiet der Stadtplanung, das mit wissenschaftlichen, künstlerischen und politischen Mitteln arbeitet. Denn: Soweit Stadtgestaltung alle verfügbaren wissenschaftlichen Erkenntnisse bei der Lösung stadtgestalterischer Probleme anwendet, ist sie Wissenschaft. In dem Maße aber, in welchem künstlerisches Können und Erfahrung im Dienste der Stadtgestaltung stehen, ist sie Kunst. Und wo immer politische Möglichkeiten und Mittel stadtgestalterischen Zielen dienen, wann immer Ziele der Stadtgestaltung sozialpolitischen Zwecken dienen, ist Stadtgestaltung Politik. Ob Wissenschaft, Kunst oder Politik – entscheidend ist, daß angesichts der Größe der Aufgabe die Stadtgestaltung gezwungen ist, mit allen wissenschaftlichen Daten zu arbeiten, die verfügbar oder zu erforschen sind, alle künstlerischen Erfahrungen zu verwenden, die zugänglich sind, alle politischen Mittel einzusetzen, die geeignet sind, um die Ziele der Stadtgestaltung zu erreichen – Ziele, die immer nur solche der Stadtbewohner sein dürfen. Worum es dabei gehen muß, ist, die Auswirkungen der urbanen Umwelt auf uns da, wo sie geplant wird, vorauszusehen und da, wo sie vorhanden ist, gegebenenfalls zu ändern.

9 Die urbane Umwelt den Menschen anpassen – nicht umgekehrt

1.3 Definition der Stadtgestaltung

Allen dargestellten Aspekten der Stadtgestaltung ist gemeinsam, daß diese als das Arbeitsfeld der Stadtplanung aufgefaßt wird, welches die Stadt als Ganzes und in ihren Einzelheiten aus dem Vorstellungsbild und der Erlebnisweise der Bewohner der Stadt entwickelt. Anders ausgedrückt: Stadtgestaltung bedeutet Planung der Umwelt aus der Sicht des gegenwärtigen und zukünftigen Städters. Sie soll nicht den Menschen der Umwelt anpassen, sondern die Umwelt dem Menschen – sie stellt einen Akt dar, in welchem die sinnliche Umwelt dem Menschen angepaßt wird! So macht sie sich zur Aufgabe, die urbane Umwelt, den städtebaulichen Raum bewußt zu gliedern, um im Menschen bestimmte Raumerfahrungen gemäß oder entgegen früheren Erfahrungen zu erzeugen, um bisher oft vernachlässigten Bedürfnissen zu entsprechen. Sie setzt sich zum Ziel, den Umfang und die Art der von einem Beobachter in einem bestimmten Raumabschnitt aufnehmbaren Umweltinformationen zu beeinflussen, insoweit sie psychische Wirkungen haben.

Stadtgestaltung kann also beschrieben werden als das Gebiet der Stadtplanung, das sich mit der Erforschung, dem Entwurf und der Kontrolle der physischen Umwelt, der Stadtgestalt, unter dem Aspekt der Bedürfnisse, Erwartungen und Verhaltensweisen des Menschen beschäftigt: *Stadtgestaltung vertritt die immateriellen Bedürfnisse des Menschen in der Stadt.* Dabei ist es unwesentlich, ob alle diese Bedürfnisse schon rational erklärt werden können. Die Aufgabe der Stadtgestaltung ist es, innerhalb der Stadtplanung diese psychischen Ansprüche der Menschen an ihre urbane Umwelt zu vertreten und ihnen neben den wirtschaftlichen, rechtlichen, sozialen, verkehrstechnischen und – last but not least – politischen Faktoren Geltung zu verschaffen. So fragt Stadtgestaltung nach den immateriellen, transfunktionellen Ansprüchen, die der Städter an seine Umwelt stellt, untersucht, inwieweit diese mit städtebaulichen Mitteln zu befriedigen sind, und beeinflußt entsprechend den städtebaulichen Planungsprozeß. Sie versteht sich daher als die städtebauliche Disziplin, die den Verhaltensweisen, Wünschen und Erwartungen der Menschen in ihrer städtebaulichen Umwelt entsprechen will, und versucht, soweit es mit Mitteln der Stadtplanung möglich ist, sozialpsychologische Forderungen ebenso wie beispielsweise ästhetische Gesichtspunkte zu vertreten.

Stadtgestaltung als interdisziplinäres Erkenntnisfeld

Damit umfaßt Stadtgestaltung ein komplexes Feld nicht nur städtebaulicher, sondern auch interdisziplinärer Probleme und Erkenntnisse und ist gezwungen, Forderungen der Stadtbewohner an ihre Stadtumwelt in interdisziplinärer Zusammenarbeit[35] mit Vertretern anderer Grundlagenwissenschaften herauszuarbeiten, um aus diesen stadtgestalterische Zielsetzungen sowie Mittel und Methoden für die Realisierung derselben zu entwickeln. Will Stadtgestaltung dem Anspruch ge-

---

35 Zu diesen Disziplinen gehören heute unter anderem Anthropologie, Verhaltensforschung, Sozialpsychologie, Informationstheorie, Stadtsoziologie und Informationsästhetik.

nügen, alle wissenschaftlichen Erkenntnisse auf die Gestaltung der Stadtumwelt[36] anzuwenden, dann wird sie wissenschaftliche Kriterien für die Gestaltung des öffentlichen Raumes in interdisziplinärer Zusammenarbeit entwickeln müssen. Das bedeutet aber, daß Stadtgestaltung nicht nur zu einem künstlerischen oder politischen, sondern auch zu einem wissenschaftlichen Arbeitsfeld der Stadtplanung werden muß, vergleichbar etwa der Verkehrsplanung oder der Stadtsoziologie. So führt die Notwendigkeit der wissenschaftlich begründeten Prognose erlebens- und verhaltensprovozierender Gestaltung der Städte zu der Aufgabe, die Stadtgestalt und ihre Wirkung nicht nur aus künstlerischer, sondern auch aus wissenschaftlicher Sicht mit rationalen Ansätzen[37] zu untersuchen; dies selbst dann, wenn man die Gefahren einer eigenen Forschungs- und Anwendungsdisziplin Stadtgestaltung sieht, die, zum Dogma erstarrt, eines Tages zu neuen einseitigen Fehlurteilen und Überbewertungen führen könnte. Diese Gefahr aber gilt für jedes menschliche Erkenntnis- und Handlungsgebiet und wird auch hier in Kauf genommen werden müssen.

Wissenschaftlicher Aspekt der Stadtgestaltung

Als wissenschaftliches Arbeitsfeld ist Stadtgestaltung daher die Bezeichnung für ein sich ständig entwickelndes System von Erkenntnissen über die Eigenschaften, Zusammenhänge und Gesetzmäßigkeiten des beschriebenen Arbeitsfeldes, der Wechselverhältnisse zwischen der psychischen Struktur des Menschen einerseits und der physischen Struktur seiner Umwelt andererseits. Ein Erkenntnissystem also, das in der Form von Begriffen, Kategorien, Maßbestimmungen, Hypothesen, Gesetzen und Theorien fixiert wird. Sicher läßt sich die Frage stellen, ob das beschriebene Erkenntnis- und Handlungsfeld ›Stadtgestaltung‹ diese nicht zu einer Übergangs- oder Grenzwissenschaft – vergleichbar der Biophysik, der Informationspsychologie oder der physikalischen Chemie – macht, für die beispielsweise die Bezeichnung Stadtpsychologie angebrachter wäre als Stadtgestaltung.[38] Da aber Stadtgestaltung im hier verstandenen Sinne auf mehr als nur auf psychologischen Erkenntnissen beruhen muß und vor allem stets die Ergebnisse interdisziplinärer

---

36 »Was wir deshalb von der Stadtplanung verlangen müssen, ist die Anwendung aller wissenschaftlichen Einsichten auf die Gestaltung unserer Umwelt.« A. Mitscherlich, Thesen zur Stadt der Zukunft, Frankfurt a. M., 1965, S. 7.
37 Stadtgestaltung ist der Versuch, »den Begriff der Gestalt mit rationalen Ansätzen zu definieren und von dort eine Antwort auf die Frage nach der Stadtgestalt zu suchen.« T. Sieverts; M. Schneider, Zur Theorie der Stadtgestalt, a.a.O., S. 111.
38 Um nicht mißverstanden zu werden: Die eine Bezeichnung ist so wenig zufriedenstellend wie die andere. Stadtgestaltung läßt an wenig mehr als an Stadtästhetik denken, Stadtpsychologie sagt als Begriff nichts darüber aus, daß es um die Bildung dreidimensionaler Räume geht. Da es aber trotz mancherlei Bemühungen nicht gelang, einen besseren Begriff als Stadtgestaltung im Deutschen zu finden, bleibt nichts anderes übrig, als ihm im Laufe der Zeit die Bedeutung zu geben, die hier definiert wurde.

Forschung in die Realität umzusetzen hat, erscheint ihre Stellung als eigene Disziplin der Stadtplanung sinnvoll. Gegenstand der Stadtgestaltung ist die Qualität der urbanen Umwelt, nicht ihre Quantität; so müssen auch ihre Beweisführungen primär qualitativer Art sein, wenn damit auch nicht ausgeschlossen wird, daß sie gelegentlich durch quantitative Argumente untermauert werden, etwa dann, wenn beispielsweise der Qualitätsverlust einer Straße im stadtgestalterischen Sinne an den zurückgehenden Umsatzzahlen des Einzelhandels dargestellt werden kann. Sicher ist, daß darüber hinaus gerade Stadtgestaltung als Wissenschaft die berechtigte Rolle der künstlerischen Intuition im städtebaulichen Planungsprozeß nicht nur nicht schmälern, sondern vielmehr deutlicher in Erscheinung treten lassen wird. Das wird allerdings nur dann der Fall sein, wenn durch wissenschaftliche Arbeiten die Vorbedingungen geschaffen werden, deren die künstlerische Intuition bedarf, um ihre Wirksamkeit zu entfalten. Sowenig wie die wissenschaftliche Entwicklung bis heute auf die Intuition verzichten konnte, sosehr bedarf auch die Intuition der wissenschaftlichen Erkenntnisse. Und weil das bisher für alle Bereiche des menschlichen Wissens gilt, gilt es heute für die Stadtgestaltung umso mehr. Entscheidend ist, daß Stadtgestaltung als Wissenschaft nichts anderes bedeutet, als den städtebaulichen Planungsprozeß, der die Gestalt unserer urbanen Umwelt bestimmt, in vollem Bewußtsein durchzuführen.

2. Erkenntnistheoretische Grundlagen

2.1 Notwendigkeit einer Theorie

Aus der Definition der Stadtgestaltung nicht nur als eines künstlerischen und politischen, sondern auch als eines interdisziplinären wissenschaftlichen Arbeitsfeldes ergibt sich die ganze Breite des komplexen Erkenntnisfeldes, das damit für die Stadtgestaltung relevant wird. Wenn wissenschaftliche Erkenntnis als ein ständiger Prozeß der bewußten Auseinandersetzung des Menschen mit sich selbst, seiner Umwelt und seinem Verhältnis zu ihr aufgefaßt werden kann, so steht am Anfang dieses Erkenntnisprozesses die beschreibende Erfassung der Phänomene, an die sich die theoretische Interpretation der Wechselbeziehungen zwischen den Einzelphänomenen anschließen muß, deren Ergebnisse dann wieder an der Erfahrung gemessen werden.[1] Für das Gebiet der Stadtgestaltung aber fehlt bis heute vollständig[2] der Versuch, die vorhandenen zahlreichen Einzeluntersuchungen, die für sie von Bedeutung sind, einer theoretischen Betrachtung zu unterwerfen, die gegebene Zusammenhänge zwischen Einzelbeobachtungen expliziert und neue Sachverhalte daraus ableitet.

Definition der Theorie der Stadtgestaltung

Stadtgestaltung als wissenschaftliches Arbeitsfeld, als die objektivierbare, das heißt nachvollziehbare Bestimmung der psychisch relevanten formalen Qualitäten unserer Städte, setzt eine Theorie voraus, wenn sie wissenschaftlichen Kriterien genügen will. Deshalb wird hier, wie in anderen Wissenschaften, die Theorie der Stadtgestaltung als eine systematisch geordnete Menge von Aussagen über die Wechselbeziehungen zwischen dem Bereich der physischen, urbanen Umwelt einerseits, dem psychisch konkreten Bewußtsein des Menschen andererseits aufgefaßt. Den verwendeten Aussagen kommt dabei die Aufgabe zu, aufzuzeigen, welchen Phänomenen welche Eigenschaften zugeordnet werden können und welche Beziehungen zwischen den einzelnen Phänomenen bestehen; alle verwendeten Aussagen müssen objektivierbar sein. So bezieht sich die Theorie der Stadtgestaltung auf einen bestimmten Bereich von Phänomenen und Erkenntnissen und versucht die gesetzmäßigen Relationen zwischen diesen darzustellen. Sie wird als ein logisch zusammenhängendes System von Aussagen und Aussagesätzen

---

1 W. Leinfellner, Einführung in die Erkenntnis- und Wissenschaftstheorie, Mannheim 1967, S. 16.
2 Der erste Versuch einer Übersicht über die Elemente einer Theorie der Stadtgestalt findet sich bei: M. Schneider; T. Sieverts; Zur Theorie der Stadtgestalt, a.a.O.

aufgefaßt, das für den Bereich der Wechselbeziehung zwischen dem Menschen und seiner urbanen Umwelt gilt.[3] Nur so kann eine Theorie der Stadtgestaltung auf der Basis einer klaren Abgrenzung ihrer Grundlagen, Zielsetzungen, Mittel und Methoden ein Modell ihrer wechselseitigen Beziehungen entwickeln, das zu städtebaulichen Entscheidungen führt, die auf Kriterien beruhen, die denen anderer Wissenschaften entsprechen. Heute aber fehlt eine solche Theorie noch vollkommen, und nur selten wird bisher versucht, auf diesem Gebiet mit nachvollziehbaren und nachprüfbaren Kriterien zu arbeiten. Oft deshalb, weil die Planer sich dieser Aufgabe zu wenig bewußt sind, oft aber auch, weil für die Begründung stadtgestalterischer Entscheidungen theoretisch begründete und empirisch verifizierte Gestaltungsprinzipien noch weitgehend fehlen.[4]

Praxis als Prüfstein der Theorie

Nun hat jede Theorie explikative und prognostische Funktionen, das heißt, sie muß die Sachverhalte ihres Anwendungsbereiches erklären und neue, bis dahin unbekannte Sachverhalte voraussagen können. So wird man erst dann berechtigt von einer Theorie der Stadtgestaltung sprechen können, wenn sich beispielsweise bei der Entscheidung, ob eine Baumreihe zu erhalten ist oder zugunsten einer aus einer geplanten zukünftigen Verkehrsbelastung resultierenden Straßenverbreiterung fallen muß, nicht mehr lineare Hochrechnung von Verkehrsprognosen einerseits und emotional verhaftete Naturschutzromantik andererseits unversöhnlich gegenüberstehen. Erst wenn in einem solchen Fall auch die ökologische und psychologische Bedeutung dieser Baumreihe für die Betroffenen theoretisch begründet und empirisch belegt werden kann, wird eine solche Theorie ihre Aufgabe erfüllen. Denn diese Theorie muß nicht nur eine relative Widerspruchsfreiheit aufweisen, sondern auch durch die Erfahrung – die Praxis – bestätigt werden.[5]

Verknüpfung interdisziplinärer Erkenntnisse

So ist die Erarbeitung wissenschaftlicher Grundlagen der Stadtgestaltung in der Form einer operablen, praxisrelevanten Theorie, die sich auf theoretisch abgesicherte und empirisch begründete Indikatoren stützt, die Voraussetzung für eine gestaltete Umwelt im Sinne der Forderung nach Anwendung aller wissenschaftlichen Erkenntnisse auf die Gestaltung unserer Städte. Das bedeutet aber heute, daß in dieser Theorie der Stadtgestaltung Ideen und Erkenntnisse eine Rolle spielen

---

3 »(...) wird hier unter einer Theorie (...) ein streng logisch zusammenhängendes Satzsystem verstanden, das über einem bestimmten Basisgebiet gültig ist.« Vgl. dazu W. Leinfellner, a. a. O.

4 In einer Untersuchung über die Ziele städtebaulicher Gestaltung in den sechziger Jahren wird das besonders deutlich. Die analysierten Gestaltungsprinzipien zeigen keinen allgemeingültigen Maßstab. Vgl. dazu P. Breitling, Die Stadt – verbalisiert, in: Baumeister, H. 7, 1970.

5 Vgl. dazu W. Leinfellner, a. a. O.

müssen, die nur zum geringeren Teil aus der Stadtplanung selbst stammen. Der größere Teil dieses Erkenntnisfeldes wird gegenwärtig von Beiträgen aus der Psychologie, insbesondere der Sozialpsychologie, der Wahrnehmungspsychologie, der Gestaltpsychologie und der Informationspsychologie bestritten und von der Stadtsoziologie, der Stadtgeographie und der Anthropologie ebenso ergänzt wie durch Arbeiten der Informationstheorie, der Medizin, der Ästhetik, hier insbesondere der Maß- und Wertästhetik, aber auch der Biologie und nicht zuletzt der Erkenntnistheorie.[6] Die Komplexität des damit umrissenen Erkenntnisfeldes läßt die Forderungen erkennen, die an eine solche Theorie der Stadtgestaltung gestellt werden müssen: Sie muß das Erkenntnisfeld jetzt und während seiner weiteren Entwicklung überschaubar machen, die wechselseitigen Abhängigkeiten darstellen und Folgerungen für die praktische Arbeit der Stadtgestaltung ziehen. So ergibt sich die Notwendigkeit einer Theorie der Stadtgestaltung aus der Aufgabe, eine Fülle interdisziplinärer Erkenntnisse auszuwerten und unter stadtgestalterischen Gesichtspunkten miteinander in Beziehung zu setzen, um nicht nur politisch oder künstlerisch, sondern auch wissenschaftlich begründete Entscheidungen im Bereich der Stadtgestaltung zu ermöglichen.

Relativität jeder Theorie

Dabei ist zu berücksichtigen, daß Stadtgestaltung erst dann auch ein wissenschaftliches Arbeitsfeld der Stadtplanung genannt werden kann, wenn ihre Theorie permanent dem Korrektiv des Experimentes, der Erfahrung, der Praxis unterworfen ist.[7] Den im folgenden formulierten Grundzügen einer Theorie der Stadtgestaltung liegt daher die Auffassung zugrunde, daß diese als Formulierung allgemeiner Sätze zur Erklärung von Phänomenen verstanden werden müssen und als im wesentlichen empirische[8] Theorieansätze nur von relativem Wahrheitsgehalt sein können. So wird es sich im besten Falle um eine nicht abgeschlossene, offene Theorie handeln, die, wenn auch anwendbar, dennoch stets erweiterbar sein muß. Damit wird hier also die Theorie der Stadtgestaltung als ein Mittel wissenschaftlicher Erkenntnis und wissenschaftlichen Handelns betrachtet, das zu dem Verständnis von Sachverhalten führen soll, deren Zusammenhang bisher unbekannt oder unklar war. Das bedeutet aber auch, daß die Elemente einer solchen Theorie und ihre Beziehungen zueinander kein abgeschlossenes System bilden können, sondern daß sie als die Bestandteile eines offenen Wissenschaftsfeldes verstanden

---

6 Aussagen über die Bedeutung einer Reihe dieser »Grund-Wissenschaften« für die Stadtgestaltung finden sich bei M. Schneider; T. Sieverts, Zur Theorie der Stadtgestalt, a. a. O.
7 Ähnlich definiert sich auch die informationstheoretische Ästhetik als »Wissenschaftliche Ästhetik« in der Formulierung Max Benses. M. Bense, Einführung in die informationstheoretische Ästhetik, Hamburg 1969, S. 7.
8 »Die Wissenschaftsgeschichte lehrt, daß es keine ein für allemal richtigen empirischen Theorien geben kann. Jede Theorie dieser Art ist nur eine relative Wahrheit, die über kurz oder lang durch eine relative Wahrheit höherer Ordnung abgelöst wird.« G. Klaus, M. Buhr, Philosophisches Wörterbuch, Leipzig 1969.

werden müssen, das ständig ergänzungsbedürftig ist und gegebenenfalls, zumindest in Teilen, revidiert werden kann. Denn: Was für die heutigen Wissenschaftsauffassungen gilt, gilt auch für deren Theorien: Wissenschaften sind offene, stets erweiterbare Systeme – Repräsentanten eines Wissens auf Widerruf![9] Aus diesem Grunde erheben auch die im folgenden dargestellten Grundzüge einer Theorie der Stadtgestaltung in keiner Weise den Anspruch auf Vollständigkeit und Abgeschlossenheit. Weder wurden alle Elemente einer solchen Theorie dargestellt, noch wurden alle Wechselbeziehungen zwischen diesen Elementen aufgezeigt, ja die Stellung mancher Elemente im theoretischen Modell der Stadtgestaltung erscheint trotz mehrjähriger Untersuchungen noch diskutierbar. Eine Theorie der Stadtgestaltung kann also nie eine absolute Wahrheit sein und für alle Zeiten Gültigkeit besitzen.

2.2 Stufen der Umwelterfahrung

Wenn Stadtgestaltung als die städtebauliche Disziplin definiert wird, die den Verhaltensweisen, Bedürfnissen und Wünschen der Menschen in ihrer urbanen Umwelt entsprechen will, wenn sie sich als »Advokat der Städter« hinsichtlich der immateriellen Funktionen der Stadt, insbesondere der psychischen Wirkung der städtebaulichen Nutzungen, Erscheinungen und ihrer Bedeutungen versteht, dann muß die Art und Weise, in der der Mensch seine Umwelt erfährt, Grundlage jedes Theorieansatzes werden. Ausgangspunkt aller stadtgestalterischen Arbeitsansätze wird daher die Frage nach den bestimmenden Faktoren für das Verhalten des Menschen in seiner urbanen Umwelt sein. Schon die Analyse der Bedingungen der psychisch wirksamen Qualität dieser Umwelt zeigt, daß sie nicht nur eine Folge der vorhandenen Konfiguration der Nutzung, der Erscheinung und der Bedeutung dieser Umwelt ist, des Kontextes, in dem sie sich befindet, sondern daß sie auch davon abhängig ist, wie und von wem sie unter welchen Umständen wahrgenommen wird. Darüber hinaus ist das wertende Urteil über die wirksame Umweltqualität, die Bewertung der Umwelt etwa daraufhin, ob sie anziehend oder abstoßend, anregend oder langweilig ist, die Folge der individuellen Bewertung der relevanten Umweltqualitäten durch das Individuum – der erlebten *Nutzung* der Umwelt, der *Erscheinung* dieser Umwelt im Bewußtsein des Beobachters und der *Bedeutung*, die er ihr gibt.

---

9 »Man kann ganz allgemein sagen, daß unser ganzes theoretisches Wissen (= Wissen in Form von Hypothesen, Hypothesenhierarchien und Theorien) von hypothetischem Charakter ist, sozusagen ein Wissen auf Widerruf, das zwar in sich widerspruchsfrei (w-konsistent) und in hohem Maße an der Empirie bestätigbar ist, das aber kein absolutes, endgültiges und unersetzliches Wissen darstellt.« W. Leinfellner, a. a. O.

Die erlebte Umwelt als Gegenstand der Stadtgestaltung

Aus dieser Überlegung, die in Thesenform definiert wurde – Stadtgestaltung ist die Planung der urbanen Umwelt aus der Sicht des Menschen –, folgt die dieser Arbeit zugrunde gelegte These, daß der Städter nicht aufgrund der ihn tatsächlich umgebenden vorhandenen Umwelt, sondern aufgrund der von ihm erlebten Umwelt agiert und reagiert – und daß zwischen diesen beiden Umweltbegriffen ein großer Unterschied besteht.[10] So muß auch die Stadtgestaltung von der Auffassung ausgehen, daß das eigentliche Arbeitsfeld der Stadtgestaltung nicht die vorhandene, sondern die erlebte Umwelt ist. Das bedeutet, daß Gegenstand der Stadtgestaltung nicht nur die herkömmliche, objektive, vorhandene Umwelt sein kann, die über mathematische Methoden wertfrei klassifiziert und gemessen wird. Vielmehr muß der eigentliche Gegenstand der Stadtgestaltung die erlebte Umwelt sein, die sich im Bewußtsein des Menschen durch die Wechselbeziehung der unabhängig vom Menschen vorhandenen Umwelt und der in der individuellen sinnlichen Wahrnehmung gewonnenen subjektiven Vorstellung von dieser Umwelt als Umweltvorstellung herausbildet.

So muß sie also dem Phänomen Rechnung tragen, daß die Vorstellung von der Umwelt, nicht diese selbst die Ebene darstellt, von der die Aktionen des Menschen in seiner Umwelt bestimmt werden[11] und aus der die Reaktionen des Menschen auf seine Umwelt resultieren. Damit ist für die Stadtgestaltung nicht die präzise Bestandsaufnahme einer Wohnallee vom Straßenraumprofil bis zur Türklinke an sich von Bedeutung, sondern vielmehr die Vorstellung, die Bewohner und Passanten von dieser haben. Sie muß deshalb die Bildung und Veränderung der Nutzung, der Erscheinung und der Bedeutung des urbanen Raumes, das mentale Abbild desselben in den Bewohnern der Stadt, ihren Wünschen, Verhaltensweisen und Bedürfnissen entsprechend ausbilden.

Umwandlung vorhandener Umwelt in erlebte Umwelt

Aus dieser Aufgabe folgt, daß sich jeder Ansatz zu einer Theorie der Stadtgestaltung mit der Frage auseinandersetzen muß, wie der Mensch die reale Umwelt in eine erlebte Umwelt umwandelt. Der Mensch erfährt seine Umwelt, während er sich in ihr aufhält und bewegt, während er sitzt, steht, geht und fährt; dabei

---

10 Mit diesem grundlegenden Unterschied zwischen objektiv vorhandener und subjektiv erlebter Umwelt haben sich Harald und Margaret Sprout in einer eingehenden Untersuchung beschäftigt. »Unter der Perspektive von Entscheidungen (...) geht es nur darum, wie die Person (...) das Milieu (d. h. die Umwelt, M. T.) sieht, nicht, wie es tatsächlich ist.« H. u. M. Sprout, Ökologie Mensch – Umwelt, München 1971, S. 179.
11 Allerdings dürfen die Ergebnisse dieser Aktionen nicht allein auf die Umweltvorstellung des Handelnden zurückgeführt werden. »Was die wirksamen Ergebnisse von Entscheidungen angeht, so ist unsere These, daß es darauf ankommt, wie das Milieu tatsächlich ist und nicht, wie es von einer Person (...) gesehen wird.« H. u. M. Sprout, a. a. O.

bildet er in seinem Bewußtsein persönlich geprägte Eindrücke der wahrgenommenen Umwelt, die man Umweltvorstellungen nennen kann. Die Phasen dieser dabei ablaufenden ständigen Wechselbeziehung Mensch–Umwelt hat Stephen Carr wie folgt charakterisiert:

»– Eine Entscheidungsphase, in welche einige unserer vielfältigen Bedürfnisse und Absichten so dominierend werden, daß sie uns zum Wechsel einer Handlungsrichtung bestimmen.
– Eine Erkenntnisphase, in der wir aus der Umwelt neue relevante Informationen heraussuchen und sie so organisieren, daß wir sie gewöhnlich in der Form von Erinnerungsvorstellungen behalten.
– Eine Planungsphase, in welcher die entsprechende geeignete Information aus solchen Erinnerungsvorstellungen herausgeholt wird und in welcher sie so umgewandelt wird, daß sie zur allgemeinen Bewertung und Auswahl möglicher Handlungen herangezogen werden kann.
– Eine Handlungsphase, in welcher die Effektivität des spezifischen Handlungsablaufes überprüft wird mit dem Ziel, weitere Handlungen zu verbessern und Wert und Bedeutung der Erfahrung zuzumessen.«[12]

Wesentlich an dieser Beschreibung des Wechselprozesses Mensch–Umwelt ist hier der Hinweis auf die Speicherung der für einen Beobachter relevanten Umweltinformationen in der Form von mehr oder weniger klar reproduzierbaren Gedächtnisinhalten. Sie modifizieren und aktzentuieren die Umwelterfahrungen und deren Wertung.

Erlebte Umwelt als Aktions- und Reaktionsgrundlage

Die für einen Beobachter relevanten Umweltinformationen – das bedeutet nichts anderes, als daß die vorhandene Umwelt für einen Beobachter immer weit mehr mögliche Informationen enthält, als er im Rahmen seiner Wahrnehmungskapazität erfassen kann. Daher muß der Beobachter aus dem Feld der in seiner Umwelt dreidimensional verteilten Informationen jene auswählen, die für ihn und seine Absichten von Bedeutung sind. Die Aufgabe des Gedächtnisses ist es dabei, diese ausgewählten Informationen für den späteren Gebrauch zu speichern. Die bei der Planung von Handlungen herangezogenen, im Gedächtnis gespeicherten Informationen über die Umwelt können visuell oder verbal sein, repräsentieren aber immer die Vorstellung des Beobachters von der vorhandenen Umwelt – so wie er sie wahrgenommen hat, das, was er von ihr wahrgenommen hat – und nicht diese selbst. Die Vorstellung von der vorhandenen Umwelt bestimmt also die beabsichtigten Handlungen des Beobachters in dieser. Hier aber wird offensichtlich, daß der Erfolg der geplanten Handlungen von dem Grad der Übereinstimmung zwischen der vorhandenen und der erlebten Umwelt abhängt. So wird die praktische Konsequenz

12 S. Carr, The City of the Mind, in: »Environment for Men«, hrsg. von W. Ewald, Bloomington 1968, S. 202.

der These, daß die beabsichtigten Handlungen der Menschen in ihrer Umwelt von der erlebten Umwelt abhängen, die Ergebnisse dieser Handlungen aber außerdem von der tatsächlich vorhandenen Umwelt mitbestimmt werden, auch für die Stadtgestaltung offensichtlich.[13] Denn ihr kommt dabei die Aufgabe zu, die Nutzung und Erscheinung der urbanen Umwelt so auszubilden, daß die wirksam werdenden, wahrnehmbaren Informationen die Voraussetzungen für eine hohe Übereinstimmung zwischen vorhandener und erlebter Umwelt schaffen.[14]

Grundlagen der erlebten Umwelt

Die Wertung einer Erfahrung und damit die Bedeutung, die der Beobachter ihr zumißt, bestimmt schließlich die subjektive Vorstellung der erlebten Umwelt. Die Mischung gesellschaftsabhängiger, gruppenspezifischer und persönlicher Wertsysteme verleiht den erlebten Funktionen und den Erscheinungsformen, durch die diese wahrgenommen werden, ihre Bedeutung für den Beobachter. So ist Bedeutung hier das Ergebnis subjektiver Umwelterfahrung und als solche einer ständigen Veränderung im Sinne ihrer Verstärkung, Abschwächung oder manchmal Umwandlung unterworfen; jede bedeutungserzeugende Umwelterfahrung erfordert vom Beobachter eine Anstrengung, neue Erfahrungen mit den vorhandenen Wert- und Bedeutungssystemen zu verknüpfen.[15] Für die Stadtgestaltung muß daher zu den erzeugenden Faktoren dieser Bedeutung nicht nur die Erscheinung der vorhandenen Umwelt, die Gestalt der Stadt gehören, sondern auch die Funktionen, die durch die sinnlich wahrnehmbare Umwelt repräsentiert werden. Daraus folgt, daß die erlebte Umwelt, die Umweltvorstellung, mindestens ebenso von den Funktionen abhängt, die sich in städtebaulichen Nutzungen ausdrücken, wie von deren Erscheinungen.[16] Die Bedeutung, die dieser erlebten Umwelt dann von dem Beobachter zugemessen wird, hängt von Kategorien der kulturgeschichtlichen Situation der Gesellschaft, in der der Beobachter lebt, ebenso ab wie von der ge-

---

13 Vgl. H. u. M. Sprout, a. a. O.
14 Ein anschauliches Beispiel dafür findet sich bei Stephen Carr: »For example, the perceptual characteristics of environments may be ambiguous or mixed in incongruous ways so that they cannot be easily related to our verbal concepts and to social values. Thus what appears to be a ›slum‹ may turn out to be a haven for struggling writers and painters, or a ›residential street‹ may really be lined with institutions and professional offices. Such ambiguity or inconguity, while sometimes desirable for other reasons, inhibits accurate remembering.« S. Carr, a. a. O.
15 S. Carr, a. a. O.
16 Mit diesen Funktionen ist die ökonomische Nutzung ebenso gemeint wie die soziale Struktur. Als ein Beispiel dafür, welche Rolle die soziale Struktur für die erlebte Umwelt spielt, sei noch einmal Stephen Carr zitiert: »On the basis of current evidence, the relative social values which districts, streets, or buildings symbolize and the simple exposure of these elements to the public eye would appear to be at least as important as their visible form.« Vgl. S. Carr, a. a. O.

gebenen Arbeitsstruktur oder der vorhandenen Herrschaftsstruktur.[17] Das heißt aber, daß die Bedeutungen, die Umwelterscheinungen zugemessen werden, im allgemeinen nicht nur subjektive, sondern zumindest gruppenspezifische, wo nicht gesellschaftliche Geltung besitzen. So können in diesem Zusammenhang Bedeutungen als Verständigungsvereinbarungen über gemeinsame Umwelterfahrungen verschiedener Beobachter verstanden werden, die nicht nur zum Repertoire intersubjektiver Kommunikation gehören, sondern auch als Normen des Verhaltens im urbanen Raum angesehen werden müssen.[18] Alle Funktionen einer Stadt, die als Nutzungen in Erscheinung treten, sind so Träger von Bedeutungen; die Bedeutung dieser Funktionen für den Beobachter überträgt sich mehr oder weniger auf ihre Erscheinung. Das aber hat zur Folge, daß durch die Stadtgestaltung bewußt oder unbewußt immer Bedeutungen manipuliert werden, Normen des Verhaltens und der Kommunikation.[19]

Zusammenfassend ergibt sich, daß die Umweltvorstellung eines Beobachters ebenso durch die Funktion der Umwelt, die städtebaulichen Nutzungen, wie durch die sinnlich wahrgenommene Erscheinung derselben und ihre Bedeutung für ihn bedingt ist. Die erlebte Umwelt ist damit das Produkt eines Prozesses, der als Wechselbeziehung zwischen dem Beobachter und seiner vorhandenen Umwelt ständig stattfindet. Dieser Vorgang ist durch die sozio-ökonomische Struktur der vorhandenen Umwelt und ihre sinnliche Erscheinung ebenso bestimmt wie durch die Bedeutung, die ihr der Beobachter einerseits als Individuum, andererseits als Mitglied verschiedener sich in ihm überlagernder Konventionsgruppen gibt.

2.3 Vorhandene und wirksame Umwelt

Die Unterscheidung zwischen der vorhandenen und der erlebten Umwelt hat in der Philosophie ebenso wie in der Psychologie schon seit längerem eine Rolle gespielt. Die Erkenntnis, daß es bei der Frage nach der Wirkung einer Umwelt auf das Verhalten eines Beobachters nicht um die Umwelt gehen kann, wie sie zu einem bestimmten Zeitpunkt ist, sondern nur darum, wie sie gesehen wird, ist deshalb nicht neu.[20] So entwickelt Kurt Lewin, von der These »Wirklich ist, was wirkt« ausgehend, den Begriff des psychologischen Lebensraumes, mit welchem er die »Erscheinungsweise« von der »dahinter stehenden Wirklichkeit« unterschei-

---

17 A. Lorenzer, Die Problematik der Bedeutung des urbanen Raumes«, Stuttgart 1970 (nach einem Vortragsmanuskript).
18 »Bedeutungen sind Niederschläge einer Verständigung über Gegenstände gemeinsamer Erfahrungen zwischen Menschen, die damit ein gemeinsames Bezugssystem aufbauen. Diese Bedeutungen sind in einem: Normen, die die Kommunikation regulieren und Standard des Verhaltens.« A. Lorenzer, a.a.O.
19 »Stadtgestaltung ist immer unausweichlich zugleich Operation mit Bedeutungen (...)« und: »Die Ebene, die im Rahmen der Arbeitsteilung damit dem Stadtplaner zufällt, ist die räumliche Artikulation der Bedeutungen.« A. Lorenzer, a.a.O.
20 Wenn man Bollnow folgt, wurde dieses Problem von Bergson aufgeworfen und später

det.²¹ Zu diesem psychologischen Lebensraum – der unserem Begriff der erlebten Umwelt entspricht – gehört nicht etwa die gesamte physische Welt; zu ihm gehören Teile von ihr nur soweit, als sie sich für den individuellen Beobachter in einer bestimmten Situation als wirksam erweisen.²²
Damit ist »Wirkungszusammenhang« als Kriterium psychologischer Räume formuliert, und analog zu einem Beispiel Lewins gilt für den erlebten Raum, daß der erlebte Raum des einen Beobachters nicht dem erlebten Raum des anderen Beobachters zu entsprechen braucht – auch wenn beide Beobachter sich beispielsweise auf der gleichen Straßenseite befinden.²³ So definiert Lewin den psychologischen Lebensraum als den Gesamtbereich dessen, was das Verhalten eines Individuums bestimmt, und weist darauf hin, daß die physische Umwelt nur insoweit dazugehört, als sie in diesem Gesamtbereich wirksam wird. Mit anderen Worten, schon bei Lewin findet sich die Polarisierung der vorhandenen physischen Umwelt und der vom einzelnen Individuum erlebten Umwelt.

Unterschied zwischen tatsächlicher und erlebter Zeit

Von der philosophischen Seite her hat Otto F. Bollnow den Grundgedanken des Unterschiedes zwischen der abstrakten Umwelt und dem konkreten Umwelterlebnis in neuerer Zeit aufgegriffen und unter Bezug auf Arbeiten aus der Psychologie und der Philosophie weitergeführt.²⁴ Schon einleitend geht er von der Abhebung des erlebten Raumes gegenüber dem mathematischen Raum aus:
»Ebenso wie man in bezug auf die Zeit zwischen der mit Uhren zu messenden abstrakten mathematischen Zeit und der vom lebendigen Menschen konkret erlebten Zeit unterschieden hat, so kann man auch beim Raum zwischen dem abstrakten Raum der Mathematiker und Physiker und dem konkret erlebten menschlichen Raum unterscheiden.«
Als das Anliegen seiner Untersuchung betont er, sie wolle die Wichtigkeit und die Fruchtbarkeit der Frage nach dem erlebten Raum deutlich machen.²⁵ Nach einer breiten Analyse der Beiträge der einzelnen Wissenschaften zu dieser Fragestellung entwickelt er differenzierende Aspekte des erlebten Raumes – der erlebten Umwelt – wie etwa den Begriff des hodologischen Raumes, des gestimmten Raumes oder des Handlungsraumes.²⁶

---

u. a. von Satre und Heidegger weiterverfolgt. Auch die Psychologie hat diese Fragestellung schon in den frühen dreißiger Jahren aufgegriffen. Hier seien als scheinbar voneinander unabhängige Ansätze die folgenden Arbeiten genannt: K. v. Dürckheim, Untersuchungen zum gelebten Raum, E. Minkowski, Le temps vecu, K. Lewin, Grundzüge der topologischen Psychologie. Vgl. F. O. Bollnow, Mensch und Raum, Stuttgart 1963.
21 Vgl. K. Lewin, Grundzüge einer topologischen Psychologie, Bern 1969.
22 Lewin, a. a. O.
23 Lewin, a. a. O.
24 Vgl. O. F. Bollnow, Mensch und Raum, Stuttgart 1963.
25 Bollnow, a. a. O.
26 Bollnow, a. a. O.

Mathematischer und gelebter Raum

Die von Bollnow entwickelten Aspekte des erlebten Raumes decken sich teilweise mit dem Versuch Elisabeth Ströckers, phänomenologische Gesichtspunkte des gelebten Raumes abzugrenzen.[27] Ihre Arbeit ist schon von ihrer Gliederung her von der Polarität des »gelebten Raumes« und des »mathematischen Raumes« bestimmt. Zu dem Begriff des gelebten Raumes schreibt sie:

»Nicht auf sein Urteil ›über‹ den Raum soll das Subjekt primär befragt werden, sondern auf sein Verhalten ›in‹ ihm.«[28]

In ihrer Untersuchung differenziert sie dann den gelebten Raum nach drei verschiedenen Ausprägungen des Umweltbezuges eines Individuums:

»Es sind deren drei aufweisbar: als gestimmter Leib ist der Leib Träger von Ausdrucksgehalt, als handelnder Leib ist er Ausgangspunkt zielgerichteter Tätigkeit, als Einheit der Sinne ist er Zentrum der Wahrnehmung«[29],

und sie entwickelt aus diesen Ausprägungen die Aspekte des gestimmten Raumes, des Anschauungsraumes und des Aktionsraumes.

Abstrakter und konkreter Raum

Einen Ansatz zu einer Synthese einzelner Aspekte, wie sie von Otto F. Bollnow und Elisabeth Ströcker entwickelt wurden, entwarf Max Bense.[30] Er unterscheidet im wesentlichen den mathematischen Raum mit seinen topologischen und metrischen Seiten, den Aktionsraum mit den Aspekten des Erlebnisraumes, des Kommunikationsraumes und des Bewegungsraumes und schließlich dem Wahrnehmungsraum mit dem Aspekt des Anschauungsraumes und des Sinnesraumes. Dabei weist er auf den Unterschied zwischen der abstrakten und der konkreten Raumkonstruktion hin.[31]

Aspekte des abstrakten und des konkreten Raumes

Entwickelt man den Definitionsansatz Benses unter dem Aspekt des abstrakten, mathematisch-physikalischen Raumes einerseits, des konkreten, er- oder gelebten Raumes andererseits weiter, so läßt sich dem abstrakten Raum (der vorhandenen Umwelt, als mathematisch und physikalisch objektiv bestimmbar) der topologi-

27 Vgl. E. Ströcker, Philosophische Untersuchungen zum Raum, Frankfurt a. M. 1965.
28 Ströcker, a. a. O.
29 Ströcker, a. a. O.
30 Vgl. M. Bense, Was ist der urbane Raum? vervielfältigtes Vortragsprotokoll, Stuttgart 1969.
31 Bense, a. a. O.

sche und metrische Raumaspekt zuordnen. Damit aber umfaßt auf der anderen Seite der konkrete Raum – der in unserem Falle der erlebten Umwelt entspricht – den Wahrnehmungsraum mit dem Aspekt des Anschauungs- und Sinnesraumes, den Erlebnisraum mit dem Aspekt des gestimmten Raumes und den Aktionsraum mit dem Aspekt des Bewegungs- und Kommunikationsraumes. In dieser dual hierarchisierten Betrachtungsweise ordnen sich die erwähnten Begriffe Bollnows und Ströckers so ein, daß der Handlungsraum Bollnows dem Aktionsraum Ströckers gleichgesetzt wird, der Anschauungs- und Sinnesraum Ströckers dem Wahrnehmungsraum Benses untergeordnet wird. Der gestimmte Raum Bollnows und Ströckers wird dem Erlebnisraum Benses zugeordnet, der hodologische Raum Bollnows entspricht dem Bewegungsraum Benses. Der psychologische Lebensraum Lewins wäre damit durch die drei Ebenen des Wahrnehmungsraumes, des Erlebnisraumes und des Aktionsraumes nach unterschiedlichen Verhaltensdimensionen im Sinne Ströckers differenziert.

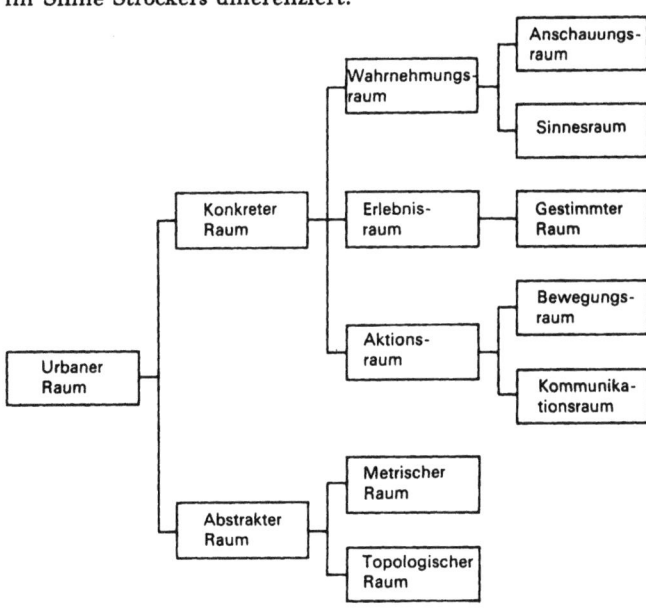

10 Aspekte des abstrakten und des konkreten Raumes

2.4 Interaktionsprozeß Mensch–Umwelt

Für eine praxisrelevante Theorie der Stadtgestaltung ist es aber unerläßlich, nicht nur die Polarität vorhandener Raum / erlebter Raum ihrem Ansatz zugrundezulegen, sondern auch die einzelnen Umwandlungsebenen des Umwandlungs- oder Interaktionsprozesses Mensch–Umwelt genauer zu untersuchen. So werden im folgenden einige Versuche, diesen Umwandlungsprozeß darzustellen, beschrieben und ausgewertet.

Definition der erlebten Umwelt

Kevin Lynch wendet das Konzept der Umweltpolarität auf die Aufgabe der Orientierung in Stadtsystemen an, bei dem es auf die Vorstellung von der Umgebung, auf das

»allgemeine geistige Bild, das sich eine Person von der äußeren Welt der Erscheinungen macht, entscheidend ankommt.«[32]

In seiner weiteren Untersuchung konzentriert sich Lynch folgerichtig auf die Beziehung zwischen dem Vorstellungsbild – der erlebten Umwelt – und der physischen Form – der vorhandenen Umwelt. Dabei baut er auf folgender Beschreibung des Umwandlungsprozesses auf:

»Das Bild der Umwelt ist das Ergebnis eines Prozesses, der zwischen dem Beobachter und seiner Umwelt stattfindet. Die Umgebung bietet Unterscheidungen und Beziehungen, und der Beobachter wählt und fügt mit großer Anpassungsfähigkeit zusammen und gibt dem, was er sieht, eine Bedeutung. Das so entwickelte Bild begrenzt nun das Gesehene und wird selbst in einem ständigen wechselweise wirkenden Prozeß hinsichtlich der Vorstellungs-Aufnahmefähigkeit auf die Probe gestellt. So kann das Bild einer gegebenen Wirklichkeit für verschiedene Wahrnehmer je ein ganz verschiedenes sein.«[33]

Wenn diese Definition auch wenig über den Umwandlungsprozeß im einzelnen aussagt, so gibt sie doch einen ersten Hinweis auf die Identität des Stadtbildes bei Lynch mit dem psychologischen Lebensraum Lewins. Dies ergibt die Parallelität zwischen seinem Hinweis darauf, daß einer gegebenen Wirklichkeit ganz verschiedene erlebte Wirklichkeiten zugrunde liegen können, und der Auffassung Lewins von der Einheit der physikalischen Welt und der Vielheit der psychologischen Welt.

Definition der vorhandenen Umwelt

Auch Gunther Nitschke und Philipp Thiel gehen in ihrer Untersuchung von dem

»Raum mit seinem (...) doppelten Gesicht als einerseits objektiv meßbarer, abstrakter Raum und als andererseits vom Menschen konkret er- oder besser gelebten Raum«[34]

aus. Sie erläutern ihn unter anderem an dem Unterschied zwischen vorhandener

32 K. Lynch, Das Bild der Stadt, Berlin 1965.
33 K. Lynch, a.a.O.
34 F. Nitschke, P. Thiel, Anatomie des gelebten Raumes, in: Bauen und Wohnen, H. 9, 1968.

und tatsächlich erlebter Distanz, ein Gedankenansatz, den Bollnow auf Bergson zurückführt[35], der ebenso bei Lewin zu finden ist[36] und der eine Erfahrungsregel des Städtebaues des 19. Jahrhunderts bestätigt.[37] Darüber hinaus aber entwickeln Nitschke und Thiel eine Definition der vorhandenen Umwelt, die eine gute Grundlage für die Analyse des Umwandlungsprozesses darstellt:

»Sie (die Umwelt, Anm. des Verf.) stellt sozusagen die Gesamtheit der physischen Umweltsignale außerhalb des menschlichen Wahrnehmungssystems dar, mit denen der Mensch kontinuierlich, bewußt oder unbewußt, in Zeit und Raum in Wechselbeziehung steht.«

Diese Umwelt kann somit als Ereignisfeld beschrieben werden, das für einen Beobachter ein dreidimensional verteiltes Informationsfeld darstellt. Um es im Sinne des hier beschriebenen Aspektes der vorhandenen Umwelt zu präzisieren, die unabhängig vom Menschen existiert, muß man die Definition von Nitschke und Thiel in eine solche umwandeln, die die Umwelt als ein mögliches oder potentielles Ereignisfeld dreidimensional verteilter Umweltsignale darstellt.[38]

Potentielle und effektive Umwelt

Jede Veränderung des Standpunktes, der Stellung oder des Blickwinkels eines Beobachters in einem vorhandenen und konstanten potentiellen oder möglichen Ereignisfeld wird Teile desselben zu einem effektiven oder wirksamen werden lassen. Dementsprechend werden umgekehrt effektive Teile der Umwelt zu potentiellen Teilen des Ereignisfeldes werden. So erzeugt jede Stellungsveränderung eines Beobachters in einem potentiellen Ereignisfeld eine Veränderung der aktiv und passiv möglichen Sinneswahrnehmung. Das effektive Ereignisfeld, der erlebte Raum entsprechend dem Stand unserer bisherigen Raumdifferenzierungen, ist so abhängig vom Standort, der Stellung der Wahrnehmungskapazität und den Wahrnehmungsbedingungen eines Beobachters. Das erweist anschaulich die unterschiedliche Erscheinung eines Platzes von verschiedenen Standorten, für große und kleine Personen, die zusätzlich abhängt von dem Platzausschnitt, den man je nach Eigengeschwindigkeit auf Grund physiologischer Gesetzmäßigkeiten wahrnehmen kann, und von Faktoren, die die Wahrnehmung beeinflussen, wie etwa die Verschattung des wahrgenommenen Platzausschnittes durch eine vorüberziehende Wolke.[39] Die Kenntnis der möglichen Veränderungen in der »Stimulationsstruktur« des dreidimensionalen potentiellen Ereignisfeldes ist also eine wei-

---

35 Vgl. O. F. Bollnow, a. a. O.
36 Vgl. K. Lewin, a. a. O.
37 Vgl. K. Henrici, Beiträge zur praktischen Ästhetik im Städtebau, München 1904.
38 Vgl. M. Bense, a. a. O.
39 Vgl. G. Nitschke, P. Thiel, Entwicklung einer modernen Darstellungsmethode, bewegungs-, zeit- und stimmungsorientierte Umwelterlebnisse, in: Bauen und Wohnen, H. 9, 1968.

tere Voraussetzung für die Entwicklung einer Theorie der Stadtgestaltung. Damit ergibt sich, daß verschiedene Beobachter an dem gleichen Ort innerhalb desselben konstanten potentiellen Ereignisfeldes verschiedene effektive Ereignisfelder wahrnehmen können. Wenn sie dasselbe effektive Ereignisfeld wahrnehmen, so können sie doch unterschiedlich darauf reagieren, denn der noch gruppenspezifisch möglichen gemeinsamen Wahrnehmung effektiver Ereignisfelder folgt deren subjektive Interpretation durch den Beobachter, die erst den eigentlichen konkreten Raum, die erlebte Umwelt schafft.[40]

Image und erlebte Umwelt

Nun bestehen zwischen dem Vorstellungsbild eines Bewohners, seiner *erlebten* Umwelt und dem Image einer Stadt nur graduelle Unterschiede. Beide Phänomene lassen sich mit dem Konzept der verschiedenen Dimensionen oder Realitätsgrade des psychologischen Lebensraumes, das Lewin entwickelt hat, als unterschiedliche Ebenen desselben auffassen.[41] Lewin weist darauf hin, daß der Unterschied zwischen diesen verschiedenen Realitätsgraden in der größeren Durchlässigkeit höherer Dimensionen gegenüber niedrigeren liege.[42] So könnte man die Begriffe der topologischen Psychologie Lewins wie ›Bereiche‹, ›Wege‹, ›Grenzen‹ den niederen Irrealitätsstufen zuordnen und das Image, dessen erlebte Struktur mehr von den Bedürfnissen der imagebildenden Person abhängt, höheren Irrealitätsstufen. Ausgehend von den Einstufungen des heutigen, beispielsweise auf die Attraktivität verschiedener Städte bezogenen Imagebegriffes als höhere Dimension des erlebten Raumes, kann man auch Untersuchungen heranziehen, die sich mit dem Prozeß der Imagebildung auseinandersetzen und sie für die Analyse des Interaktionsprozesses Mensch–Umwelt verwenden.
So geht Karl Ganser davon aus, daß einerseits Elemente des Images Eigenschaften der vorhandenen Umwelt widerspiegeln, daß aber andererseits das Image Verzerrungen zwischen Realität und Vorstellung aufweist.[43] Diese Verzerrungen sind darauf zurückzuführen, daß manche Eigenschaften der vorhandenen Umwelt kaum wahrgenommen, andere dafür stark überhöht dargestellt werden. Den Prozeß der Imagebildung schildert Ganser wie folgt:

»Von der Realsituation eines Raumes (Objekt) – diese ist hauptsächlich eine Aggregation aller verorteten Grunddaseinsfunktionen wie Wohnen, Arbeiten, Bilden, Versorgen, Erholen, Verkehren – gehen Informationen aus. Quelle dieser Informationen sind in der Regel nur wenige, besonders hervorstechende und bereits über Kommunikationsprozesse bekanntgemachte Teilräume und Lokalitäten (Situationen), in denen die Weseneigen-

---

40 Eine prägnante Formulierung dieses Tatbestandes findet sich bei Stephen Carr: »For in a very real sense the city is what people think it is.« S. Carr, a. a. O.
41 Vgl. K. Lewin, a. a. O.
42 Lewin, a. a. O.
43 Vgl. K. Ganser, Image als entwicklungsbestimmendes Steuerungsinstrument, in: Stadtbauwelt, H. 26, 1970.

schaften des betreffenden Raumes durch Symbole wie Bauwerke, Personen, Slogans, Embleme, Souvernirs etc. symbolisiert werden (Symbole). Die Wahrnehmung der mit den einzelnen Symbolen signalisierten Eigenschaften eines Raumes wird durch ein gruppenspezifisches Informationsfilter selektiert und verzerrt. Über die Vielfalt der persönlichen Kontakte und über die Kommunikationswege der Massenmedien (Informationsübertrag) entsteht das Image eines Raumes bei Bewohnern des betreffenden Raumes, Besuchern, Unternehmen, Organisationen.«[44]

Dieses Ablaufmodell unterscheidet also Objekt, Situation und Symbol, Faktoren, die durch die Wahrnehmung in das Image des Objektes umgewandelt werden. Aus diesem Modell lassen sich nach Ganser Eingriffsmöglichkeiten in den Prozeß der Imagebildung ableiten: demzufolge reichen die Steuerungsmöglichkeiten des Images von der Veränderung der Realsituation über die Verstärkung imagegestaltender Situationen bis zu dem bewußten Eingriff in den Symbolisierungsprozeß.

Prozeß der Imagebildung

Diese Eingriffsmöglichkeiten beruhen auf der von Boulding vertretenen These, daß Image ein Abbild der Realität im Bewußtsein eines Individuums ist, das durch Informationen, die von der Umwelt empfangen werden, verändert, verstärkt oder umstrukturiert wird und so das Verhalten eines Individuums steuert.[45] H. C. Rieger vertritt die Auffassung, daß Wissenschaft nichts anderes sei als die Abbildung von Erfahrungstatsachen auf ein Vorstellungs- und Aussagesystem, das die gegebene Konfiguration der Erfahrungstatsachen mit ihren tatsächlichen Beziehungen wirklichkeitsgemäß repräsentiert.[46] Diese These legt er dem Versuch zugrunde, den wissenschaftlichen Erkenntnisprozeß als Vorgang der Imagebildung zu interpretieren. Ebenfalls ausgehend von der Dualität Objektsystem (objektive Gegenstandswelt bzw. Realsystem) und Subjektsystem (erlebte Umwelt), analysiert er vier Erkenntnisschritte der wissenschaftlichen Imagebildung. Nach Rieger besteht der erste Schritt des Erkenntnisweges darin,

»... einen Ausschnitt bzw. einen Aspekt der Realwelt (Objektsystem) durch Abstraktion auf einen – ursprünglich uninterpretierten – Kalkül abzubilden. Die – bewußte oder unbewußte – Abgrenzung des beobachteten Ausschnittes der Realwelt geschieht in der Regel durch die Filterung des von der Umwelt empfangenen Informationsstromes derart, daß nur relevant erscheinende Nachrichten zur Beeinflussung des Images durchgelassen werden. Diese Fokussierung impliziert einen Akt des Beobachters, eine wertende Entscheidung über die als relevant erachteten Aspekte des beobachteten Phänomens.«[47]

Dabei sei der Kalkül eine Vorstellung des Beobachters, die lediglich von seiner Erfahrung, seinem Ziel und seiner Intuition abhänge. Die Abbildung faßt er damit

---

44 Ganser, ebd.
45 Vgl. K. E. Boulding, The Image. Knowledge in Life and Society, Ann Arbor 1956.
46 Vgl. H. C. Rieger, Begriff und Logik der Planung, Wiesbaden 1967.
47 Rieger, a. a. O.

als eine Identifikation zwischen den Bezeichnungen des Kalküls und den Designaten des Objektsystems auf, das heißt der Elemente, die im Realweltsegment beobachtet werden.[48]
Der zweite Schritt besteht nach Rieger in der Ermittlung und Auswahl logisch wahrer Aussagen, für die gilt, daß eine selektive Operation über der Menge ableitbarer Sätze wiederum eine subjektive Bewertung durch den Beobachter bedingt. Die ausgewählten Aussagesätze werden im dritten Schritt durch Interpretation,

Im vierten Schritt werden die durch Abbildung, Kalkülableitung und Interpreta-

»das heißt durch Zuordnung der Aussagenelemente zu den relevanten und beobachtbaren Attributen des Objektsystems, zu plausiblen Hypothesen über das betrachtete Realweltsegment.«[49]

tion gewonnenen Hypothesen getestet, also mit den durch Beobachtung festgestellten Sachverhalten verglichen. Wenn sich bei diesem Prozeß regelmäßig eine Kongruenz zwischen der theoretisch gewonnenen Aussage und dem beobachteten Sachverhalt ergibt, so wird das Image des Beobachters von der Realwelt gestützt; das Objektsystem ist, nach Rieger, erklärt, das Image richtig.[50]
Sprout schließlich faßt den kognitiven Aspekt der Mensch–Umweltbeziehung wie folgt zusammen:

»Die Werthaltungen einer Person und andere psychologische Voraussetzungen lenken ihre Aufmerksamkeit selektiv auf bestimmte Eigenschaften des Milieus; und sie interpretiert, was sie selektiv wahrgenommen hat, im Lichte der bewußten Erinnerungen und unbewußt gespeicherten Erfahrungen.«[51]

Wie schon ausgeführt, wird auch hier also die erlebte Umwelt, diejenige also, auf die eine Person reagiert, als das Ergebnis dieses Wechselprozesses zwischen dem Menschen und seiner Umwelt analysiert.

2.5 Vorhandene, wirksame und erlebte Umwelt

Genügen die bisher analysierten Phasen den Erfordernissen einer ausreichend belegten Theorie der Stadtgestaltung? Schon der skizzenhafte Vergleich des städtebaulichen Planungsprozesses mit der Dualität vorhandene Umwelt/erlebte Umwelt andererseits weist darauf hin, daß Stadtgestaltung ihren Ansätzen eine differenziertere Analyse des Interaktionsprozesses Mensch–Umwelt zugrunde legen muß. Das mögliche Handlungsfeld der Stadtplanung und der Architektur ist die vorhandene Umwelt. Ausgehend von der Aufgabe, notwendigen Nutzungen und Aktivitäten den Ort und ihre mögliche dreidimensionale Form anzuweisen, defi-

48 ebd.
49 ebd.
50 ebd.
51 Vgl. H. u. M. Sprout, a.a.O.

niert sie unter Verwendung eines vorhandenen Repertoires von Umweltelementen die dreidimensionale Gestalt der Umwelt, der Straßen, Plätze und Freiräume. Diese Umweltgestalt ist also im Mensch–Umweltprozeß nichts anderes als die Umwelt, die unabhängig von irgendeinem Beobachter in einem bestimmten Moment vorhanden ist; man könnte auch sagen, es sei die Umwelt eines »allwissenden« Beobachters.[52] Diese vorhandene Umwelt wird als solche erst verhaltensrelevant, wenn sie von irgendeinem Beobachter wahrgenommen wird. Dabei können nur die Ausschnitte der vorhandenen Umwelt erfaßt werden, die der Beobachter von einem bestimmten Standpunkt aus wahrnehmen kann, und zwar in der Form, in der sie sich ihm von da aus darstellen. Diese Ausschnitte der vorhandenen Umwelt stellen also den von den Beobachtern abhängigen, wahrnehmbaren Teil der Umwelt dar, die wirksame Umwelt, wie sie hier zunächst genannt sei, und nur diese kann für einen Beobachter verhaltenswirksam werden. Wenn man die Umwelt eines Individuums als einen ständigen Sender von Signalen interpretiert[53], so besagt der Begriff der wirksamen Umwelt, daß der Mensch als Beobachter auf Grund seiner physischen und physiologischen Struktur nur einen Teil der ausgesandten Signale überhaupt empfangen, nur einen Teil der vorhandenen Umwelt wahrnehmen kann. Anders ausgedrückt: der wahrnehmbare Umweltausschnitt, das »Realweltsegment«, ist abhängig vom Standort und von der Wahrnehmungskapazität des Beobachters, die wirksame Umwelt ist in der gleichen vorhandenen Umwelt für den Passanten auf der linken Straßenseite eine andere als für den auf der rechten Straßenseite.

Der Begriff der wirksamen Umwelt

Der Begriff der wirksamen Umwelt ist daher weder mit dem der vorhandenen noch mit dem der erlebten Umwelt gleichzusetzen. Die erlebte Umwelt baut erst auf der wirksamen Umwelt auf und umfaßt hier die psychischen Verhaltensweisen, die Aktionen und Reaktionen des Individuums, die abhängig sind von der für das Individuum wirksamen Umwelt und dieser erst ihre Bedeutung verleihen. Damit ist die erlebte Umwelt gegenüber der vorhandenen Umwelt ebenso abgegrenzt wie gegenüber der wirksamen Umwelt: als das vorstellungsmäßige oder mentale Ergebnis einer psychischen Wechselbeziehung zwischen der wirksamen Umwelt und den bewußten und unbewußten Erinnerungen, Erfahrungen, Werten und Absichten des Beobachters. Wenn hier der Begriff der wirksamen Umwelt neu eingeführt wird, so deshalb, weil ohne ihn die Interdependenzen zwischen der vorhandenen und der erlebten Umwelt als Grundlage einer Theorie der Stadtgestaltung nicht ausreichend erfaßt werden können. Stellt die Ebene der vorhandenen Umwelt die von einem Beobachter unabhängige Realwelt dar, repräsentiert die erlebte Umwelt das mentale Abbild derselben, so bedarf es der Einführung der wirksamen Umwelt als Ebene der effektiven Interaktion zwischen Mensch und Umwelt, um den städte-

---

52 ebd.
53 H. u. M. Sprout, a. a. O.

baulichen Planungsprozeß einerseits, den menschlichen Erlebnisprozeß andererseits wirklichkeitsgemäß in einem theoretischen Modell widerspiegeln zu können. Durch den Prozeß der Stadtplanung wird nicht nur die vorhandene Umwelt als zunächst vom Beobachter unabhängige Umwelt gebildet, sondern auch die wirksame Umwelt eines Beobachters veranlagt. Dies geschieht durch die Ausweisung der möglichen Standorte und Standortsequenzen, der möglichen Wege und Orte eines Beobachters in einer vorhandenen Umwelt. Anders ausgedrückt, die Lage der Gehsteige, die Anordnung der Vitrinen, Bäume und Kaffeehausstühle auf den Gehsteigen, die Lage der Fahrbahnen in einer Straße bestimmen die für die Passanten potentiell wirksame Umwelt.[54] Damit wird im städtebaulichen Planungsprozeß nicht nur die vorhandene Umwelt erzeugt oder verändert, das heißt der vorhandene Straßenraum und seine Ausbildung im einzelnen, sondern es wird auch die wirksame Umwelt veranlagt, das heißt die Bewegungsmöglichkeit des Fußgängers, des Autofahrers oder des Teilnehmers am öffentlichen Nahverkehr.

Aspekte der wirksamen Umwelt

Die wirksame Umwelt mit ihrem potentiellen und effektiven Aspekt wird in den angeführten Analysen des Interaktionsprozesses Mensch–Umwelt zwar nur in der Untersuchung Sprouts als eigene Prozeßebene angesprochen[55], doch in den anderen Beschreibungen des Mensch-Umweltprozesses schon deutlich als ein Teil der erlebten Umwelt veranlagt. Wie bei Lewin bildet sie auch bei Bollnow, Ströcker, Rieger oder Bense einen Teil der erlebten, konkreten Umwelt, des psychologischen Lebensraumes. Wenn Rieger von Attributen spricht, die in einem Realweltsegment beobachtet werden, so stellt das Realweltsegment, das für die Handlungen eines Beobachters von Bedeutung ist, nichts anderes dar als den tatsächlich wirksamen Teil der vorhandenen Umwelt. Die beobachteten Attribute sind dabei die Elemente der scheinbar wirksamen Umwelt. Riegers Aussage, der erste Schritt des Erkenntnisweges bestehe darin, einen Realweltausschnitt abstrakt auf einen ursprünglich uninterpretierten Kalkül abzubilden, beschreibt präzise die hier vertretene Auffassung, die scheinbar wirksame Umwelt stelle die objektive, das heißt noch nicht individuell bewertete und mit Bedeutungen versehene Umweltwirklichkeit des Betrachters dar. Damit kann die scheinbar wirksame Umwelt in dem Sinne als objektiv beschrieben werden, in welchem sie von verschiedenen Beobachtern in der

54 Potentiell wirksame Umwelt deshalb, weil man voraussagen kann, was ein Beobachter von einem Standpunkt oder einer Standpunktfolge aufgrund seiner Wahrnehmungsbedingungen wahrnehmen könnte. Die effektiv wirksame Umwelt dagegen läßt sich nicht eindeutig voraussagen, denn sie hängt nicht nur von den möglichen Standpunkten und Standpunktfolgen ab, sondern beispielsweise auch von der Wahrnehmungsbereitschaft eines Beobachters, die sehr unterschiedlich sein kann.
55 Allerdings bezeichnet Sprout mit dem Begriff der wirksamen Umwelt insbesondere die Umwelt, die das Ergebnis von Entscheidungen beeinflußt – nicht diejenige, auf die sich Entscheidungen gründen, wie hier zunächst die wirksame Umwelt in ihrem scheinbaren Aspekt definiert wurde.

gleichen Weise erfahren werden kann, gleicher Standort, gleiche Wahrnehmungskapazität und gleiche Wahrnehmungsbedingungen vorausgesetzt. Nur so läßt sich beispielsweise die Wirksamkeit optischer Täuschungen erklären, die für alle Passanten unter den vorgenannten Bedingungen gleich wirksam werden können – man denke beispielsweise an die optische Verkürzung der Champs-Elysées, von der Place de la Concorde aus gesehen, im Vergleich zu ihrer tatsächlichen Länge.[56] Sprout unterscheidet in seiner Untersuchung zwischen Milieu, wirksamen Milieu und Psycho-Milieu, sinngemäß also zwischen der erlebten Umwelt, der wirksamen Umwelt und der vorhandenen Umwelt. Während allerdings in dem hier entwickelten Ansatz zu einer Theorie der Stadtgestaltung von der wirksamem Umwelt mit ihrem tatsächlichen und scheinbaren Aspekt ausgegangen wird, schildert Sprout nur den tatsächlichen Aspekt der wirksamen Umwelt:

»Man kann davon ausgehen, daß in allen Fällen, wo Entscheidungen gefällt werden, die Zahl der Faktoren, die mit der individuellen Leistung oder dem erzielten Ergebnis in bedeutsamer Weise in Beziehung stehen, geringer ist, als die gesamte Anzahl von Elementen im jeweiligen Milieu.«[57]

Hier wird also die Zwischenebene der wirksamen Umwelt in folgender Weise gesehen: das »Milieu« enthält eine Gruppe von Faktoren, die die Ergebnisse der Entscheidungen eines Individuums beeinflussen: diese bilden das »wirksame oder operationale Milieu«. Ihm entspricht die tatsächlich wirksame Umwelt des hier entwickelten Gedankenansatzes. Die scheinbar wirksame und die erlebte Umwelt werden bei Sprout unter dem Begriff des »Psycho-Milieus« zusammengefaßt.[58]
Auch nach Lewin könnte man die Erscheinungsweise der Umwelt, die scheinbar wirksame Umwelt, als die Konfiguration der Fakten betrachten, die in den psychologischen Lebensraum aufzunehmen wären:

»Vielmehr sind diese Fakten (der gesamten physikalischen Welt, Anm. d. Verf.) nur insoweit und in der Form in die Darstellung des psychologischen Lebensraumes aufzunehmen, wie sie sich für diese individuelle Person in ihrem momentanen Zustand als wirksam erweisen.«[59]

Denn auch Lewin präzisiert an anderer Stelle, daß man in der Psychologie die »Erscheinungsweise« von der »dahinterstehenden Wirklichkeit« trennen müsse, und mißt sowohl den Objekten der Physik – in unserem Falle analog der vorhandenen Umwelt – wie der Psychologie – in unserem Fall der erlebten Umwelt –

---

56 Allerdings darf die hier angeführte optische Verkürzung nicht mit der psychischen Wegverkürzung verwechselt werden, die ein Phänomen der erlebten, nicht der wirksamen Umwelt darstellt. Vgl. dazu K. Lewin, Grundzüge einer psychologischen Topologie, a. a. O.
57 H. u. M. Sprout, a. a. O.
58 H. u. M. Sprout, a. a. O.
59 K. Lewin, a. a. O.

sowohl phänomenale wie auch konditional-genetische Eigenschaften zu.[60] Man könnte daher auch formulieren, daß, beispielsweise, optische Phänomene Bewußtseinsprozesse verursachen, die objektivierbar sind. Dann müßte man die vorhandene Umwelt in eine gegebene und eine wirksame Umwelt gliedern, das heißt in Realwelt und Realweltsegment. Die erlebte Umwelt wäre dann dagegen als eine teilweise objektivierbare, das heißt von jedermann nachprüfbare und nachvollziehbare, sowie als teilweise subjektive, das heißt von jedem Beobachter individuell bewertete und mit Bedeutung versehene Umwelt aufzufassen.

Schlüsselfunktion der wirksamen Umwelt

Die dieser Untersuchung zugrunde liegende Fragestellung nach den Wirkungsebenen städtebaulicher Entscheidungen einerseits und den Erlebnisebenen der Betrachtergruppen andererseits läßt aber diese Differenzierung als wenig nützlich erscheinen. Wenn man nämlich die Untersuchung der verschiedenen Wirkungsgrade städtebaulicher Entscheidungen mit der Aufgabe verbinden will, planerische Maßnahmen von der erlebten Umwelt her zu entwickeln und an den Wirkungen auf diese zu messen, so läuft man bei der so differenzierten Polarität der vorhandenen Umwelt einerseits, der erlebten Umwelt andererseits Gefahr, die hier entscheidende Rolle der wirksamen Umwelt zu unterschätzen. Denn sie ist es, die die Aufgabe übernimmt, zwischen der erlebten und der vorhandenen Umwelt zu vermitteln. Nur wenn man die wirksame Umwelt gleichwertig zwischen die vorhandene und die erlebte Umwelt stellt, ist es möglich, mit der Ebenenabfolge vorhandene Umwelt, wirksame Umwelt und erlebte Umwelt einerseits den degressiven Wirkungsgrad planerischer Entscheidungen, andererseits den progressiven Einflußgrad subjektabhängiger, verhaltensrelevanter Faktoren darzustellen.

Vorhandene, wirksame und erlebte Umwelt

So erweist sich eine weitere Umwandlung der geschilderten Interaktionsprozesse Mensch–Umwelt und der darauf beruhenden Umweltbegriffe als sinnvoll und notwendig. Während der abstrakte Raum als vorhandene Umwelt seinen topologischen und metrischen Aspekt behält, wird der konkrete Raum gegenüber der bisher dargestellten Gliederung in den konkret-wirksamen und den konkret-erlebten Raum aufgespalten. Dadurch ergibt sich ein Zuordnungsschema, das wie folgt beschrieben werden kann:
1. Die *vorhandene* urbane Umwelt umfaßt das Gesamt der insbesondere mathematisch-physikalisch bestimmbaren städtischen Umwelt.[61] Sie wird durch den physikalischen und den mathematischen Raum mit seinen topologischen und metrischen Untergruppen bestimmt.

60 K. Lewin, a. a. O.
61 Es ist selbstverständlich, daß die vorhandene urbane Umwelt mehr als nur mathematisch-physikalisch bestimmbare Aspekte erfaßt.

2. Die *wirksame* urbane Umwelt repräsentiert die Ergebnisse der möglichen Wahrnehmungen. Dabei wird der jeweils als wirksam erlebte urbane Umweltausschnitt mit dem Begriff der scheinbar wirksamen Umwelt gefaßt. Dieser jedoch deckt sich nicht notwendigerweise mit dem tatsächlich wirksamen Umweltausschnitt. Einer solchen scheinbar wirksamen urbanen Umwelt sind der Sinnes- und der Anschauungsraum als Aspekte des konkret wirksamen Raumes zuzurechnen.
3. Die *erlebte* urbane Umwelt repräsentiert die bei den Bewohnern und Passanten mehr oder weniger bewußt gegebenen Eigenarten der urbanen Umwelt. Sie entspricht dem konkret-erlebten Raum und gliedert sich in Handlungs- und Aktionsraum einerseits, Erlebnis- oder Reaktionsraum andererseits. Dabei stellen der Bewegungsraum und der Kommunikationsraum Aspekte des Handlungsraumes dar, während der gestimmte Raum ein Aspekt des Erlebnisraumes ist. Damit repräsentiert das hier entwickelte dreistufige Modell des Interaktionsprozesses Mensch–Umwelt nichts anderes als die schon dargestellte Leitthese, daß der Einfluß der Umwelt auf das Verhalten der Menschen nicht nur davon abhängt, wie sie ist, sondern auch davon, was die Menschen von ihr wahrnehmen können, des weiteren, was sie davon tatsächlich wahrnehmen, und schließlich davon, wie sie das, was sie wahrnehmen, einschätzen. Dabei hängt allerdings das Ergebnis ihres Verhaltens von dem Teil der Umwelt ab, der für ihr Verhalten von Bedeutung ist – unabhängig davon, ob die Menschen ihn erfaßt haben oder nicht.

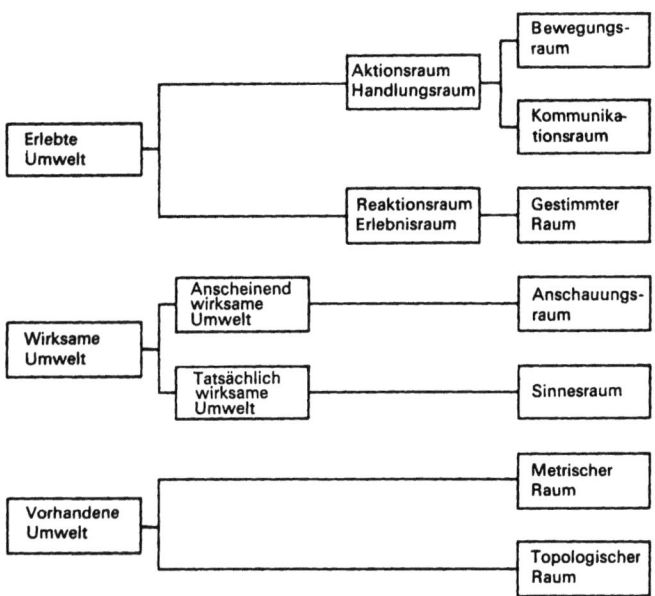

11 Vorhandene, wirksame und erlebte Umwelt

3. Grundzüge der Theorie der Stadtgestaltung

3.1 Stadtgestalt, Stadterscheinung und Stadtbild

Wird das hier dargestellte Modell des Interaktionsprozesses Mensch–Umwelt, das auch für soziale oder beispielsweise politische Interaktionen relevant ist[1], auf den speziellen Fall der Stadtgestaltung angewendet, so lassen sich die Begriffe der vorhandenen, der wirksamen und der erlebten Umwelt direkt übertragen. Wenn der Gegenstand der Stadtgestaltung nicht die vorhandene Umwelt, der objektiv gegebene urbane Raum, sondern die erlebte Umwelt ist, so bedeutet das, daß es der Stadtgestaltung nicht um diejenige Umwelt gehen kann, die zu einem bestimmten Zeitpunkt vorhanden ist, sondern nur um diejenige, die tatsächlich wirksam ist.

Selektivität des Wahrnehmungsprozesses

Dabei ist der Prozeß der Wahrnehmung in zweifacher Weise selektiv: zum einen, indem der Betrachter überhaupt nur einen Ausschnitt der vorhandenen Umwelt in der Wahrnehmung erfaßt, zum anderen, indem die in dem erfaßten Ausschnitt enthaltenen Informationen nicht als Ganzes erfaßt, sondern subjektiv ausgewählt und interpretiert werden. Welche Informationen aus der Umwelt man auch für eine Handlungsabsicht braucht, immer gilt, daß die Handlungsweise von den scheinbar wirksamen, dreidimensional in der Umwelt angeordneten Informationen ebenso abhängt wie von den unterschiedlichen Handlungsabsichten. Die Handlungsweise eines Passanten, beispielsweise, hängt von der erlebten Umwelt ab, die je nach Handlungsabsicht unterschiedlich ist. Da aber diese Handlungsabsichten in bestimmten Umwelten auf einige wenige Grundtypen reduziert werden können[2], wie etwa das Verhalten und die Handlungsabsichten von Passanten in Straßen[3], erscheint es möglich, stadtgestalterische Planungsrichtlinien zu entwickeln, die von der erlebten Umwelt ausgehen, das heißt von den in einer bestimmten vorhandenen Umwelt voraussichtlich zu erwartenden Handlungsabsichten und Verhaltensweisen.[4]

---

1 Dieses Interaktionsmodell präzisiert nicht nur psychische Prozesse, sondern läßt sich auch auf soziale Wechselbeziehungen (etwa zwischen Mitgliedern einer Arbeitsgruppe) oder auf politische Handlungsursachen und deren Ergebnissen anwenden. Vgl. H. u. M. Sprout, a. a. O.
2 Vgl. dazu D. Garbrecht, Das Verhalten von Fußgängern als Interaktion mit der physisch-sozialen Umwelt, in: Werk, H. 3, 1971.
3 Vgl. I. B. Stilitz, Pedestrian congestion, in: D. V. Canter (Hrsg.), Architectural Psychology, London 1970.

Erlebte Umwelt als Summe einzelner Umweltvorstellungen

Verhaltensgrundlage des Menschen in der urbanen Umwelt, im öffentlichen Raum der Straßen, Plätze und Freiräume einer Stadt ist also die erlebte Umwelt, die Umwelterfahrung. Sie kann als die Summe einer Folge von Umweltvorstellungen bezeichnet werden, die der Betrachter subjektiv auf seinem Weg durch verschiedene Straßen einer Stadt bildet und die seinen persönlichen Eindruck von einer Stadt erzeugen. Damit ist die Umwelterfahrung eine individuelle Summierung der erlebten Umweltvorstellungen, die auf der Funktion der vorhandenen Umwelt, der Erscheinung der scheinbar wirksamen Umwelt und der Bedeutung der erlebten Umwelt beruhen. So ist die Umwelterfahrung eines Beobachters das Ergebnis der individuellen Bewertung der wahrgenommenen Umweltfunktion, Umwelterscheinung und Umweltbedeutung; damit ist sie zunächst grundsätzlich subjektiv. Insoweit sie aber von anderen, mehreren Betrachtern auf dem gleichen Weg erlebt wird, ist sie intersubjektiv. Stadtgestaltung kann also davon ausgehen, daß die intersubjektive urbane Umwelterfahrung[5] analog zu dem entwickelten Modell des Interaktionsprozesses auf drei wesentlich voneinander unterschiedenen Ebenen aufbaut.

Ebenen der Stadtgestalt, der Stadterscheinung und des Stadtbildes

Dabei ist die entscheidende Ebene die der erlebten Umwelt, im speziellen Fall der Stadtgestaltung die des Stadtbildes, in der Beobachter die wirksame Umwelt mit Bedeutungen versieht und je nach Handlungsabsicht bewertet. Das Stadtbild aber baut auf der wirksamen Umwelt auf, der Stadterscheinung in der hier entwickelten Terminologie der Stadtgestaltung.[6] Diese entsteht durch den Eintritt des Beobachters in die vorhandene Umwelt, dessen Standpunkt in derselben die wirksame Umwelt, die Umwelterscheinung veranlagt. Die Stadterscheinung basiert damit auf der vorhandenen Umwelt, der Stadtgestalt, wie sie hier bezeichnet wird, die unabhängig von einem Beobachter gegeben ist und die die metrisch wie topologisch erfaßbare physische Umwelt darstellt.

---

4 Davon geht auch Stephen Carr aus: »In any case, in each specific environment only a few predominant types of plans are beeing executed (...). It should be possible to determine what these plans are and to direct design attention to the relevant features.« S. Carr, a.a.O.

5 Hier wird also die Umwelterfahrung als das Ergebnis eines bewegungs-, zeit-, orts- und individuell-subjektiv strukturierten Prozesses verstanden. Ähnlich definieren es Nitschke/Thiel: Anatomie des gelebten Raumes, in: Bauen und Wohnen, H. 12, 1968.

6 Die hier entwickelte Einführung der Begriffe Stadtbild, Stadterscheinung und Stadtgestalt erwies sich als notwendig, um den vielschichtigen Begriff der Umwelt in seinen dargestellten Differenzierungen für den speziellen Fall der Stadtgestaltung zu präzisieren; die wirksame Umwelt ist beispielsweise für die politische Handlung eine andere als für die Stadtgestaltung.

3.2 Ebene der Stadtgestalt

Die vorhandene Umwelt im Sinne der Stadtgestaltung ist der öffentliche, allen Stadtbewohnern zugängliche Raum. Unter dem Gesichtspunkt der Stadt als einem sich ständig verändernden System kann man die urbane Umwelt, den öffentlichen Raum als die prozeßorientierte Negativstruktur des Stadtsystems bezeichnen, die den Rahmen für die objektorientierte Positivstruktur der Stadt, die eigentliche Bebauung, bildet. Urbane Umwelt würde insoweit zunächst durch die dreidimensionale Definition des Raumes zwischen der städtebaulich vorgegebenen Hohlform der dreidimensionalen Ausbildung der öffentlichen Freiräume, insbesondere der Straßen und Plätze veranlagt und dann durch das »Ausgießen« dieser Hohlform, durch die eigentliche Bebauung realisiert.[7] So repräsentiert die Ebene der Stadtgestalt im allgemeinen Sinne dieser Untersuchung den städtebaulich relevanten Umweltbegriff, die urbane Umwelt.

Begriffsbestimmungen der Umwelt

Nun sind aber die Begriffsbestimmungen der Umwelt heute sehr vielfältig und reichen von mathematischen bis zu philosophischen Aspekten; nur einige dieser Auffassungen von Umwelt seien im folgenden genannt:
– soziale Umwelt als konditionierende Konfiguration sozialen Verhaltens;
– kommunikative Umwelt als Mittel kommunikativer Interaktion;
– sinnliche Umwelt als Objekt visueller, taktiler, akustischer und olfaktorischer Erfahrung;
– mathematische Umwelt als topologisches und metrisches System;
– physikalische Umwelt als Konfiguration physikalischer Elemente;
– operationale Umwelt, etwa als ökologisches, technologisches oder wirtschaftliches System.[8]

Allen diesen Umweltaspekten liegt ein Umweltbegriff zugrunde, der, erkenntnistheoretisch betrachtet, diese als eine in den Elementen der Umwelt liegende Notwendigkeit auffaßt, ihre Besonderheit zu überwinden und als Einheit zu erfassen.[9]

System- und kommunikationstheoretischer Aspekt der Umwelt

Systemtheoretisch läßt sich Umwelt als die Gesamtheit aller von einem Bezugs-

---

7 H. M. Bruckmann, M. Trieb, Faktoren und Methoden der städtebaulichen Umweltplanung, vervielfältigtes Vortragstyposkript. Stuttgart 1970.
8 Der Umfang der vorliegenden Untersuchung erlaubt es nicht, den Begriff der Umwelt im einzelnen zu belegen. Heranzuziehen sind: G. Klaus; M. Buhr, Philosophisches Wörterbuch, Leipzig 1969 H. u. M. Sprout, Ökologie Mensch – Umwelt, München 1971; O. F. Bollnow, Mensch und Raum, Stuttgart 1969 und unter städtebaulichen Aspekten auch D. Appleyard, Notes on Urban Design and Physical Planning, Berkeley 1968.
9 Vgl. R. Steiner, Goethes naturwissenschaftliche Schriften, Neuauflage, Stuttgart 1962.

system verschiedenen Systeme betrachten, die auf das betreffende System einwirken oder Einwirkungen durch dieses erleiden können.[10] Unter dem kommunikations-theoretischen Aspekt der Umwelt wäre der urbane Raum, die städtebauliche Umwelt, ein Ereignisfeld, welches aus dreidimensional verteilten Informationen besteht. Dabei stellt das Signal als physikalisch-energetisches Substrat im Sinne einer Funktion von drei Ortsparametern und einem Zeitparameter den Träger der Information dar. Bezogen auf den Umweltbegriff, der der Stadtgestaltebene zugrunde liegt als der Umwelt, die unabhängig von einem Beobachter permanent vorhanden ist, nennt man Signale, die unabhängig von ihrer erzeugenden Energie als Konfiguration gespeichert und fixiert auftreten, »tote« Signale[11] – man könnte auch sagen, mögliche Signale. In diesem Sinne wäre die urbane Umwelt nichts anderes als ein dreidimensional verteiltes, gespeichertes mögliches Signalfeld, das im Sinne der Kommunikationstheorie einen potentiellen Sender darstellt, der erst im Moment der Wahrnehmung auf der Ebene der Stadterscheinung zu einem effektiven Sender wird. Damit ist die urbane Umwelt auf der Ebene der Stadtgestalt kommunikationstheoretisch ein potentielles Ereignisfeld dreidimensional verteilter Informationen, das erst auf der Ebene der wirksamen Umwelt effektiv wird.[12]

Definition der Stadtgestalt

Hier wird also Umwelt, auf den Menschen bezogen, als die einen Beobachter begleitende Umgebung aufgefaßt, die Einheit all jener Dinge außerhalb des menschlichen Systemorganismus, mit welcher das Erleben oder Handeln eines Beobachters in Beziehung stehen kann. Deshalb kann man urbane Umwelt als die Konfiguration all jener Kräfte, Faktoren, Elemente oder Signale betrachten, die außerhalb des Bezugspunktes Mensch liegen und auf die dieser möglicherweise oder tatsächlich reagiert. Folgerichtig gehören zu den Elementen urbaner Umwelt ebenso materielle wie immaterielle Faktoren, physikalische Phänomene ebenso wie etwa wirtschaftliche oder soziale Aspekte, insoweit sie direkt oder indirekt sinnlich wahrnehmbar sind. Genauer betrachtet, weist die urbane Umwelt auf der Ebene der Stadtgestalt einen physikalisch, topologisch und metrisch definierbaren Aspekt[13] und einen funktionalen Aspekt auf, der ökologischer, technologischer, wirtschaftlicher, kommunikativer oder sozialer Art sein kann; beide Aspekte sind darüber hinaus kommunikationstheoretisch darstellbar.[14]

10 Vgl. G. Klaus, M. Buhr, a.a.O.
11 Vgl. M. Bense, a.a.O.
12 Vgl. M. Trieb, Elemente des urbanen Raumes, Seminarbericht, Stuttgart 1969.
13 Vgl. K. Lewin, Grundzüge einer topologischen Psychologie, Berlin 1969.
14 Mathematisch betrachtet, wird die urbane Umwelt, der städtebauliche Raum, zunächst als topologischer Raum aufgefaßt. Er ist noch nicht durch Größen fixiert, sondern lediglich durch Beziehungen wie Nähe und Ferne, Trennung und Zusammenhang, Umgebung und Nachbarschaft. Nur der Zusammenhang, nicht etwa Abstände räumlicher Elemente, wird betrachtet, nur beispielsweise die Tatsache, daß zwischen einem Rat-

So ist die vorhandene urbane Umwelt, der städtebaulich relevante Raum, ein mehr oder weniger umschlossenes Kontinuum, das durch Begrenzungen definiert wird.[15] Sie umfaßt ausschließlich beschreibbare oder meß- und zählbare Realitäten und stellt die wertfrei beschreibbare städtebauliche Umwelt dar. Wenn die Aussendung, der Empfang, der Austausch und die Produktion von Informationen die Grundlage der Wechselbeziehung zwischen dem Menschen und seiner Umwelt sind, so ist Wahrnehmung das Aufgreifen von Informationen aus der Umwelt. Dabei sind Träger möglicher Informationen die Umweltsignale, die Substrate physisch-energetischer Umweltelemente, deren Art, Zahl, Anordnung und gegenseitige topologisch-metrische Beziehung die Umwelt definieren. Damit ist die vorhandene urbane Umwelt ein potentielles Ereignisfeld dreidimensional verteilter Informationen, die durch Umweltelemente konfigurativ gegeben sind und im Moment der Wahrnehmung durch den Menschen in Kommunikationsprozessen als Signale übermittelt und als Zeichen verarbeitet werden.

So kann abschließend die Ebene der Stadtgestalt als die der vorhandenen städtebaulichen Umwelt beschrieben werden, die die Gesamtheit der Umweltelemente umfaßt, mit denen der Mensch, bewußt oder unbewußt, in Wechselbeziehung treten kann. Die Stadtgestalt ist unabhängig von einem wahrnehmenden Subjekt, ihr funktionaler Aspekt kann weitgehend wertfrei beschrieben, ihr physikalisch-mathematischer Aspekt darüber hinaus gezählt, gemessen und klassifiziert werden; so umfaßt sie ausschließlich die den Menschen umgebenden Realitäten sichtbarer und unsichtbarer Art. Zur Ebene der Stadtgestalt gehört in diesem Sinne, auf die Stadtplanung bezogen, nicht nur die äußere Erscheinung, zu ihr gehören auch die ihr zugrunde liegende Nutzung und die daraus resultierenden Aktivitäten.

3.3 Ebene der Stadterscheinung

Die Erfahrungsebene der Stadterscheinung entspricht dem Teil der vorhandenen Umwelt, der für die Aktionen und Reaktionen eines Individuums ebenso wirksam ist wie etwa für die Ergebnisse dieser Aktionen. Auf dieser Ebene ist also sowohl der für eine Handlungsabsicht und ihre Ergebnisse relevante Teil der vorhandenen Umwelt anzunehmen, die tatsächlich wirksame Umwelt als auch der für

haus, einem Wirtshaus und einer Kirche ungeachtet ihrer Qualität Beziehungen bestehen. Als metrischer Raum ist die urbane Umwelt darüber hinaus auch durch Größen definiert. Wenn alle raumbildenden Elemente – hier Wirtshaus, Kirche, Rathaus – in bezug auf Länge, Breite und Höhe determiniert sind, d. h. dreidimensional bestimmt werden können, dann sind sie in einem metrischen System erfaßbar. Damit ist der Raum nicht nur topologisch bestimmt, sondern auch metrisch strukturiert; im Gegensatz zum topologischen Raum determiniert der dreidimensionale metrische Raum eine metrische Abstandsstruktur. Vgl. M. Bense, Was ist der urbane Raum?, vervielfältigtes Vortragsprotokoll, Stuttgart 1969.

15 Vgl. J. Joedicke, Anmerkungen zu einer Theorie des Raumes, in: Bauen und Wohnen, H. 9, 1968.

die Handlungsabsicht relevante, wahrgenommene Teil der Umwelt, die scheinbar wirksame Umwelt. Diese wirksame Umwelt kann nicht allein als Summe mathematisch-physikalischer und funktionaler Faktoren betrachtet werden, sondern beruht, als wahrgenommenes Realweltsegment, auf dem Standort des Beobachters innerhalb des dreidimensionalen Systems von Umweltelementen und auf den Bedingungen seiner eigenen Wahrnehmung.

Definition der Stadterscheinung

Die Stadterscheinung ist also der für einen Beobachter wahrnehmbare, von seinen Wahrnehmungsmöglichkeiten abhängige Teil der Stadtgestalt, das effektive Ereignisfeld dreidimensional verteilter, potentieller vorgegebener Informationen. Insofern besitzt die Stadterscheinung intersubjektive Realität und stellt als solche die Basis aller sozialwissenschaftlichen Untersuchungen dar. Für den Betrachter, seine Aktionen und Reaktionen hat also allein die Stadterscheinung Bedeutung. In ihr wird die Umwelt zu einer unmittelbar empfundenen Qualität, die abhängig ist von der Summe der durch die Umweltelemente und ihre Beziehungen zueinander ausgelösten Reize. Inwieweit diese Reize auslösbar sind, hängt von der Wahrnehmungskapazität des Beobachters und den Wahrnehmungsbedingungen im Moment der Wahrnehmung ab. Inwieweit diese Reize ausgelöst werden, ist zusätzlich von der Wahrnehmungsbereitschaft des Beobachters abhängig. Die postulierte intersubjektive Realität ist auf der Ebene der Stadterscheinung dann gegeben, wenn mehrere Beobachter von dem gleichen Standpunkt aus, gleiche Wahrnehmungsbedingungen, gleiche Wahrnehmungskapazität und gleiche Wahrnehmungsbereitschaft vorausgesetzt, einen Teil der vorhandenen Umwelt in gleicher Weise wahrnehmen.

Aspekte der Stadterscheinung

Deshalb kann man der Ebene der Stadterscheinung Gruppen von Sachqualitäten zuordnen, die zur Umwelterscheinung zu rechnen sind und im Rahmen der Stadtgestaltung unter anderem Erscheinungsqualitäten und Wirkungsqualitäten genannt werden können. Unter Erscheinungsqualitäten werden konfigurative Qualitäten verstanden, wie sie die Gestaltpsychologie erforscht. Dazu gehören Begriffe wie »Intensität« oder »Dominanz«, die im Gegensatz zur Gestaltpsychologie in dieser Untersuchung nicht nur als visuelle, sondern auch als funktionelle oder als symbolische Qualitäten verstanden und angewendet werden. Innerhalb des hier entwickelten theoretischen Ansatzes zur Stadtgestaltung kann man also ebenso von visueller wie etwa von funktionaler oder symbolischer Intensität sprechen, etwa von der Intensität der Nutzung oder der Bedeutung eines »Bereiches«.[16]

16 Eine Reihe von visuellen Erscheinungsqualitäten und ihre Bedeutung für die Bildung von Stadtbildelementen hat Lynch in seiner bereits erwähnten Schrift: Das Bild der Stadt Berlin 1965 dargestellt.

Wirkungsqualitäten sind dagegen mögliche Wirkungen der Umwelt auf den Beobachter, die sein Verhalten direkt beeinflussen und deren Erforschung heute ebenso Sache der Verhaltensforschung wie der Gestaltpsychologie ist. Zu diesen Qualitäten rechnen Wirkungen wie »Vorzugslage« oder »Umschließung«, die in positiver oder negativer Weise auf den Menschen einwirken können. Auch diese Begriffe werden nicht nur als visuelle, sondern auch als funktionale oder symbolische Qualitäten betrachtet. So kann man also ebenso wie von einer visuellen Umschließung, etwa durch einen Platz, von einer funktionellen Umschließung beispielsweise durch Kneipen sprechen.[17]

3.4 Ebene des Stadtbildes

Analog zur erlebten Umwelt setzt sich für jedes Individuum das seelische Bild, die Vorstellung oder der Begriff von einer Stadt und ihrer Teile aus einer Summe von Erinnerungen, Beziehungen und Erfahrungen zusammen. Dabei baut jedes Individuum sein *eigenes*, mentales Bild der Stadtteile und ihrer Beziehungen zueinander auf. Diese Vorstellung von der vorhandenen Umwelt ist also das Ergebnis eines ständigen Wechselprozesses zwischen Mensch und Umwelt. Damit ist sie aber selbst der Veränderung unterworfen, die bedingt sein kann durch Veränderung der städtebaulichen Nutzung, ihrer Erscheinung, oder durch einen sich im Individuum vollziehenden Bedeutungswandel. Stets aber beruht sie als geistiges Abbild der vorhandenen Umwelt im Bewußtsein des Beobachters auf der Umwelterscheinung, die wesentlich durch die Stadtgestalt veranlaßt ist.

Komponenten des Stadtbildes

Damit setzt sich für jedes Individuum das mentale Bild einer gegebenen Umwelt aus zwei Hauptkomponenten zusammen. Einmal beruht es auf Erinnerungen, Beziehungen, Erfahrungen, Hoffnungen und Erwartungen, auf einer »Erfahrungssumme«, die das Verhältnis des Individuums zu jeder wahrgenommenen Umwelt vorstrukturiert. Zum anderen wird es aus dem wahrgenommenen Teil der dreidimensional verteilten Umweltinformationen gebildet. Der Mensch bestimmt also, vorstrukturiert durch seine soziale, kulturelle, wirtschaftliche Situation einerseits, durch seine persönlichen, subjektiven Erfahrungen konditionierte Individualität andererseits eine Auswahl aus der Vielzahl der etwa in einer Straße vorhandenen Informationen, diejenigen, die er auf Grund bestimmter Intentionen wahrnimmt. Das ist aber vielfach nur ein Bruchteil der tatsächlich vorhandenen Informationen. Nach diesem Selektionsvorgang ordnet er sie zu übergeordneten Informationsfeldern, die außer der Aussage der Einzelelemente auch durch die spezielle Beziehung dieser Einzelelemente zueinander Aussagen darstellen, und

---

[17] In der angelsächsischen Townscape-Richtung wird schon seit langem mit Wirkungsqualitäten gearbeitet. Vgl. dazu G. Cullen, a.a.O.

gibt ihnen schließlich Bedeutungen, die die Grundlage seiner Aktionen und Reaktionen darstellen.

Definition des Stadtbildes

Der Begriff des Stadtbildes steht also für das mentale Substrat dessen, was der Mensch in seiner individuellen Strukturierung unter durch bewußte und unbewußte Intentionen bestimmten Gesichtspunkten aus der physischen Realität abstrahiert hat. Diese ist als geistiges und gefühlsmäßiges Abbild der Stadterscheinung die konkrete Wirklichkeit des Städters. Als das Produkt einer ständigen Wechselbeziehung zwischen dem Menschen und seiner Umwelt wird damit die Ebene des Stadtbildes ebenso durch die kulturelle, soziale, funktionelle und räumliche Struktur der Stadtgestalt bestimmt wie durch die physische, psychische und intellektuelle Eigenart des beobachtenden Individuums.

Aspekte des Stadtbildes

Jede Bewegung des Menschen entlang einer Bewegungslinie, etwa des Passanten auf dem Gehsteig, stellt für diesen einen ununterbrochenen möglichen Strom wechselnder Erfahrungen dar, die sich in subjektive Eindrücke und Vorstellungen umsetzen. Dabei ist das in der Bewegung aufgenommene visuelle Bild der Umwelt, ihre visuelle Erscheinung, nur der Anfang der mentalen Erfahrung; jeder Wechsel von Licht und Schatten, von heiß und kalt, von Lärm und Stille, von angenehmen und unangenehmen Gerüchen oder glatten und rauhen Gehflächen erzeugt weitere Erfahrungsdimensionen. Darüber hinaus prägen die erlebten Aktivitäten, die in einer Straße vertreten sind und in ihrer Nutzung oder Funktion dominieren, wie etwa Geschäfte oder Büros, ebenso zusätzliche Erfahrungsdimensionen wie die sozialen Schichten, die in Wohnstraßen vertreten sind, oder die Bedeutung, die der Passant diesen Erfahrungsdimensionen zumißt. Dementsprechend beruhen die dabei gewonnenen subjektiven Umweltvorstellungen auf der individuellen Bewertung der verschiedenen Erfahrungsdimensionen. Da die Beziehung des Menschen zu seiner Umwelt im wesentlichen auf drei dieser Erfahrungsdimensionen zurückgeführt werden kann, auf die der *Nutzung*, der Funktionen und Aktivitäten der Stadtgestalt, auf die Erfahrungsdimension der *Erscheinung* und die der *Bedeutung*, muß die Stadtgestaltung nicht nur nach der Erscheinung der Stadtgestalt als sinnlichem Phänomen fragen, sondern ebenso nach den Nutzungen, die diese repräsentiert, und nach den Bedeutungen, die diesen Nutzungen zugemessen werden. Die Erfahrungsdimensionen der Nutzung, Erscheinung und Bedeutung sind also gleichwertige, das Stadtbild erzeugende Faktoren und als solche gemeinsam Komponenten der Umweltvorstellung.

Intersubjektive Realität des Stadtbildes

Die Umweltvorstellung wird also zunächst von jedem einzelnen subjektiv geprägt; wenn sich nicht gewisse Phänomene der individuellen Umweltvorstellung verallgemeinern ließen, könnte die Ebene des Stadtbildes nicht Gegenstand stadtgestalterischer Planungsprozesse sein. Nun stimmen aber Umweltvorstellungen verschiedener Beobachter, die auf der gleichen gegebenen Wirklichkeit beruhen, in wesentlichen Teilen miteinander überein, ja ergänzen einander.[18] Diese intersubjektiven Vorstellungen beruhen auf dem Teil der subjektiven Vorstellungen einer Gruppe von Beobachtern, den diese gemeinsam haben. Sie können aus der Überlagerung individueller Umweltvorstellungen gewonnen werden, weil die unzähligen subjektiven Vorstellungen trotz einer gewissen Instabilität[19] bei gegebenem etwa gleichem Hintergrund der sozialen, kulturellen und altersmäßigen Struktur Übereinstimmung aufweisen. Daher lassen sich transsubjektive Umweltvorstellungen etwa für ein Stadtviertel durch die Befragung eines repräsentativen Gruppenquerschnittes der Betroffenen ermitteln. So kann zwar die gleiche vorhandene Umwelt für verschiedene Beobachter verschiedene erlebte Umwelt bedeuten; da aber Teile der subjektiv erlebten Umwelt mit denen anderer Beobachter übereinstimmen, oft wesentliche Teile, kann sogar aufgrund der intersubjektiven Gruppenvorstellungen eine Vorstellungskarte des Stadtviertels gezeichnet werden, das ein mentales Abbild dessen darstellt, was die Einwohner aus der vorhandenen Umwelt abstrahieren.[20]

3.5 Grundzüge der Theorie

Bei der Analyse des Wechselprozesses Mensch–Umwelt zeigt es sich, wie die erlebte Umwelt entsteht. Mit dem Betreten einer zunächst vom Beobachter unabhängigen vorhandenen Umwelt erfaßt dieser einen mehr oder weniger großen Teil dieser Umwelt, einen Umweltausschnitt, der jedoch für den Beobachter die für ihn wirksame Umwelt darstellt. Diese wirksame Umwelt selektiert und interpretiert der Beobachter nach subjektiven Gesichtspunkten und bildet daraus die erlebte Umwelt, die aufgrund intersubjektiver Gesetzmäßigkeiten auch in großen Teilen die anderer Beobachter sein kann. Einerseits ist die erlebte Umwelt damit in Faktoren begründet, die von den Beobachtern abhängen, ihren Handlungsabsichten, ihrem Wahrnehmungsvermögen und ihren Wert- und Zielvorstellungen.

---

18 Diesen Nachweis führte Lynch mit seinen Untersuchungen in Boston, Jersey City und Los Angeles und belegte damit Thesen, wie sie Lewin, in seiner topologischen Psychologie entwickelte; inzwischen präzisieren zahlreich weitere Untersuchungen diese Tatsache. Siehe dazu: R. Linke, H. Schmidt, G. Wessel, Gestaltung und Umgestaltung unserer Stadt; C. Steinitz, Meaning and the Congruence of Urban Form and Activity, in: Journal of the American Institute of Planners, H. 7, 1968.
19 Umwelt und Umweltvorstellung sind korrelativ, da die Umwelt zu einer Umweltvorstellung umgewandelt wird und diese wieder die Umweltwahrnehmung beeinflußt.
20 Vgl. P. D. Spreiregen, Urban Design: The Architecture of Towns and Cities, New York 1965.

Andererseits beruht dabei die so gebildete erlebte Umwelt auf von dem Beobachter ganz oder teilweise unabhängigen Faktoren wie die der vorhandenen Umwelt und teilweise der wirksamen Umwelt. Der Prozeß, in welchem der Beobachter die gelebte Umwelt bildet, ist nur teilweise von diesem selbst abhängig. Die vorhandene Umwelt und ein Teil der wirksamen Umwelt sind vielmehr vom Umweltplaner abhängig, der diese bildet oder verändert. Bezieht der Umweltplaner die intersubjektive Gesetzmäßigkeit in sein bewußtes Handeln ein, die zur Bildung der gleichen erlebten Umwelt für eine Vielzahl von Beobachtern führt, so ist auch die erlebte Umwelt nur noch teilweise allein vom Beobachter abhängig, da nämlich, wo er in freier Willensentscheidung von intersubjektiven Gesetzmäßigkeiten abweicht. Das bedeutet aber, daß der Umweltplaner durch die bewußte Bildung und Veränderung der vorhandenen Umwelt die wirksame Umwelt so veranlagen kann, daß die erlebte Umwelt eines Umweltbeobachters vorhersagbar wird. Anders ausgedrückt: Wenn das Arbeitsfeld der Stadtgestaltung die erlebte Umwelt ist, das Stadtbild, so kann aufgrund des hier skizzierten Interaktionsprozesses Mensch–Umwelt diese durch planerische Maßnahmen auf der Ebene der wirksamen Umwelt, der Stadterscheinung, und auf der Ebene der vorhandenen Umwelt, der Stadtgestalt, in hohem Grade bewußt gebildet und verändert werden.

Wechselprozeß Umweltbeobachter–Umweltplaner

Damit aber kann der Interaktionsprozeß Mensch–Umwelt auch als ein Wechselprozeß zwischen Umweltbeobachter und Umweltplaner, zwischen Stadtbewohner und Stadtplaner aufgefaßt werden. In diesem Wechselprozeß veranlagt der Stadtplaner die vorhandene Umwelt durch die Ausweisung der Art und Lage der Nutzung im Flächennutzungsplan ebenso wie durch die Fixierung der möglichen Umweltgestalt, der dreidimensionalen Erscheinung dieser Nutzung im Bebauungsplan. Außerdem beeinflußt er mehr oder weniger stark die Umweltwahrnehmung des Beobachters, etwa durch die Ausweisung der möglichen Standorte desselben im Straßenraum, und damit die Umwelterscheinung. Da Umweltnutzung, Umweltgestalt und Umwelterscheinung auch mit Umweltbedeutungen verknüpft sind, kann der Stadtplaner diese bis zu einem gewissen Grade beeinflussen. Weil die Umweltvorstellung von der Umweltnutzung, der Umwelterscheinung und der Umweltbedeutung geprägt wird, ist auch diese mittelbar seinem Einfluß unterworfen. Der Stadtbewohner nimmt mit der Umweltwahrnehmung den ihm dabei zugänglichen Teil der Umweltgestalt und der Umweltnutzung wahr, der für ihn zur Umwelterscheinung wird. Auf der Basis seiner subjektiven Einstellung versieht er diese mit Bedeutungen und bildet sich aufgrund dieser Umweltbedeutungen seine Vorstellung von der Umwelt, die erlebte Umwelt.

Beeinflussung der erlebten Umwelt

So dient hier also der Versuch, den Wechselprozeß zwischen Stadtbewohner und Stadtplaner transparent zu machen, als Grundlage eines »roten Fadens«, der die verschiedenen Aspekte der Stadtgestaltung nicht nur sammelt, sondern auch ordnet und so zueinander in Beziehung setzt, daß aus diesem Beziehungssystem Hinweise für die Planungspraxis gewonnen werden können. Die skizzierten Grundzüge einer Theorie der Stadtgestaltung werden in den folgenden Abschnitten detailliert und bis zur Ableitung stadtgestalterischer Planungsprinzipien ausgearbeitet. Hier ist entscheidend, daß mit dem bisher entwickelten Gedanken nicht nur die erlebte Umwelt oder das Stadtbild als das Arbeitsfeld der Stadtgestaltung herausgearbeitet wurde, sondern daß auch der Weg sichtbar wurde, auf dem es der Stadtgestaltung möglich ist, diese erlebte Umwelt zu bilden und zu verändern.

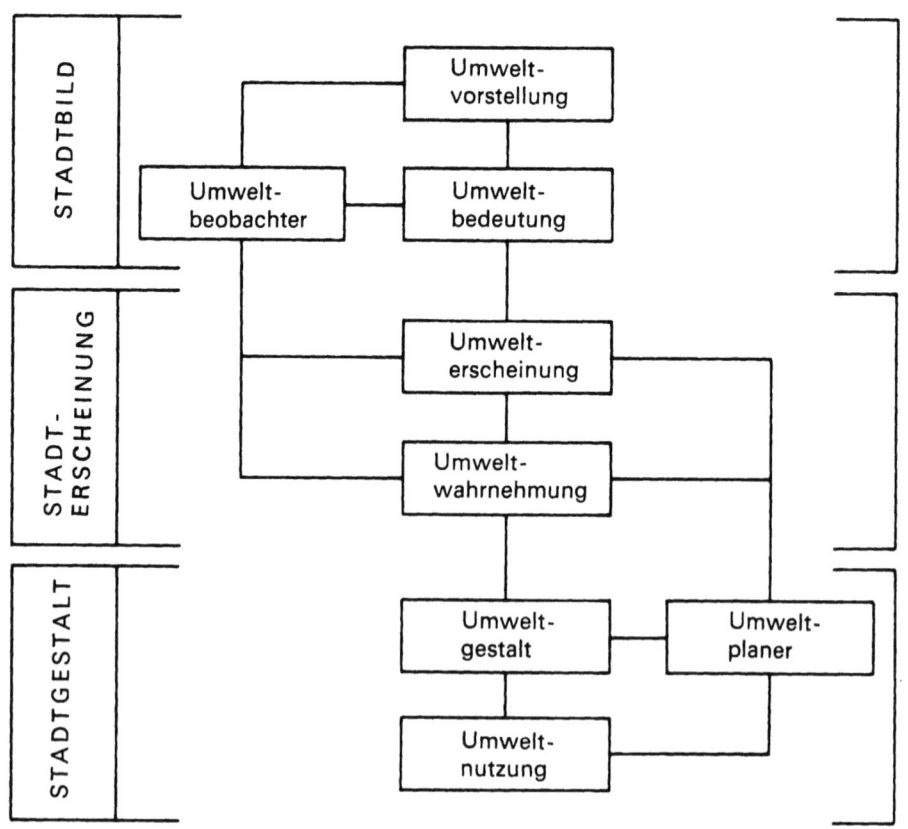

12 Wechselprozeß Umweltbeobachter – Umweltplaner

4. Elemente des theoretischen Modells

Wenn also das Arbeitsfeld der Stadtgestaltung nicht die sinnlich wahrnehmbare Umwelt ist, die Stadtgestalt, sondern vor allem die wirksame und die erlebte Umwelt, die Stadterscheinung und das Stadtbild, so stellt sich zunächst die Frage, welche Einzelfaktoren für das Arbeitsgebiet der Stadtgestaltung relevant sind und welchen theoretischen Bezugsebenen sie jeweils zuzuordnen sind. Schon ein erster Überblick über das heterogene Feld relevanter Einzelfaktoren zeigt ihre Vielfalt.

Vielfalt der relevanten Faktoren

So sind unter anderem Gesichtspunkte der Wahrnehmung unter den gegebenen Wahrnehmungsbedingungen, mit der situationsabhängigen Wahrnehmungskapazität und der subjektiv bestimmten Wahrnehmungsbereitschaft als Transformationsfaktoren zwischen der Ebene der Stadtgestalt und der des Stadtbildes von Bedeutung. Im weiteren zählen Kategorien der Stadtplanung, wie die Nutzung der Flächen, wie das sinnlich wahrnehmbare Umweltrepertoire oder wie die Art der Ausbildung des öffentlichen Raumes, dazu. Ebenso muß man das komplexe Gebiet der Umweltbedeutung dazurechnen und die Umweltvorstellung mit ihrem beschreibenden und bewertenden Aspekt ebenso berücksichtigen wie die Umweltbewertung durch das Individuum unter dem Gesichtspunkt bestimmter Erfahrungen und Intentionen. Wenn die in dieser Untersuchung entwickelten theoretischen Bezugsebenen der Stadtgestalt, der Stadterscheinung und des Stadtbildes die Grundlage für ein anwendbares Modell der Stadtgestaltung sein sollen, so müssen die aufgeführten Einzelfaktoren hier ebenso einzuordnen sein wie die erst später sich als bedeutungsvoll erweisenden Faktoren. Dies muß jetzt wie später so geschehen, daß ihre wechselseitigen Abhängigkeiten und damit die Konsequenzen aus dieser Einordnung für die Planung abgeleitet werden können.

Einordnung der Einzelfaktoren

Die Grundzüge einer solchen Einordnung stellen sich in folgender Weise dar. Wird beispielsweise die Ebene der Stadtgestalt als die urbane Umwelt aufgefaßt, die durch städtebauliche und andere, etwa politische Einflüsse und Entscheidungen bestimmt wird und die damit unabhängig von einem Beobachter als solche vorhanden ist, so müssen die Faktoren ihr zugeordnet werden, die dieser Definition der Stadtgestaltung entsprechen. Das sind beispielsweise Einzelfaktoren wie die Umweltkonfiguration, die Umweltbildung, das Umweltrepertoire oder die Umweltnutzung. Zu den erzeugenden Faktoren der Ebene der Stadterscheinung zählen die Wahrnehmungskapazität oder die Wahrnehmungsbereitschaft ebenso wie die Wirkungsqualitäten und die Erscheinungsqualitäten. Dementsprechend können Faktoren wie die Umweltbedeutung, die Umweltvorstellung oder Anmutungs- und Vorstellungsqualitäten sinngemäß der Bezugsebene des Stadtbildes zugeordnet werden, wenn diese alle Aspekte des wahrgenommenen und scheinbar wirksamen Umweltsegmentes umfaßt.[1] Im folgenden werden die Einzelfaktoren des für die Stadtgestaltung relevanten Interaktionsprozesses Mensch–Umwelt dargestellt, die der jeweiligen Definition der Bezugsebenen entsprechend diesen zuzurechnen sind.

4.1 Faktoren des Stadtbildes

Verhaltensweise und Verhaltensergebnis

Wirkungen der erlebten Umwelt auf voraussichtliche Verhaltensweisen und Verhaltensergebnisse mit intersubjektiver Gültigkeit prognostizieren zu können, ist das Ziel der Stadtgestaltung *als Wissenschaft*.[2] Die Verhaltensweisen sind durch die erlebte Umwelt beeinflußt und damit einerseits von den Beobachtern in der Umwelt abhängig, andererseits von der erlebten Umwelt selbst. Das Verhaltensergebnis ist zum einen von der Verhaltensweise bestimmt, die durch die anscheinend wirksame Umwelt bedingt ist, zum anderen aber auch von der tatsächlich wirksamen Umwelt, die durch die jeweiligen Absichten des Beobachters erzeugt wird. So gilt für die Reaktionen des Beobachters auf seine Umwelt, die durch die Stadtgestaltung prognostiziert werden müssen, daß sie nicht von den tatsächlich vorhandenen Verhaltensmöglichkeiten abhängen, sondern von dem subjektiven Erlebnis derselben.[3]

Umweltbewertung

Die Verhaltensweise beruht auf der Bewertung der erlebten Umwelt, der Umweltvorstellung mit ihren qualitativen und quantitativen Aspekten. Diese ist abhängig von Handlungsabsichten, wie die Straßenbahn zu erreichen oder Schaufenster anzuschauen, in der davon abhängigen erlebten Umwelt. Außerdem ist sie von den subjektiven Ansprüchen an die erlebte Umwelt bestimmt, wie beispielsweise auf

---

1 Die vertikale Gliederung der im analytischen Modell dargestellten Faktoren beruht auf operationalen Überlegungen, die der »Qualitätenkette« des Modells die zentrale Rolle zuweist: die Verhaltensweise des Menschen beruht auf den »Qualitäten« der vorhandenen, wirksamen und erlebten Umwelt.
2 In der Psychologie wird dem entgegengearbeitet: »Es wird dann wichtig sein, daß die Psychologie über verläßliche Methoden zur Erfassung der erlebnis- und verhaltensprovozierenden Wirkungen bestimmter Bauformen verfügt.« J. Franke, J. Bortz, Der Städtebau als psychologisches Problem, in: Zeitschrift für experimentelle und angewandte Psychologie, H. 1, 1972.
3 Vgl. J. Franke, Zum Erleben der Wohnumgebung, in: Stadtbauwelt, H. 24, 1969.

dem Weg zur U-Bahn-Station interessante Eindrücke zu gewinnen. Die Umweltbewertung kann damit als die Bewertung einer Vorstellung von der erlebten Umwelt aufgrund eigener Erfahrungen und Absichten bezeichnet werden. Sie ist ebenso abhängig von der psychischen Verfassung des Menschen im Moment der Umwelterfahrung wie von seinen Wertvorstellungen, mit denen er seine Vorstellung von der erlebten Umwelt bewertet. So kann es das Ergebnis einer solchen Umweltbewertung sein, daß ein engerer Bereich eines Stadtviertels unter dem Gesichtspunkt der Orientierung als unbefriedigend empfunden, dabei aber als interessant, anregend und abwechslungsreich bewertet wird. Für viele Besucher erzeugt Venedig in manchen Teilen diesen Eindruck.

Zielvorstellungen

Zielvorstellungen sind die angestrebten Voraussetzungen für die Erfüllung bestimmter Intentionen: etwa sich orientieren zu können, um ein bestimmtes Haus zu finden. Oder aber sie stellen solche Intentionen selbst dar, wie beispielsweise bei einem Spaziergang ein ästhetisch angenehmes Erlebnis zu finden. Zielvorstellungen sind damit abhängig von dem Umweltbeobachter, insbesondere von seinen Handlungsabsichten und Wertvorstellungen; sie sind die Grundlage seiner Umweltbewertung. Zielvorstellungen im Rahmen des theoretischen Modells der Stadtgestaltung sind dabei solche, die mit städtebaulichen Mitteln ganz oder teilweise befriedigt werden können. Damit kommen als solche unter anderem in Frage: die Zielvorstellung, »sich orientieren können«, ohne auf Straßenschilder und Hausnummern alleine angewiesen zu sein; die Zielvorstellung, »etwas Neues erfahren zu können«, sich in einer vielfältigen, abwechslungsreichen Umwelt zu bewegen, die neue Eindrücke auch bei wiederholter Erfahrung vermitteln kann. Ebenso gehört dazu die Zielvorstellung, »persönliche Beziehungen zu der Umwelt anknüpfen zu können«, die positiver Art sind, schließlich die Zielvorstellung, »anregende ästhetische Erlebnisse zu haben«.[4]

Wertvorstellungen

Werte sind als persönliche oder gesellschaftliche Normsetzung Ergebnis eines subjektiven oder intersubjektiven Subjekt-Objektverhältnisses. Sie sind abhängig von der gesellschaftlichen Bedingtheit und individuellen Konfiguration des Subjektes im Moment des Bewertungsprozesses, einer ununterbrochenen Tätigkeit des Menschen, durch welche Situationen, Gegenstände, Personen oder allgemein die Umwelt in Wertreihen oder Rangordnungen eingeordnet werden. So ist ein Wert ein Zeichen, welches von einem Subjekt einem Objekt als Wertträger zugeordnet wird. Damit ist die Wertvorstellung im eigentlichen Sinn ein qualitativer Begriff, der von einem Subjekt zeit- und situationsbedingt einem Objekt, etwa einem Ereignis oder einem Ding, zugeschrieben und von ihm in eine subjektive Rangordnung der

---

4 Vgl. hierzu auch Teil II dieser Arbeit.

Werte aller Objekte eingeordnet wird. Wertvorstellungen werden in einem ständigen Wechselprozeß zwischen dem Menschen und seiner Umwelt gebildet und verändert. Diese Wechselbeziehung wird durch die kulturelle, soziale, funktionale und räumliche Struktur der Umweltsituation ebenso bestimmt wie durch die psychische Eigenart des Menschen. Relevant für die Stadtgestaltung sind damit intersubjektive Wertvorstellungen, die die Bewertung der erlebten Umwelt neben den Zielvorstellungen bestimmen.[5]

Anmutungsqualitäten

Der bewertende Aspekt der Elemente der Umweltvorstellung, etwa die Bewertung eines Bereiches hinsichtlich der Stimmungen, die er in dem Beobachter erzeugt, liegt in den Anmutungsqualitäten, die nicht nur von dem beobachtenden Individuum, sondern auch in meßbarer Weise von der erlebten urbanen Umwelt abhängen.[6] Anmutungsqualitäten sind also Sachqualitäten der erlebten urbanen Umwelt, abhängig von den Erlebnisdimensionen Funktion, Erscheinung und Bedeutung der vorhandenen Umwelt, die im Beobachter Stimmungen fördern, hemmen oder neu hervorrufen. Dabei wird die Funktion durch den Funktionsfaktor, die Erscheinung durch den Gefallensfaktor und die Bedeutung durch den Ausgleichs-Identifikationsfaktor erfaßt.[7] So dienen Anmutungsqualitäten dazu, Stadtbildelemente, wie etwa einen psychischen Bereich im Sinne der topologischen Psychologie, unter folgenden Gesichtspunkten zu bewerten: zunächst dem des Funktionsfaktors, der die psychischen Reaktionen auf die Nutzung, etwa auf die wirtschaftliche oder soziale Struktur dieses Bereiches, erfaßt, dann dem des Gefallensfaktors, der für die psychischen Reaktionen auf die Erscheinung steht und intersubjektive Grade der Sympathie und Vertrautheit mißt, schließlich dem des Ausgleichs-Identifikationsfaktors, der die Funktion und Erscheinung gemeinsam zugemessene Bedeutung erfaßt.

Umweltvorstellung

Soweit die Verhaltensweisen auf der erlebten Umwelt beruhen, sind sie durch die eigene Vorstellung von dieser bestimmt. Die Umweltvorstellung, im engeren Sinne der psychische Lebensraum, läßt sich in Phänomene[8] gliedern, die einen beschreibenden und einen bewertenden Aspekt aufweisen. So ist die Umweltvorstellung eine Konfiguration mentaler Urtypen der Umwelterfahrung, psychischer

---

5 Vgl. hierzu auch Teil II dieser Arbeit.
6 Vgl. J. Franke, a.a.O.
7 Diese Interpretation der Urteilsdimensionen der von Joachim Franke entwickelten Anmutungsqualitäten, die damit den vorstellungserzeugenden Faktoren Nutzung, Erscheinung und Bedeutung zugeordnet werden, bleibt im Rahmen dieser Untersuchung eine nicht falsifizierte These. Vgl. aber J. Franke, J. Bortz, a.a.O.
8 Hier sind die Begriffe der topologischen Psychologie einzuordnen, die Lewin entwickelt hat und Lynch anwendete.

»Bereiche«, »Wege«, »Grenzen« und dergleichen, die das komplexe Erfahrungssystem in Elemente gliedert und diese verbindet oder trennt. Sie ist veranlagt durch die Bedeutung und Erscheinung gesellschaftlicher, sozialer, ökonomischer, funktionaler und gestaltkonfigurativer Strukturfaktoren.[9] Daher kann ein »Bereich« durch die in einem Gebiet vorherrschende Nutzung, etwa eine Anhäufung von Nachtlokalen, strukturiert sein. Außerdem kann er durch bestimmte städtebauliche Merkmale wie enge Gassen, die von mehrgeschossigen Gebäuden mittleren Erhaltungszustandes gebildet werden, in der Umweltvorstellung präzisiert werden.[10] Schließlich kann die Bedeutung dieses »Bereiches«, etwa als Vergnügungsgegend, diese Umweltvorstellung bestätigen, ohne sie damit schon zu bewerten. Diese Bewertung, anrüchig oder sympathisch, hängt von den jeweiligen Wert- und Zielvorstellungen der Stadtbewohner ab und stellt das »Image« dieser Gegend dar.[11]

Vorstellungsqualitäten

Den beschreibenden Aspekt der einzelnen Elementphänomene, wie sie die Analyse der Anordnungseigenschaft der Erlebnisdimensionen Funktion, Erscheinung und Bedeutung ergibt, vertreten die Vorstellungsqualitäten. Sie sind Eigenschaften der Vorstellungsphänomene, die die Bewertungsgrundlage dieser Phänomene unter bestimmten Zielvorstellungen darstellen. Vorstellungsqualitäten sind also Konfigurationen, die im Gegensatz zu den Anmutungsqualitäten nicht den Inhalt hinsichtlich seiner Stimmungserzeugung, sondern seine Anordnung erfassen – diese ist für den mentalen Prozeß der Bildung psychischer Vorstellungselemente maßgebend.[12] So gehören zu den Vorstellungsqualitäten Eigenschaften wie Kontinuität, Individualität, Vielfältigkeit oder Identität. Das bedeutet, daß ein urbanes Vorstellungselement wie der »Bereich« die Vorstellungsqualität Kontinuität der Nutzung oder der Erscheinung aufweisen muß, um sich von anderen Bereichen zu unterscheiden; andere Vorstellungsqualitäten wie Individualität der Bedeutung oder Identität der Erscheinung können dann den Bereichscharakter verstärken.

Umweltbedeutung

Zu den vorstellungsveranlagenden Erlebnisdimensionen wird auch die Dimension der Bedeutung gerechnet. Sie umfaßt alles, was ein Objekt der Wahrnehmung für ein Subjekt darstellt, wenn es dieses mit seiner bisherigen Erfahrung

---

9 Die Umweltvorstellung beruht auf der Bedeutung, die der einzelne, abhängig von gesellschaftlichen Bedingungen, der scheinbar wirksamen Umwelterscheinung und der erlebten funktionalen und sozialen Struktur zumißt. Nutzung, Erscheinung und Bedeutung sind damit die erzeugenden Faktoren der Umweltvorstellung.
10 Vgl. hierzu auch Teil II dieser Arbeit.
11 Vgl. hierzu auch Teil II dieser Arbeit.
12 Vgl. K. Lewin, a. a. O.

und unter dem Gesichtspunkt gegenwärtiger Handlungsabsichten oder Intentionen betrachtet. Dabei versteht es sich, daß im Rahmen einer Theorie der Stadtgestaltung nur der intersubjektive Aspekt der Umweltbedeutung berücksichtigt wird. Sie ist damit die subjektive und intersubjektive Erfahrung eines Objektes durch ein oder mehrere Subjekte; intersubjektiv ist sie das, was etwa ein Phänomen der Umwelterscheinung für eine Gruppe von Subjekten bedeutet, unabhängig von deren individueller Verfassung. Bedingt ist sie durch Wertvorstellungen einerseits, die Umweltnutzung und die Umwelterscheinung andererseits. Dieser Faktor einer Theorie der Stadtgestaltung trägt der Tatsache Rechnung, daß für die Umweltvorstellung nicht nur die Nutzung oder Funktion der vorhandenen Umwelt und ihre Erscheinung in der wirksamen Umwelt eine Rolle spielen, sondern auch die Bedeutung dieser beiden Faktoren für den Beobachter. Sie ist oft außerhalb des Betrachtungsgegenstandes veranlagt und wird diesem von dem Betrachter zugemessen, allerdings oft in Abhängigkeit von gesellschaftlichen Bedeutungskonventionen. Für die Operation mit Bedeutungen in der Stadtgestaltung erschwerend ist jedoch die Tatsache, daß Bedeutungen sich vielfach ändern.[13] Dennoch ist sie ein wichtiger Aspekt der Stadtgestaltung, der in Zukunft so weiterentwickelt werden muß, daß er, mehr als heute, in die Planungspraxis einfließen kann.[14]

4.2 Faktoren der Stadterscheinung

Erscheinungsqualitäten

Maßgebend für die Umwelterscheinung sind Erscheinungsqualitäten, die gleichermaßen für die erzeugenden Faktoren der Umweltvorstellung relevant sind, für den Nutzungs-, den Erscheinungs- und den Bedeutungsfaktor. Auf diesen beruhen folgerichtig auch Vorstellungsqualitäten wie Identität und Kontinuität. Erscheinungsqualitäten sind damit die jeweils vorherrschenden Anordnungsqualitäten einer Faktorengruppe innerhalb der wirksamen Umwelt, die für einen Beobachter relevant sein können. So kann die Erscheinungsqualität »Dominanz« auf der Vorherrschaft einer bestimmten visuellen Informationsgruppe innerhalb des wirksamen Informationsfeldes beruhen – Dominanz des Erscheinungsfaktors. Oder sie kann beispielsweise als struktureller Bezug im Falle des Überwiegens von Lebensmittelläden in einer Geschäftsstraße auftreten – Dominanz des Nutzungsbezugs.[15]

Umweltwirkung

Das Verhaltensergebnis eines Umweltbeobachters wird durch die scheinbar wirksame und die tatsächlich wirksame Umwelt bestimmt. Die tatsächlich wirksame

---

13 Vgl. A. Lorenzer, Die Problematik der Bedeutung des urbanen Raumes, vervielfältigtes Typoskript, Stuttgart 1970.
14 Vgl. K. Lynch, What time is this place? Cambridge, Mass. 1972.
15 Vgl. hierzu auch Teil II dieser Arbeit.

Umwelt hängt vom Umweltbeobachter insoweit ab, als der jeweils relevante Teil der Umweltelemente von seiner Handlungsabsicht bestimmt wird. Die Umweltwirkung ist also das Ergebnis der für das Verhaltensergebnis relevanten Umweltfaktoren; sie beeinflußt direkt das Verhaltensergebnis, welches im Extremfall der Verhaltensabsicht, die von der Umwelterscheinung beeinflußt wird, entgegenstehen kann. Wenn abends in einer schmalen Gasse die Beleuchtung ausfällt, so braucht das die Verhaltensabsicht der Passanten, hindurchzugehen, nicht zu beeinflussen. Das Verhaltensergebnis aber wird davon abhängen, ob, beispielsweise, ein aufgegrabener Leitungskanal quer über die Gasse abgedeckt ist oder nicht. Ist er es nicht, entspricht die Umwelterscheinung nicht der handlungsrelevanten Umweltwirkung[16] – und mancher Passant kann vielleicht nicht das erhoffte Verhaltensergebnis erreichen, denn er fällt in den offenen Leitungskanal.[17]

Beziehungsqualitäten

Zwischen Umwelterscheinung und Umweltwirkung einerseits und der Umweltnutzung andererseits bestehen visuelle und funktionelle Beziehungen, die durch Wahrnehmungs- und Nutzungsbeziehungen repräsentiert werden. Sie entsprechen zwei Grundtätigkeiten des Menschen in seiner Umwelt, dem Wahrnehmen und dem Benützen, deren Kongruenzgrad die Erscheinungsqualitäten beeinflußt. Beziehungsqualitäten sind damit Relationen zwischen Wahrnehmungs- und Nutzungsbeziehungen, denen bei der stadtgestalterischen Sequenzplanung Rechnung getragen werden muß. Sie sind nicht qualitative Elemente, sondern qualitative Beziehungen zwischen Elementen und deren Relationen. Im Gegensatz zu den Wirkungsqualitäten, wie »Vorzugslage«, sind Beziehungsqualitäten, etwa die Relation Nutzungsdiskontinuität/Wahrnehmungskontinuität, Beziehungen, die in diesem Fall besagen, daß eine »Vorzugslage« von einer bestimmten Gehlinie aus wahrgenommen, aber nicht erreicht werden kann.[18]

Wahrnehmungsbereitschaft

Wahrnehmungskapazität und Wahrnehmungsbedingungen bestimmen, was ein Beobachter unter bestimmten Verhältnissen wahrnehmen kann. Was er jedoch wirklich wahrnimmt, hängt von der individuellen Bereitschaft und der Möglichkeit zur Wahrnehmung ab und beruht damit entscheidend auf seinen subjektiven Wertungs- und Bewertungsmaßstäben, Präferenzen, Erfahrungen, Absichten und Stimmungen. Wahrnehmungsbereitschaft kann damit als subjektive Möglichkeit und Bereitschaft zur sinnlichen Wahrnehmung bezeichnet werden. Dabei ist die individuelle Möglichkeit der Wahrnehmung durch Erfahrung, Veranlagung und Situation des Beobachters bestimmt, die Bereitschaft durch Stimmung, Intention

16 Vgl. hierzu auch H. u. M. Sprout, a.a.O.
17 Vgl. hierzu auch Beispiele aus dem sozialen und politischen Bereich bei H. u. M. Sprout, a.aO.
18 Vgl. E. Agosti, C. Mori u.a., Percezione, fruizione, progetto, in: Casabella, H. 4, 1969.

und Wertvorstellung.[19] Vom individuellen Beobachter allein hängt es ab, ob und wie er den Teil des Straßenausschnittes, den er unter bestimmten Wahrnehmungsbedingungen erfassen kann, wirklich wahrnimmt. Die schlechte Laune eines morgendlichen Passanten oder die gelöste Stimmung eines abendlichen Spaziergängers bestimmen beispielsweise weitgehend die für ihn wirksame Umwelt. Doch von der vorhandenen Umwelt hängt es ab, ob und was er überhaupt wahrnehmen kann, wenn er etwas wahrnehmen möchte.

Umwelterscheinung

Die Umwelterscheinung ist die potentielle, scheinbar wirksame Konfiguration von Umweltfaktoren, die von der Wahrnehmungskapazität des Beobachters und den Wahrnehmungsbedingungen im Moment der Wahrnehmung abhängt. Das Repertoire der auftretenden Umweltelemente, die Art und Anordnung der Umweltfaktoren auf der Ebene der Stadtgestalt ebenso wie der mögliche Standort des Beobachters in dieser Umweltkonfiguration bestimmen die wirksame Umwelt, die Umwelterscheinung. So repräsentiert die Umwelterscheinung die für einen Beobachter und seine Handlungsabsichten wirksame Umwelt, wie beispielsweise eine schmale Gasse, deren eine Hälfte schon im Abendschatten liegt.

Wirkungsfaktoren

Wirkungsfaktoren sind die Elemente der vorhandenen Umwelt, die für eine Verhaltensabsicht relevant sind. Sie sind jeweils von dieser abhängig und ändern sich mit der Umwandlung der Verhaltensabsicht. Damit repräsentieren sie die realen, für das Verhaltensergebnis relevanten Elemente der Umwelt.

Wahrnehmungskapazität

Die für einen Beobachter sinnlich wahrnehmbare Umwelt hängt von physiologischen Bedingungen des menschlichen Wahrnehmungsapparates ebenso ab wie von den wahrnehmungsrelevanten Faktoren der Situation, in der er sich befindet. So ist die Wahrnehmungskapazität als die objektive Möglichkeit eines Beobachters zur Wahrnehmung der vorhandenen Umwelt in einer bestimmten Situation aufzufassen und hängt, etwa im Falle der visuellen Wahrnehmung, vom Sehfeldumfang, der Sehtiefenschärfe, der Verarbeitungszeit und der Bewegungsgeschwindigkeit des Beobachters ab.[20] Die genannten Faktoren sind für die Planung und Ver-

---

19 Vgl. J. Holschneider, Die Stadtgestalt auf naturwissenschaftlich-empirische Weise zu synthetisieren, in: Baumeister, H. 4, 1969.
20 Die Objektivität der Wahrnehmungskapazität stellt u. a. die Grundlage von Versuchen dar, mit Hilfe der Wahrnehmungsfaktoren die Beeinträchtigung von Aussichten durch Neubauten (etwa durch Hochstraßen), meß- und damit bewertbar zu machen. Vgl. R. G. Hopkinson, The quantitative assement of visual intrusion, in: Journal of the Royal Town Planning Institute, Vol. 7, Nr. 10, 1971.

änderung visueller Sequenzen von großer Bedeutung, auch wenn sie bisher – erstaunlicherweise – nur im Autobahnbau systematisch angewendet werden. So verringert sich beispielsweise nach bisherigen Forschungen der Sehfeldumfang mit zunehmender Eigengeschwindigkeit, während sich der Sehkonzentrationspunkt in größere Entfernungen verlagert, wobei aber die Verarbeitungszeit visueller Eindrücke stets gleich bleibt. Im Rahmen dieser Veröffentlichung kann auf diesem gerade für den stadtgestalterischen Entwurfsprozeß wesentlichen Faktor der menschlichen Umweltwahrnehmung nicht näher eingegangen werden. Fest steht jedoch, daß die Entwicklung eines dreidimensionalen, geschwindigkeitsabhängigen Wahrnehmungsmodells für die Stadtgestaltung dringend notwendig ist.[21]

Sequenzqualitäten

Die Abfolge sinnlicher Eindrücke, die ein Beobachter entlang einer Gehlinie erfahren kann, werden Sequenz genannt. Visuelle Sequenz ist die Bildfolge, die ein Passant auf dem Weg durch verschiedene Straßen wahrnehmen kann. Das bedeutet, daß die Grundlage des Begriffes Sequenz jede Änderung des Wahrnehmungsgegenstandes darstellt, jedes einzelne Bild, das ein Beobachter wahrnehmen kann und das sich von anderen unterscheidet.[22] Unterscheiden lassen sich dabei Sequenzarten: in der ersten wird jedes Bild durch die Wiederholung gleicher Elemente des Umweltrepertoires oder besonderer Sequenzelemente wie etwa der Wirkungsqualitäten bestimmt. In der zweiten werden die Bildfolgen von immer wieder verschiedenen Elementen bestimmt. Damit lassen sich als Sequenzqualitäten Wiederholungs- und Überraschungselemente analysieren, die einem »Weg« Kontinuität und gleichzeitig Vielfalt verleihen können. Bewußt in der Planung angewandt, stellen sie eine fruchtbare Methode der Stadtgestaltung dar.[23]

Wirkungsqualitäten

Diese Qualitäten sind Situationen in einer definierten und differenzierten Umwelt, die von bestimmten Standpunkten und Standpunktfolgen aus voraussehbare Wirkungen auf einen oder auch mehrere Beobachter ausüben können. Sie sind damit Charakteristiken der von einem bestimmten Standpunkt aus wahrnehmbaren Umwelt, die von dem Umweltplaner bewußt veranlagt werden können. So kann beispielsweise eine »Hervorhebung« so geplant werden, daß sie nur von einer Straßenseite aus wahrgenommen werden kann, indem etwa durch Farb-

---

21 Die Voraussetzungen dafür sind durch reichhaltiges Material gegeben, an entsprechenden Versuchen wird gearbeitet. Vgl. u. a.: C. Tunnard, B. Puskharev, Man Made America, New Haven 1963; K. Lorenz, Trassierung und Gestaltung von Straßen und Autobahnen, Berlin 1971; P. Thiel, La Notation de l'Espace, du Muvement et de l'Orientation, in: Architecture d'Aujourd'hui Nr. 149, 1969.
22 Vgl. J. Holschneider, Interdisziplinäre Terminologie a. a. O.
23 Vgl. hierzu auch Teil II dieser Arbeit.

und Materialwahl eine bestimmte Gebäudefassade auf der anderen Straßenseite aus dem Kontext der übrigen Fassaden herausgehoben wird.[24]

4.3 Faktoren der Stadtgestalt

Umweltkonfiguration

Die Umweltkonfiguration ist die von dem Standort eines Beobachters unabhängige vorhandene Umwelt. Sie ist ebenso die Grundlage für die Umwelterscheinung, die für die Verhaltensweise eines Beobachters relevant ist, wie für die Umweltwirkung, die für das Verhaltensergebnis von Bedeutung ist. Vom Standort und von der Standortfolge eines Passanten hängt es ab, in welcher Form er sich in dieser Umweltkonfiguration bewegt, etwa bei einem Schaufensterbummel.

Umweltgestalt

Die Umweltgestalt ist die Konfiguration der dreidimensional angeordneten Elemente der Umwelt, unabhängig vom Standort eines Beobachters. Sie umfaßt die Elemente des Umweltrepertoires, ihre spezifische Anordnung in der Umweltbildung als Konfiguration von Raumproportion und Raumcharakter. So ist die Umweltgestalt nichts anderes als die Summe der Elemente und ihrer dreidimensionalen Anordnung, durch die der Straßen- und Platzraum seine spezifische Eigenart erhält, die bestimmte psychische Wirkungen veranlagt.[25]

Umweltbildung

Durch die Umweltbildung werden Elemente des Umweltrepertoires zu einer topologisch bestimmbaren Konfiguration zusammengefügt, in der eine Reihe von Repertoireelementen als raumbildende und als raumverändernde Materialien verwendet werden. Die Umweltbildung bezeichnet also jene Stufe des die Umweltkonfiguration bildenden Prozesses, die die Elemente des Umweltrepertoires bestimmt, die verwendet werden sollen, und die diese in einen topologisch bestimmbaren Zusammenhang bringt. Auf der Stufe der Umweltbildung werden also das raumbildende und das raumverändernde Repertoire festgelegt, etwa indem Baumreihen als raumbildende Flächen auftreten sollen, die durch Beleuchtungskörper, Hinweisschilder, Signalmasten und anderes mehr differenziert werden. Dabei erfolgt die metrische Bestimmung der gebildeten Umwelt erst auf der Planungsstufe der Umweltgestalt.[26]

---

24 Vgl. hierzu auch Teil II dieser Arbeit.
25 Vgl. hierzu auch Teil II dieser Arbeit.
26 Vgl. hierzu auch Teil II dieser Arbeit.

Umweltrepertoire

Das Umweltrepertoire bezeichnet die vorhandenen und möglichen Elemente, die die sinnlich wahrnehmbare Umwelt bilden können. In diesem Sinne stellen sie das Baumaterial des Umweltplaners dar, das ihm für die Bildung und Veränderung der Umweltgestalt zur Verfügung steht. Dieses stadtgestalterische Rohmaterial ist also das Mittel, das der Stadtgestaltung zur Verfügung steht, um Umweltbedeutung sinnlich wahrnehmbar zu machen; es kann aus natürlichen und künstlichen Umweltelementen bestehen.[27] Das bedeutet, daß schlechthin alles, was Wirkungen hervorrufen kann, zum möglichen Repertoire des Umweltplaners gehört und nur durch die Grenzen rechtlicher oder anderer Einflußmöglichkeiten des Umweltplaners beschränkt wird; nur selten wird es möglich sein, in bestimmten Sequenzen an einer bestimmten Stelle den Geruch von Pizza vorzuplanen! Damit ist aber auch angedeutet, daß das Umweltrepertoire im weiteren Sinne nicht nur visuelle, sondern auch andere Elemente der sinnlichen Wahrnehmung umfassen kann und daß im weitesten Sinne ebenso Nutzen und Aktivitäten dazu zählen, die hier aber an anderer Stelle behandelt werden.

Umweltnutzung

Umweltnutzung ist der Begriff für den Inhalt der städtebaulichen Umwelt, für die Aktivitäten, Nutzungen und Funktionen, deren Art und Lage im Stadtsystem durch die Stadtplanung bestimmt werden. Obwohl Nutzungen und Aktivitäten nicht identisch sind, werden sie hier aus Gründen der Vereinfachung zusammengefaßt[28], um die Faktoren zu bezeichnen, die für die erlebte Umwelt eine große Rolle spielen, unabhängig von ihrer Erscheinung. Zu diesen Faktoren gehört die Verteilung der Art und des Maßes der Nutzung im Planungsgebiet ebenso wie die vorhandene und voraussichtliche soziale Schichtenverteilung oder die Einzugsbereiche von Gemeinbedarfseinrichtungen wie Läden, Kindergärten oder Schulen, die einen Teil familiärer Verhaltensmuster veranlagen. Faktoren der Umweltnutzung sind wesentliche Elemente der Umwelterscheinung, Umweltbedeutung und Umweltvorstellung, die oft eine entscheidende Rolle für die Bildung und Bewertung von Stadtbild- oder Vorstellungselementen, wie »Bereiche« oder »Wege«, spielen.

Wahrnehmungsbedingungen

Die scheinbar wirksame Umwelt hängt nicht nur von der sinnlichen Wahrnehmungskapazität eines Beobachters ab, sondern auch von den Bedingungen, unter

27 Vgl. A. Mander, Stadtdetail und Stadtgestalt, in: Deutsche Bauzeitschrift, H. 3, S. 1968.
28 Nutzungen im Sinne der Stadtplanung sind zweidimensionale Flächen, Aktivitäten sind räumliche und nichträumliche Verhaltensmuster von Einzelpersonen, Familien, Institutionen und Firmen. Vgl. F. S. Chapin, H. Hightower, Household Activity Patterns and Land Use, in: Journal of the American Institute of Planners, H. 8, 1965.

denen diese Wahrnehmung erfolgt. Sie schränken die durch die Wahrnehmungskapazität gegebene Wahrnehmungsmöglichkeit oft erheblich ein. Wahrnehmungsbedingungen sind daher die objektiven Randbedingungen sinnlicher Wahrnehmungen, im Falle der visuellen Wahrnehmung etwa die Lichtverhältnisse, die Farb- und Formkontraste verstärken oder abschwächen. So kann unter Umständen nur ein Teil des Straßenausschnittes wahrgenommen werden, der aufgrund der Wahrnehmungskapazität für einen Beobachter ganz erfaßbar wäre, weil regelmäßig dunkle Schatten zu bestimmten Tageszeiten die Wahrnehmungsbedingungen einschränken.[29]

Unvollständigkeit der aufgeführten Faktoren

Diejenigen der hier angeführten Faktoren, die für den stadtgestalterischen Planungsprozeß von besonderer Bedeutung sind, sind fast alle im zweiten Teil dieser Veröffentlichung noch näher beschrieben. Aber ebensowenig wie alle Faktoren, die für die stadtgestalterische Planungspraxis eine Rolle spielen müssen, hier im einzelnen dargestellt werden können, ist die Liste der Faktoren vollständig, die hier aufgeführt wurden und die schon heute in einem theoretischen Modell der Stadtgestaltung berücksichtigt werden müssen. Angesichts des vielfältigen und komplexen Wissens- und Erkenntnisfeldes der Stadtgestaltung können die beschriebenen Faktoren nur ein Teil der Elemente einer Theorie der Stadtgestaltung sein. Es ist abzusehen, daß die Reihe der hier beschriebenen Faktoren sich im Laufe der Zeit noch erheblich erweitern wird.

---

[29] Die planerische Konsequenz bewußter visueller Sequenzplanung wäre, nicht nur den entlang einer Gehlinie erfaßbaren Straßenausschnitt unter der Annahme einer repräsentativen Wahrnehmungskapazität etwa eines erwachsenen Passanten zu simulieren, sondern auch, soweit möglich, die nicht nur im Laufe des Tages, sondern auch des Jahres sich verändernden Lichtverhältnisse einzubeziehen.

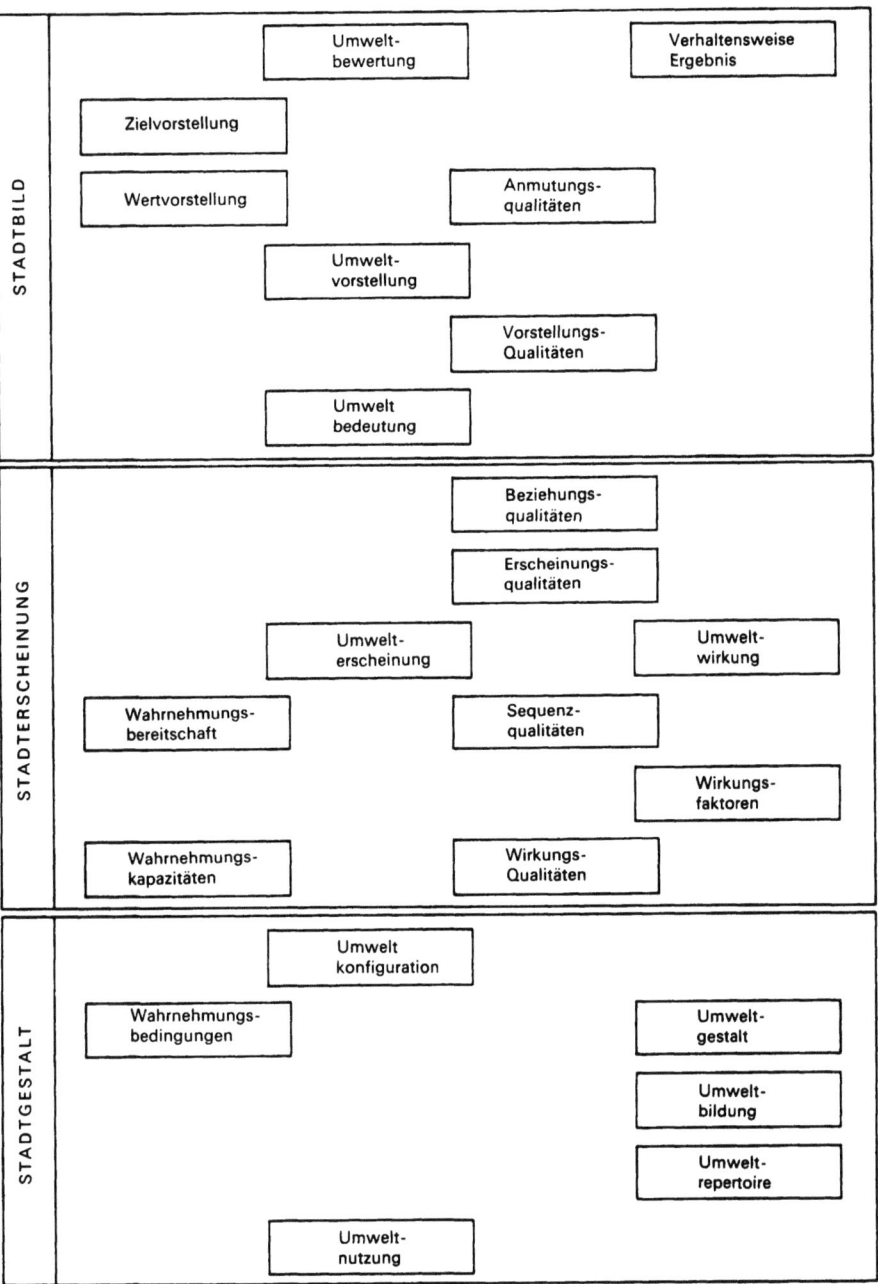

13 Elemente des theoretischen Modells

5. Theoretisches Modell der Stadtgestaltung

5.1 Wechselbeziehungen der Faktoren

Die Zuordnung der für die Stadtgestaltung relevanten Einzelfaktoren zu den Bezugsebenen der Stadtgestalt, der Stadterscheinung und des Stadtbildes allein genügt nicht, um den Interaktionsprozeß vorhandene Umwelt–wirksame Umwelt–erlebte Umwelt ausreichend abzubilden. Deshalb ist die Analyse der wechselseitigen Abhängigkeiten der aufgeführten Einzelfaktoren notwendig, der Wechselbeziehungen im Sinne der Frage: welcher Faktor beruht auf welchem anderen Faktor, welche Faktoren hängen wiederum von diesem ab? Die Beantwortung dieser Fragen ist für den bewußten stadtgestalterischen Planungsprozeß unerläßlich, sowohl für die Analyse als auch für die Planung der Stadtgestalt, wo immer eine sinnvolle Folge der einzelnen Planungsschritte angestrebt wird.

Wechselbeziehungen auf der Ebene der Stadtgestalt

Die Umweltnutzung wird im Flächennutzungsplan veranlagt und bedingt das Umweltrepertoire ebenso wie teilweise die Umwelterscheinung, die Umweltbedeutung und die Umweltvorstellung. Das Umweltrepertoire wird durch die Umweltnutzung bedingt und beeinflußt die Umweltbildung; diese bedingt die Umweltgestalt und hängt von dem verwendeten Umweltrepertoire ab. Die Umweltgestalt ist bestimmt durch die Umweltbildung und beeinflußt die Umweltqualitäten; aus der Umweltnutzung einerseits, dem Umweltrepertoire, der Umweltbildung und der Umweltgestalt andererseits resultiert die Umweltkonfiguration, die ihrerseits sowohl die Umwelterscheinung als auch die Umweltwirkung beeinflußt. Auf der gleichen Ebene sind außerdem die Wahrnehmungsbedingungen zu sehen, die als vom Beobachter unabhängige Faktoren über die Wahrnehmungskapazität die Umwelterscheinung und dementsprechend die ganze Qualitätenkette beeinflussen.

Wechselbeziehungen auf der Ebene der Stadterscheinung

Die Wirkungsqualitäten sind durch die Umweltkonfiguration veranlagt und von der Wahrnehmungskapazität wie von der Wahrnehmungsbereitschaft eines Beobachters abhängig. Sie beeinflussen die Umwelterscheinung und die weiteren Umweltqualitäten, die auf ihnen aufbauen. Die Wahrnehmungskapazität bedingt die mögliche Umwelterscheinung und die möglichen Umweltqualitäten; die Wahrnehmungsbereitschaft ihrerseits bestimmt die tatsächliche Umwelterscheinung. Wirkungsfaktoren hängen von der Umweltkonfiguration ab und bedingen

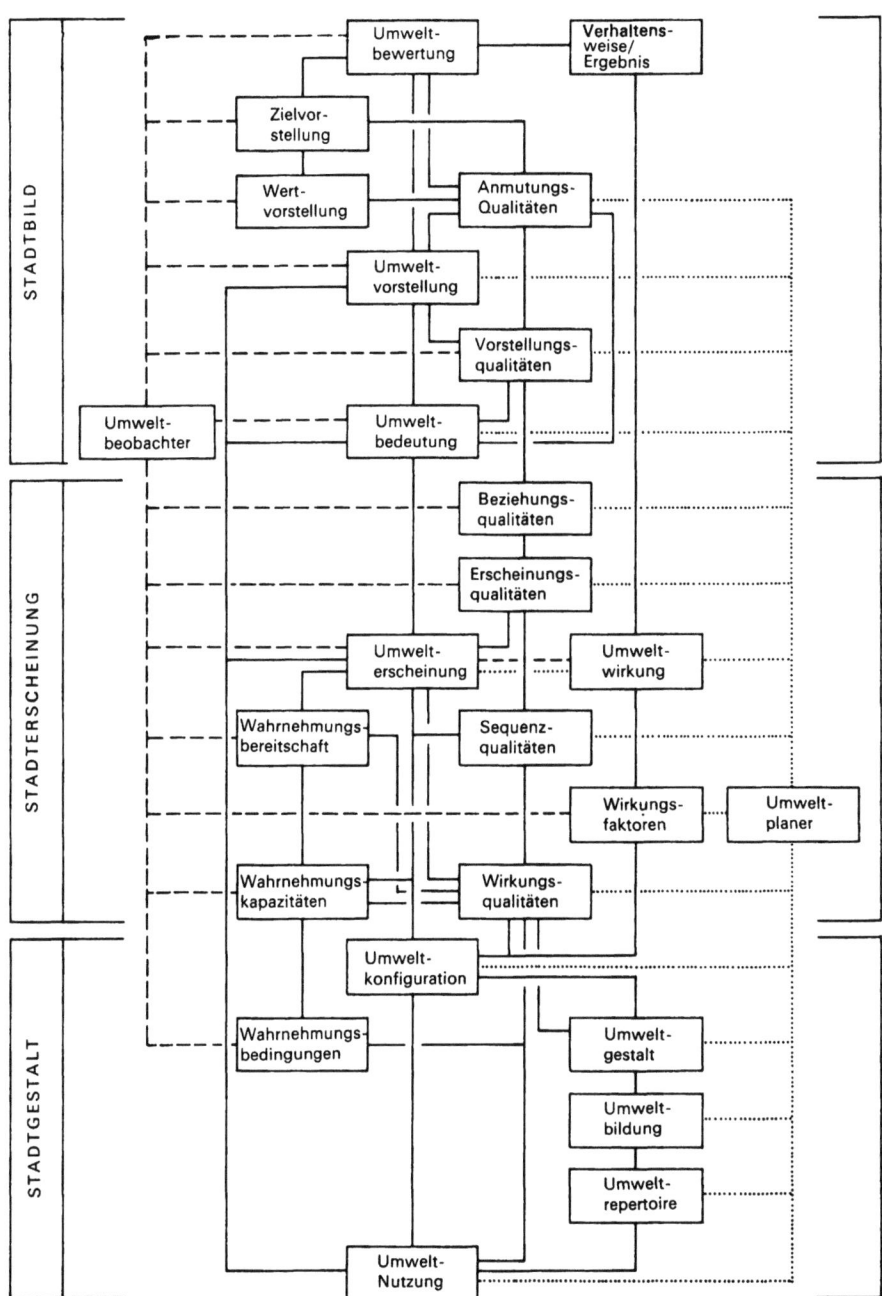

14 Theoretisches Modell der Stadtgestaltung

die Umweltwirkung; diese wird durch die Wirkungsfaktoren veranlagt, hängt aber auch von der Verhaltensweise eines Beobachters ab und bestimmt das Verhaltensergebnis. Die Sequenzqualitäten sind von der Umweltkonfiguration und gegebenenfalls den Wirkungsqualitäten ebenso abhängig wie von der Wahrnehmungskapazität und der Wahrnehmungsbereitschaft eines Beobachters. Die Umwelterscheinung hängt von der Umweltkonfiguration einerseits, der Wahrnehmungsbereitschaft und Wahrnehmungskapazität sowie den Wahrnehmungsbedingungen andererseits ab und bedingt ihrerseits die Erscheinungs-, Beziehungs- und Vorstellungsqualitäten. Die Erscheinungsqualitäten beeinflussen, selbst abhängig von der Umwelterscheinung und den Wirkungs- und Sequenzqualitäten, die Beziehungs- und Vorstellungsqualitäten; die Beziehungsqualitäten ihrerseits können teilweise die Vorstellungsqualitäten beeinflussen.

Wechselbeziehungen auf der Ebene des Stadtbildes

Die Umweltbedeutung hängt von der Wahrnehmungsbereitschaft und der Umwelterscheinung ab und beeinflußt die Umweltvorstellung ebenso wie die Vorstellungs- und Anmutungsqualitäten. Die Vorstellungsqualitäten sind durch Umweltnutzung, Umweltbedeutung und Umwelterscheinung sowie durch die Erscheinungsqualitäten, gegebenenfalls auch durch die Beziehungsqualitäten bedingt und beeinflussen die Umweltvorstellung und die Anmutungsqualitäten. Die Umweltvorstellung ist durch die Umweltnutzung, die Umweltbedeutung und die Umwelterscheinung veranlagt und wird von Vorstellungsqualitäten beeinflußt; dabei wirkt sie auf die Anmutungsqualitäten. Diese hängen von Wertvorstellungen, der Umweltvorstellung, den Vorstellungsqualitäten und der Umweltbedeutung ab und beeinflussen die Umweltbewertung. Die Zielvorstellungen sind durch Wertvorstellungen bestimmt und bedingen Umweltbewertung und Verhaltensweise; die Umweltbewertung hängt von Zielvorstellungen, Umweltvorstellung und Vorstellungsqualitäten ab und beeinflußt die Verhaltensweise. Damit lassen sich die drei Bezugsebenen der Stadtgestaltung, die ihnen zugeordneten Einzelfaktoren und ihre wechselseitigen Abhängigkeiten als zusammenhängendes System darstellen.

5.2 Zuordnung anderer Wissenschaften

Das theoretische Modell der Stadtgestaltung ermöglicht es außerdem, die Bedeutung der heterogenen, für die Stadtgestaltung relevanten Wissenschaften für die einzelnen Bezugsebenen zu skizzieren. Die Informationstheorie ist eine mathematische Theorie, die sich mit den Gesetzmäßigkeiten der Übermittlung und Verarbeitung von Informationen befaßt. Insoweit ist sie für die Bezugsebenen der Stadtgestaltung, der Stadterscheinung und des Stadtbildes gleichermaßen relevant. Daraus ergibt sich, daß die Semiotik als Theorie der Zeichen der Ebene des Stadtbildes zuzurechnen ist und hier Zeichenschichten analytisch und deskriptiv untersuchen kann. Die Maßästhetik dagegen, als Beschreibung des Produktionsprozesses, ist im wesentlichen der Ebene der Stadtgestalt zuzuordnen, während die Wertästhetik als Bewertung des Konsumtionsprozesses überwiegend der Ebene des Stadtbildes und der Stadterscheinung zuzurechnen ist; damit deckt sie sich mit dem allgemeinen Begriff der Ästhetik. Die Gestaltpsychologie wäre in diesem Sinne überwiegend der Ebene der Stadterscheinung und nur zu einem geringeren Teil der Ebene der Stadtgestalt zuzurechnen. Die Aussagen der Sozialpsychologie liegen vor allem auf der Ebene des Stadtbildes, ebenso die der topologischen Psychologie als einem Spezialfall derselben. Die Verhaltensforschung scheint insbesondere für die Ebene des Stadtbildes und der Stadterscheinung relevant zu sein, ähnlich wie Informationspsychologie und Anthroprologie. Die Erkenntnistheorie umfaßt, wie die Informationstheorie, alle Bezugsebenen der Stadtgestaltung. Die Stadtsoziologie ermöglicht Aussagen vor allem auf der Ebene des Stadtbildes, bis zu einem gewissen Grade auch auf der Ebene der Stadtgestalt. Dagegen kann die Stadtgeographie, auf der Ebene der Stadtgestalt arbeitend, bis zu Aussagen im Bereich des Stadtbildes kommen.

Diese grobe Übersicht über die mögliche Bedeutung einer Reihe von Wissenschaften für die einzelnen Ebenen des komplexen Erkenntnis- und Handlungsfeldes ermöglicht es der Forschung auf dem Gebiet der Stadtgestaltung, die Aussagen der einzelnen Wissenschaftsgebiete zu verschiedenen Problemebenen und Problemfeldern besser abzuschätzen und anzuwenden.

5.3 Ableitung des stadtgestalterischen Planungsprozesses

Damit sind die stadtgestalterischen Bezugsebenen der Stadtgestalt, der Stadterscheinung und des Stadtbildes mit ihren Einzelfaktoren, deren Wechselbeziehungen und Abhängigkeiten von externen Bestimmungsgrößen, dem Umweltbeobachter und dem Umweltplaner als ein zusammenhängendes Gesamtsystem dargestellt. Allerdings: Das Schema des theoretischen Modells ist nicht ein zeitbestimmtes, sondern ein interdependent veranlagtes Modell des Interaktionsprozesses. In einem gewissen Sinne stellt es die Anwendung des allgemeinen Kommunikationsschemas der Informationstheorie auf den Spezialfall[1] der Stadtgestaltung dar. Dies insofern, als es die Beziehungen zwischen dem Stadtplaner, dem »Expedienten« (dem »Sender«) und dem Stadtbewohner, dem »Perzipienten« (dem »Empfänger«) beschreibt. Daraus lassen sich die Eingriffsmöglichkeiten sowohl des Umweltplaners wie die des Umweltbeobachters auf den Interaktionsprozeß Umweltplaner–Umwelt–Umweltbeobachter ableiten und Hinweise für die Konsequenz planerischer Veränderungen der Umwelt gewinnen.

Der Interaktionsprozeß der Stadtgestaltung

Aus dem theoretischen Modell lassen sich die Stufen des Interaktionsprozesses Umweltplaner–Umwelt–Umweltbeobachter ablesen. Die Umweltnutzung wird

---

1 Vgl. M. Bense, a. a. O.

zweidimensional veranlagt, mit Hilfe des Umweltrepertoires durch die Verwendung desselben als umweltdefinierende und umweltdifferenzierende Elemente in der Umweltbildung topologisch präzisiert. In der Umweltgestalt wird die Umweltnutzung dreidimensional metrisch bestimmt dargestellt; damit veranlagt sie die Umweltkonfiguration. Dabei beeinflußt die Umweltnutzung außerdem direkt die Umwelterscheinung, die Umweltbedeutung und die Umweltvorstellung. Die Umweltkonfiguration wird mit einer bestimmten Wahrnehmungskapazität wahrgenommen und unter situationsabhängigen Wahrnehmungsbedingungen als scheinbar wirksame Umwelterscheinung erfaßt. Über Wirkungsqualitäten, Sequenzqualitäten, Erscheinungsqualitäten und die Beziehungsqualitäten veranlagt die Umwelterscheinung die Umweltbedeutung. Darüber hinaus beeinflußt sie die Vorstellungsqualitäten und die Umweltvorstellung. Umweltnutzung, Umwelterscheinung und Umweltbedeutung veranlagen je für sich oder gemeinsam Vorstellungsqualitäten, die die Umweltvorstellung konstituieren. Die Wertung dieser Umweltvorstellung unter bestimmten Wertvorstellungen verleiht diesen Anmutungsqualitäten, die, abhängig von den jeweils relevanten Zielvorstellungen, zur Bewertung der scheinbar wirksamen Umwelt führen und für die Verhaltensweise relevant sind. Das Verhaltensergebnis allerdings ist nicht nur von der bisher dargestellten Faktorenkette abhängig, sondern auch von der Umweltwirkung, die auf den für die jeweilige Handlungsabsicht relevanten Wirkungsfaktoren beruht, die von der Umweltkonfiguration abhängt. Dabei hängen die Beziehungsqualitäten, die Erscheinungsqualitäten steigern oder abschwächen können, vom Grad der Kongruenz zwischen Umwelterscheinung und Umweltwirkung ab. Diese Interaktionskette, von der Umweltnutzung bis zur Verhaltensweise und zum Verhaltensergebnis, kann natürlich auch umgekehrt abgelesen werden, und damit wird das theoretische Modell der Stadtgestaltung nicht nur zur Grundlage der stadtgestalterischen Analyse, sondern auch des stadtgestalterischen Planungsprozesses.

Ableitung des stadtgestalterischen Arbeitsprozesses

Für die Stadtgestaltung ist dieses dargestellte theoretische Interaktionsmodell daher die Grundlage des stadtgestalterischen Analyse- und Planungsprozesses. Das bedeutet beispielsweise, daß die Erwartung eines Umweltbeobachters, sich in der Umwelt orientieren zu können, durch geeignete Maßnahmen des Umweltplaners auf der Ebene des Stadtbildes, der Stadterscheinung und der Stadtgestalt befriedigt werden muß. Die Zielvorstellung »sich orientieren« bedingt, daß die Anmutungsqualitäten unter der Zielvorstellung »Orientierung« positiv bewertet werden. Die Elemente der Umweltvorstellung, etwa die »Bereiche«, müssen also Anmutungsqualitäten aufweisen, die der Orientierung dienen. Das heißt, daß die Anmutungsqualitäten je nach Zielvorstellungen verschieden bewertet werden. Ein »Bereich«, der für die Zielvorstellung Orientierung positiv ist, kann unter der Zielvorstellung »Abwechslung« negativ bewertet werden. Damit sind die Anmutungsqualitäten von Vorstellungsqualitäten abhängig, die ihrerseits nicht nur von Erscheinungsqualitäten und Wirkungsqualitäten, sondern auch von der Umweltbedeutung, der Umwelterscheinung und der Umweltnutzung je für sich oder einzeln bestimmt sind. So hängt beispielsweise die Vorstellungsqualität »Kontinuität« nicht nur von der Erscheinungsqualität »Klarheit«, sondern auch von der »Kontinuität« der Bedeutung, der Erscheinung oder der Nutzung eines »Bereiches« ab. Erscheinungsqualitäten ihrerseits sind wiederum nicht nur von Wirkungsqualitäten abhängig, sondern ebenfalls von der Umweltbedeutung, der Umwelterscheinung und der Umweltnutzung. Auch sie können, wie etwa die »Einmaligkeit« durch die Einmaligkeit der Nutzung, der Erscheinung oder der Bedeutung bedingt sein, nicht nur durch das Maß der Kongruenz zwischen Umwelterscheinung und Umweltwirkung. Beziehungsqualitäten schwächen oder stärken Erscheinungsqualitäten insoweit, als sie durch die Relation Wahrnehmungsbeziehung–Nutzungsbeziehung die »Einprägsamkeit« der Wirkungsqualitäten, die für die Orientierung notwendig sind, beeinflussen. Eine »einmalige Hervorhebung« weist einen höheren Grad der Einprägsamkeit für einen Beobachter auf, wenn zwischen ihnen nicht nur eine Wahrnehmungs-, sondern auch eine Nutzungsbeziehung hergestellt werden kann. Darüber hinaus werden Erscheinungs- und Beziehungsqualitäten durch die Umweltkonfiguration beeinflußt, in der sich der Beobachter bewegen kann. Die »einmalige Hervorhebung« wird nur dann für die Orientierung relevant, wenn sie vom Standpunkt eines Beobachters in der Umwelt aus wahrgenommen werden kann. Wirkungsqualitäten sind aber nichts anderes als spezifische Wirkungen der Umweltgestalt, die ihrerseits mit Hilfe des Umweltrepertoires und der Umweltbildung aufgebaut wird und auf der Umweltnutzung beruht. Damit ist in groben Zügen zunächst angedeutet[2], wie aufgrund des theoretischen Modells der Stadtgestaltung Ziele eines Umweltbeobachters – etwa sich »orientieren« zu können – mit planerischen Mitteln bewußt und nachvollziehbar befriedigt werden können. Im wesentlichen geschieht das durch die bewußte Operation mit den Faktoren der Umweltvorstellung, die in der topologischen Psychologie Kurt Lewins entwickelt und in der Stadtbildanalyse Kevin Lynchs angewendet wurden.

---

[2] Vgl. hierzu auch Teil II dieser Arbeit.

Zweiter Teil

Praxis der Stadtgestaltung

1. Stadtgestaltung und Stadtentwicklung

1.1 Element der Stadtentwicklung

Die Stadt ist ein in ständiger Veränderung befindlicher künstlicher Organismus, ein Prozeß. Dieser wird aus einer Vielzahl von Einzelprozessen gebildet, die das Entstehen, Wachsen, Stagnieren, Absterben und Verschwinden einzelner Aspekte der Stadt repräsentieren und sich in unregelmäßigen Prozeßkurven ständig überlagern. Während so in einem Teil der Stadt vielleicht die ersten Wochenendhäuser zu Dauerwohnsitzen werden, stagniert die Wohnbevölkerung in einem anderen Stadtviertel oder nimmt sogar ab. Auf einer anderen Ebene nehmen vielleicht die Arbeitsplätze des Dienstleistungssektors ständig zu, während die des Industrie- und Landwirtschaftssektors abnehmen; gleichzeitig verändert sich die Bevölkerungsstruktur, der Anteil der Ausländer in den Stadtzentren wird größer, und der Altersaufbau in den einzelnen Stadtteilen gerät aus dem Gleichgewicht. Diese zahlreichen parallel laufenden Einzelprozesse wirtschaftlicher, sozialer oder städtebaulicher Art – um nur einige zu nennen – beeinflussen den Prozeß »Stadt« nicht nur direkt, sondern auch indirekt. Jede prozessuale Veränderung eines Einzelaspekts der Stadt hat auch auf andere Einzelprozesse Auswirkungen, etwa die Veränderung der Altersstruktur auf soziale und kulturelle Aspekte eines Stadtbereiches oder die Verlagerung der Wohnbevölkerung in Außenbereiche auf das Verkehrswesen. Mit anderen Worten hat jede Veränderung in einem Teilaspekt des Stadtprozesses auch Auswirkungen auf andere Teilprozesse.

Steuerung des Prozesses

Wenn aber die einzelnen Aspekte der Stadt als Prozeß aufgefaßt werden können, dann gilt für sie, daß ebenso wie die Phase des Wachstums auch die Phasen des Stagnierens, Absterbens und Wiederentstehens natürliche Phasen des Stadtprozesses sind und daß jede einseitige Beeinflussung – etwa ständiges Wachstum – unrealistisch ist. So sind strukturelle Veränderungen einzelner Aspekte der Stadt im Sinne des Wachstums wie des Absterbens Vorgänge, die in der Stadtplanung beachtet werden müssen. Aufgabe der Stadtentwicklungsplanung ist es daher, diese vielfältigen Einzelprozesse in ihrer jeweiligen Phase zu erkennen und aus der Sicht des Gesamtprozesses Stadt bewußt in diese einzugreifen. Stadtentwicklungsplanung ist also vereinfacht nichts anderes als die bewußte Planung und Steuerung solcher Einzelprozesse, die wirtschaftlicher, sozialer, verkehrstechnischer oder kultureller Art sein können und die sich im gegenwärtigen Schwerpunkt der Stadtentwicklungsplanung im Wirtschaftsbereich, Sozialbereich, Verkehrsbereich, Wohnungsbereich ebenso wie im Bildungs- und Freizeitbereich niederschlagen.

Der Stadtentwicklungsplanung stellt sich dabei die Aufgabe, diese urbanen Einzelprozesse so zu steuern, daß der Prozeß der Gesamtstadt insgesamt den Zielen der Stadtentwicklungsplanung entsprechend verläuft – die ihrerseits durchaus nicht immer die des Wachstums sein müssen.

Umweltqualität als Aspekt der Stadtentwicklung

Auch die Qualität der urbanen Umwelt ist ein Aspekt der Stadtentwicklung und als solcher ständiger prozessualer Veränderung unterworfen. Da diese an dem Befriedigungsgrad psychischer und intellektueller Ansprüche des Menschen an seine städtische Umwelt gemessen wird und nicht nur auf der Erscheinung, sondern auch auf der Nutzung und der Bedeutung der Umwelt beruht, beeinflussen fast alle urbanen Teilprozesse direkt oder indirekt die Qualität der Umwelt. Die Verlagerung der Wohnbevölkerung hat ebenso Wirkungen auf die Qualität der Umwelt wie auf die Veränderung der Sozial- oder Wirtschaftsstruktur. Obwohl diese Wirkung urbaner Teilprozesse auf die Qualität der Umwelt an der ständigen Veränderung der Stadtgestalt auch meist visuell ablesbar ist[1], sind sich nur wenige dieser Tatsache voll bewußt. Wo immer die Qualität der Umwelt mehr als ein sozialpolitisches Lippenbekenntnis sein soll, gilt es also, diesen Aspekt bei jeder Entscheidung in der Stadtentwicklungsplanung zu berücksichtigen; das aber bedeutet, daß Aspekte der Stadtgestaltung auf allen Ebenen der Stadtentwicklungsplanung von der Formulierung der Stadtentwicklungsziele bis zur Ortsbausatzung zu beachten sind.

Stadtgestalt als Ziel der Stadtentwicklung

Das Selbstverständnis der Stadtplanung heute läßt sich am deutlichsten an den Zielen der Stadtentwicklungsprogramme »fortschrittlicher« Gemeinden ablesen. Stadtentwicklungsziele sind die erklärten Handlungsabsichten einer Stadt, die Ziel- und Wertvorstellungen, die sie der Bewältigung ihrer Probleme, der Steuerung ihrer weiteren Entwicklung zugrunde legt. Sie beruhen auf der Abwägung und Wichtung unterschiedlicher möglicher Verhältnisse in der Zukunft. Die Wichtung der möglichen Zukunft basiert auf Wertvorstellungen, die die jeweilige herrschende Gesellschaft kennzeichnen. Stadtentwicklungsziele sind also die erklärten Zielsetzungen einer Gemeinde für ihre weitere Entwicklung, die das politische Programm einer Stadt darstellen. Als Grundlage des Stadtentwicklungsprogrammes bestimmen sie die Finanzplanung und das Investitionsprogramm ebenso wie die einzelnen Fachplanungen, etwa die Wirtschaftsförderung oder das Sozialkonzept einer Gemeinde. Dadurch aber geben sie die Inhalte der Stadtplanung vor und bestimmen die Verwendung ihres Instrumentes, der vorbereitenden

---

1 Vgl. hierzu die anschaulichen Ausführungen von Alan Waterhouse über visuelle Veränderung in Städten: Die Reaktion der Bewohner auf die äußere Veränderung der Städte, Berlin.

und verbindlichen Bauleitplanung.² So werden Stadtentwicklungsziele für das Wirtschaftswesen, das Verkehrswesen, das Wohnungswesen, das Bildungs-, das Sozial- und Gesundheitswesen und für den Bereich des Freizeitwesens etwa in dieser Reihenfolge formuliert, unter politischen und rechtlichen Aspekten gewichtet, gegeneinander abgewogen und zum Inhalt der Stadtplanung erklärt. Sie visieren generell die Befriedigung mehr oder minder materieller Bedürfnisse an, und nur in Ausnahmefällen versuchen sie auch, immaterielle Forderungen der Menschen an die Stadt zu berücksichtigen.³ Weitgehend jedoch fehlen Zielvorstellungen zum Abbau der Unwirtlichkeit vorhandener und geplanter Stadtbereiche, zur Beseitigung des psychisch relevanten Chaos vieler Vorortzonen, der sinnlich bedingten Monotonie neuer Siedlungen. In fast allen Stadtentwicklungskonzepten mangelt es bisher an der ausreichenden Berücksichtigung der psychischen Aspekte der Stadt, der psychischen und intellektuellen Ansprüche, Erwartungen und Wünsche der Menschen in ihrer urbanen Umwelt, kurz, an Zielvorstellungen der immateriellen Bedürfnisse der Städter. Daran läßt sich ablesen, wie weit das Erkenntnis- und Handlungsfeld der Stadtgestaltung, das sich mit den immateriellen – rationalen und irrationalen – Bedürfnissen der Menschen befaßt, noch davon entfernt ist, zum kommunalpolitisch begründeten Inhalt der Stadtentwicklungsplanung zu werden. Darum aber geht es: innerhalb der Stadtentwicklungsplanung schon bei der Formulierung der Stadtentwicklungsziele die immateriellen Ansprüche des Menschen an seine urbane Umwelt zu berücksichtigen und diesen neben wirtschaftlichen, verkehrstechnischen, sozialen und anderen Aspekten der Stadtentwicklung als gesellschaftspolitisch relevantem Faktor genügend Geltung zu verschaffen. Dafür werden Zielvorstellungen der Stadtgestaltung notwendig, die rational nachvollziehbar und begründbar sind und die gleichwertig neben fachlichen Entwicklungszielen der Stadtentwicklung aus dem Bereich des Wirtschaftswesens, des Verkehrswesens, des Wohnungswesens oder des Bildungswesens stehen können.

Stadtgestaltung auf der Ebene der Flächennutzungsplanung

Viel zu selten ist man sich auch heute bewußt, daß auf der Ebene der Flächennutzungsplanung wesentliche Entscheidungen über die Qualität der urbanen

---

2 »Dieser städtebauliche Arbeitsprozeß verläuft in zwei grundsätzlich verschiedenen Abschnitten, wobei der erste die schöpferische Konzeption eines Leitbildes über den Inhalt der anzustrebenden städtebaulichen Entwicklung umfaßt und der zweite die Umsetzung dieses gedanklichen Leitbildes in mehr oder weniger rechtswirksame Realität, den vorbereitenden und verbindlichen Bauleitplan darstellt.« H. M. Bruckmann, M. Trieb, Faktoren und Methoden der städtebaulichen Umweltplanung, vervielfältigtes Vortragsmanuskript, Stuttgart.
3 Hier wäre unter anderem der Versuch der Stadt Stuttgart zu nennen, die Landschafts- und Stadtbildpflege als einen im Wirtschafts- oder Verkehrswesen gleichwertigen Zielkomplex zu formulieren, der allerdings kaum über materielle Bindungen hinausgeht (z. B. Verbesserung der Naherholung, höhere Leistung der Vegetation für das Stadt-

Umwelt fallen und daß Fehler, die auf dieser Planungsebene gemacht werden, oft nicht mehr kompensiert werden können. Die Bedeutung der vorbereitenden Bauleitplanung für die Stadtgestaltung in dem Sinne, in dem sie hier aufgefaßt wird, ist in verschiedener Hinsicht gegeben. Einmal werden Grundlagen für die Qualität der Stadtgestalt wie die Kategorien der geschichteten Realität, der gelebten Zeit, des Interesses, der weg-zeitlichen Dimension und der geschichtlichen Zeit, auf die Thomas Sieverts hinweist, im Flächennutzungsplan durch die Bestimmung von Art und Lage der möglichen Nutzung und ihrer Verbindungen untereinander veranlagt.[4] Darüber hinaus aber werden durch die Festsetzungen des Flächennutzungsplanes die »Urphänomene« der Strukturierung der erlebten Umwelt, die Vorstellungselemente wie »Bereich«, »Weg« oder »Brennpunkt« weitgehend vorbestimmt. Da diesen Vorstellungs- oder Stadtbildelementen, wie an verschiedenen Stellen dieser Untersuchung gezeigt[5], sowohl als wertfreien Gliederungsmitteln der erlebten Umwelt wie als Grundlage der Bewertung dieser erlebten Umwelt unter verschiedenen Zielvorstellungen eine entscheidende Rolle für die Beurteilung der Qualität der erlebten Umwelt zukommt, kann die Bedeutung der zweidimensionalen Bestimmung von Art und Lage der Nutzung und der daraus resultierenden Aktivitäten für die Stadtgestaltung gar nicht hoch genug bemessen werden.

Stadtgestaltung als Teil des Rahmen- oder Strukturplanes

Wenn auch noch manchmal in theoretischen Auseinandersetzungen umstritten, hat sich doch in der kommunalen Planungspraxis längst eine weitere Planungsebene zwischen dem Flächennutzungsplan und dem Bebauungsplan durchgesetzt, die der Rahmen- oder Strukturplanung. Diese präzisiert einerseits die Aussagen des Stadtentwicklungsplanes und gegebenenfalls des Flächennutzungsplanes für die Gesamtstadt oder ein Teilgebiet der Stadt, etwa ein Stadtviertel, und stellt andererseits die kleinflächigen Bebauungspläne in den größeren städtebaulichen Planungszusammenhang, etwa eines ganzen Stadtquartiers. Gegenwärtig meist in verschiedenen Planschichten wie dem Nutzungskonzept, dem Verkehrskonzept und dem räumlichen Konzept erarbeitet, durch ein soziöokonomisches Konzept und ein Durchführungskonzept ergänzt[6], vereint diese Planungsebene zweidimensionale Aussagen der vorbereitenden und dreidimensionale Aussagen der verbindlichen Bauleitplanung. Damit ist der Rahmen- oder Strukturplan gleichzeitig Träger der sichtbaren und unsichtbaren Dimensionen der urbanen Umwelt-

---

klima). Die Formulierungen zur »Stadtbildpflege« können statt als Berücksichtigung immaterieller Bedürfnisse auch als Maßnahmen zur Förderung des wirtschaftlich relevanten Stadtimages ausgelegt werden.
4 Vgl. T. Sieverts, Stadtgestalt, Wissenschaft und Politik, in: Mitteilungen der Deutschen Akademie für Städtebau und Landesplanung XVI, Dezember 1972.
5 Vgl. hierzu Teil I.
6 Vgl. J. Veil, Der städtebauliche Rahmenplan, in: Stadtbauwelt, H. 37, 1972.

qualität, die durch das nutzungs-, verkehrs- und sozioökonomische Konzept mindestens ebenso beeinflußt wird wie durch das räumliche Konzept. Wenn auch hier bisher in der Planungspraxis die Bedeutung der drei erstgenannten Planungskonzepte für die Stadtgestaltung selten gesehen wird, so vertritt immerhin das räumliche Konzept die visuellen Aspekte der Stadtgestaltung – auch wenn es nicht rechtlich fixiert ist, wie die gesamte Planungsebene des Rahmen- und Strukturplanes bisher.

Bebauungsplan als Instrument der Stadtgestaltung

Auf der Ebene der verbindlichen Bauleitplanung werden nicht nur die Art, die Lage und das Maß der möglichen Nutzung der einzelnen Flächen im Geltungsbereich eines einzelnen Bebauungsplanes festgelegt, sondern auch ihre mögliche oder geforderte dreidimensionale Ausbildung. Damit werden die Aussagen des Flächennutzungsplanes beziehungsweise des Rahmen- oder Strukturplanes für ein bestimmtes Gebiet zu einem Ortsgesetz erhoben, das für jedermann Gültigkeit hat. Soweit die Qualität des urbanen Raumes von den städtebaulichen Bedingungen bestimmt wird, denen die Realisierung der einzelnen Bauvorhaben unterliegt, fallen mit der Aufstellung und mit dem Beschluß eines Bebauungsplanes unwiderrufliche Entscheidungen. Während der Sinn der Rahmen- oder Strukturplanebene gerade auch darin besteht, für die Realisierung im konkreten Falle mehr oder weniger viele unterschiedliche Alternativen zu ermöglichen[7], wird im Bebauungsplan eine Alternative ausgewählt und in einer wirkungsvollen Rechtsform fixiert.[8] Gerade unter stadtgestalterischen Gesichtspunkten werden jedoch bisher die meisten Bebauungspläne viel zuwenig durchdacht, ja oft unter vollkommener Vernachlässigung des Aspektes der Stadtgestaltung aufgestellt und beschlossen.

Die Satzung als stadtgestalterisches Mittel

In jüngster Zeit erst wird ein Planungs- und Rechtsinstrument wieder entdeckt, das lange Zeit in Vergessenheit geraten war, wenn es auch die meisten Bundesländer vorgesehen haben: die Gestaltungssatzung. Die Landesregierungen können in ihren Landesbauordnungen den Gemeinden die Möglichkeit geben, als Ergänzung der Bebauungsplanung Ortsbausatzungen zu erlassen, die die Festsetzungen des Bebauungsplanes weiterführen und durch zusätzliche Rahmenbedingungen ergänzen.[9] Die Gestaltungssatzungen werden allerdings bisher meist als ein Instru-

7 Vgl. M. Trieb, J. Veil, Rahmenplan und Satzung zur Stadtgestalt Leonberg, Leonberg 1973.
8 Allerdings können die Grenzen zwischen einem enggefaßten Rahmenplan und einem weitgefaßten Bebauungsplan fließend sein. Ein Bebauungsplan ist dann weit gefaßt, wenn er nur die gesetzlich vorgeschriebenen Mindestfestsetzungen enthält und verschiedene Möglichkeiten der Bebauung im Detail offenläßt.
9 Vgl. dazu beispielsweise § 111, Abs. 1, Nr. 2 und Abs. 2, Nr. 2 der Landesbauordnung Baden-Württemberg oder Artikel 107 der Bayerischen Bauordnung.

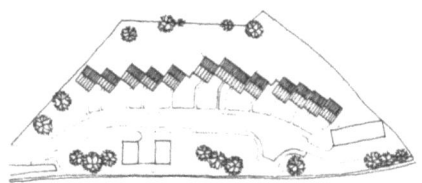 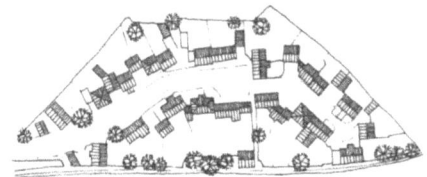

16 Ein Programm und zwei Möglichkeiten – von vielen!

ment des Schutzes und der Erhaltung städtebaulicher Einzelobjekte und Gesamtsituationen aufgefaßt und angewendet. Damit läuft die Gestaltungssatzung Gefahr, ein Rechtsinstrument zu werden, das nur der Einbalsamierung mehr oder weniger wertvoller Epochen dient und das jeden schöpferischen Beitrag der Gegenwart verhindert. In Wirklichkeit jedoch können solche Satzungen gerade darauf ausgerichtet sein, positive stadtgestalterische Ziele nicht nur in Altbaugebieten, sondern auch in Neubaugebieten zu erreichen. Solche »positiven« Satzungen erlauben nicht nur eine Vielzahl unterschiedlicher Neubauten innerhalb eines mehr oder weniger eng gefaßten Rahmens gemeinsamer Randbedingungen, sondern können eine solche Vielfältigkeit sogar erzwingen.[10]

Auf allen Planungsebenen der Stadtentwicklung müssen daher auch unter stadtgestalterischen Gesichtspunkten Planungskonzepte entwickelt werden, die nicht nur die Basis für die Förderung, Erhaltung oder Behinderung bestimmter Veränderungsprozesse in einem solchen Steuerungsbereich bilden, sondern die auch so durchdacht sind, daß sie keine unerwünschten Nebenwirkungen hervorrufen. Aber damit ist es nicht getan: Diese Planungskonzepte werden nur dann wirksam, wenn sie nicht nur ständiger Prüfstein für die tägliche Einzelentscheidung eines Gemeinderates, eines Baubürgermeisters oder eines Stadtplaners werden, sondern wenn sie auch so durchgearbeitet sind, daß die Realisierungsmöglichkeiten dieser Konzepte, die möglichen Realisierungsmaßnahmen überlegt und geprüft sind. Erst dann kann die Stadtentwicklungsplanung in der Tagesarbeit wirklich fruchtbar werden. Erst wenn ein Baugesuch mit einer Nutzungsänderung gegenüber bisher auf der Basis einer stadtgestalterischen Bereichsplanung bearbeitet werden kann, der zu entnehmen ist, ob und in welchem Maße eine solche Nutzung dem Gesamtkonzept entspricht, und erst wenn dieses Planungskonzept mit rechtlichen, finanziellen, sozialen, technischen oder politischen Mitteln durchgesetzt werden kann, etwa gegenüber starken Einzelinteressen, sind solche Planungskonzepte tatsächlich praxisrelevant.

1.2 Aufgaben in der Stadtentwicklungsplanung

Stadtgestaltung umfaßt also die gesamten städtebaulichen Planungsebenen von der Ebene der Stadtentwicklung bis zur Ebene des verbindlichen Bauleitplanes.

10 Vgl. M. Trieb, J. Veil, a. a. O.

Deshalb ist die Stadtgestaltung an der Entwicklung von Stadtentwicklungszielen und Stadtentwicklungsprogrammen ebenso beteiligt wie an den aus ihnen resultierenden Folgemaßnahmen: der Stadtsteuerung, der Stadterweiterung und der Stadtsanierung. Stadtsteuerung[11] umfaßt die Steuerung der Entwicklungs- und Veränderungsprozesse bestehender Städte mit Hilfe der vorbereitenden und verbindlichen Bauleitplanung. Stadterweiterung bezeichnet die Planung und Realisierung neuer Wohn-, Geschäfts- und Industriegebiete auf bisher nicht bebauten Flächen, Stadterneuerung die Sanierung einzelner Bereiche bestehender Stadtgebiete. Stadtgestaltung beeinflußt in Fragen der Stadtsteuerung, der Stadterweiterung und der Stadtsanierung den gesamten städtebaulichen Planungsprozeß von der Stadtentwicklungsplanung über die Flächennutzungsplanung, die Rahmenplanung und die Bebauungsplanung bis zur Ortsbausatzung.

Projektplanung

Die Projektplanung umfaßt ein begrenztes, festgelegtes Gebiet, für das die zukünftigen Bauträger bekannt sind, ein konkretes Programm besteht und der Zeitraum bekannt ist, innerhalb dessen das Projekt realisiert werden soll.[12] Nur so gibt es die die Projektplanung bezeichnende effektive Kontrollmöglichkeit für die Stadtgestaltung auf allen Ebenen, die von der Stadtbildplanung bis zur Straßenmöblierung auf der Ebene der Stadtgestalt reicht. Das kann beispielsweise für die Planung und Durchführung von Einkaufszentren, Wohnungsbauvorhaben und Verwaltungskomplexen gelten.[13]

Bereichsplanung

Die Bereichsplanung umfaßt ein größeres Gebiet, in dem die Bauträger einzelner Projekte nicht oder nur teilweise bekannt sind, konkrete Programme und deren Realisierungsdauer bestenfalls nur für bestimmte Aspekte feststehen. Sie betrifft Gebiete, für die Kontrollmöglichkeiten nur im Rahmen der vorbereitenden und verbindlichen Bauleitplanung gegeben sind, wie ganze Stadtbezirke. Ein stadt-

---

11 Sonderbarerweise wird das Arbeitsfeld der Stadtplanung, das den größten Teil der Arbeit des Stadtplaners einer Gemeinde darstellt, sowohl in der Theorie der Stadtplanung wie in der Lehre an den Hochschulen noch sehr vernachlässigt: die kontinuierliche Betreuung der Bereiche einer Stadt, die weder Erneuerungs- noch Erweiterungsgebiete darstellen. In der Regel betrifft sie den größten Teil der Gemarkungsfläche einer Kommune und umfaßt alles, was von der Stadtplanung her getan werden muß, um bestimmte Prozesse innerhalb dieser Bereiche zu fördern, weiterzuentwickeln oder um andere zu erhalten, zu bremsen oder umzulenken.

12 Vgl. K. Lynch, City Design and City Appearence, in: Principles and Practice of Urban Planning, Washington 1968.

13 Vgl. H. Adrian, M. Adrian, P. Zimmermann, Planung und Durchführung großer komplexer Bauvorhaben im Rahmen der Stadterneuerung und Stadtentwicklung, in: Stadtbauwelt, H. 38, 1973.

gestalterisches Bereichskonzept wird vor allem auf der Ebene des Stadtbildes und der Stadterscheinung liegen und nur in Einzelfällen Bindungen auf der Ebene der Stadtgestaltung umfassen, wie etwa das Sanierungsgebiet London Covent Garden.[14] Hier umfaßt das Bereichskonzept ein Mosaik funktional angeordneter Nutzungen und Aktivitäten, die durch »Wege« als einem koordinierten Netz visueller Sequenzen verbunden sind, ein System von »Brennpunkten« bilden und sich als sichtbare Gliederung der Aktivitäten darstellen. Dabei kann eine Kreuzung »Brennpunkt« mehrerer verschiedener »Bereiche« sein, auf der Ebene der Stadtgestalt charakterisiert durch Telefon, Läden, Briefkasten, Haltestellen und Taxistand. Dieser lokale »Brennpunkt« kann »Wege« in Abschnitte gliedern, »Grenzen« aufheben und etwa für die Orientierung als Merkzeichen dienen, das leicht identifizierbar ist, von den verschiedenen »Wegen« aus aber unterschiedlich in Erscheinung tritt.

Prozeß- und Systemplanung

Die Prozeßplanung steuert die räumliche Anordnung von Aktivitäten und Objekten in einem ausgedehnten Gebiet mit unbestimmten Programmen und vielfältigen Bauträgern, oft für das gesamte Stadtgebiet. Sie beschränkt sich auf programmatische Zielvorstellungen, für die im Einzelfall verschiedene Alternativen entwickelt werden können. Ausgangspunkt kann dabei ein Flächennutzungsplankonzept sein, das ein Mosaik von »Bereichen« mit einem inneren System von «Wegen,« »Brennpunkten,« »Merkzeichen« und individuellen Ereignis- oder Geschehnischarakter darstellt und das zeigt, wie dieses Bereichsmosaik durch ein Wegsystem verbunden ist, dessen Haupt- und Unterabschnitte auf den Ebenen der Stadterscheinung und der Stadtgestaltung entwickelt und differenziert werden. Dies so, daß sich im Laufe der Stadtentwicklung ein simultanes Bewegungssystem koordinierter visueller Sequenzen ergeben kann.[15]

Die Systemplanung arbeitet mit einer funktionell verbundenen Reihe von Elementen, die für die Stadtgestaltung relevant und über ein großes Gebiet verteilt sind, die aber für sich keine komplette Umwelt bilden. Zu ihr gehört beispielsweise der Aufbau eines kontinuierlichen Sequenzsystems von »Wegen« in unstrukturierten Großstadtvororten, die Entwicklung eines farbigen Beleuchtungssystems der Fahr- und Gehverbindungen einer Siedlung oder das System dreidimensionaler Akzentuierung von Brennpunkten einer Stadt durch Hochhausbebauungen. Die Systemplanung kann damit das Skelett des öffentlichen Raumes strukturieren, wie es in Rom und Paris in den vergangenen Jahrhunderten durchaus bewußt geschah[16] und auch heute in allen Städten notwendig wäre; leider werden bisher nur selten Ansätze dazu gemacht. So verlangt jede Entscheidung über

---

14 Vgl. D. Appleyard, Notes on Urban Design and Physical Planning, vervielfältigtes Typoskript, Berkeley 1968.
15 GLC Covent Garden Planning Team, Covents Garden Moving, London 1968.
16 Vgl. E. N. Bacon, Stadtplanung – von Athen bis Brasilia, Zürich 1967.

eine neue Hochhausgruppierung mit Fernwirkung ein klares Konzept für die Hochhausentwicklung im gesamten Stadtgebiet[17], jede Straßenverbreiterung eine Vorstellung von dem hierarchisch abgestuften Gesamtsystem visueller Sequenzen.[18]

Unterschiedliche Konkretisierung stadtgestalterischer Aussagen

Stadtgestaltung steuert den Entwicklungsprozeß komplexer Umweltsysteme. Dieser ist nicht als Ganzes darstellbar, und ebenso wie die Stadtplanung die Probleme nur durch die Planung einzelner Fakotren wie Flächennutzung, Nutzungsdichte oder Verkehrsfluß einkreisen kann, muß die Stadtgestaltung in ihren Arbeitsfeldern vorgehen. So beginnt sie vielleicht mit der Planung der erlebten Umwelt, des Stadtbildes, durch die Entwicklung eines organischen Mosaikes in sich differenSerter »Bereiche«, die durch ein System unterscheidbarer, abgestufter »Brennpunkte« gegliedert und von einem Netz differenzierter »Wege« durchzogen werden. Dieses Stadtbildkonzept basiert hinsichtlich seiner Qualität auf einer Reihe klarer, nachvollziehbarer Zielvorstellungen. Der Programmierung dieses Stadtbildsystems auf der Basis der Zielvorstellungen der Stadtgestaltung folgt dann die daraus resultierende choreographische Programmierung der stadtgestalterischen Sequenzen hinsichtlich ihrer Wirkung auf der Ebene der Stadterscheinung. Für ein Teilsystem des Wegenetzes wird damit über die Stadterscheinungsplanung ein detailliertes Programm auf der Ebene der Stadtgestalt entwickelt. Stadtgestaltung arbeitet damit in den wesentlichen Arbeitsfeldern Projektplanung, Bereichsplanung und Prozeß- und Systemplanung mit zwei verschiedenen, sich ergänzenden Methoden.[19] Im Arbeitsfeld der Prozeß- und Systemplanung wird mit der Aufstellung von Programmen und erläuternden Skizzen gearbeitet, die auf einer Gruppe ausgewählter Zielvorstellungen beruhen und die bis zur Wegzeitprogrammierung von Ereignissen und Ereigniszeiträumen – nach wieviel Gehminuten wird ein Ereignis gefordert und welche Kriterien soll es erfüllen – entwickelt werden können, wobei die Art der Ausführung weitgehend offengelassen wird. Im Arbeitsfeld der Bereichsplanung wird darüber hinaus die mögliche Art der Ausführung untersucht und in der Projektplanung schließlich vorgeschrieben.

Damit reicht der Aufgabenbereich der Stadtgestaltung von der Entwicklung genereller programmatischer Zielvorstellungen für das gesamte Stadtgebiet in seiner prozessualen Entwicklung über die Konkretisierung stadtgestalterischer Teilsysteme bis zur Realisierung stadtgestalterischer Konzeptionen bei Einzelprojekten.

---

17 Wiewohl oft diskutiert, konnte sich bisher eine bewußte »High Building Policy« weder in London noch in Paris durchsetzen – von anderen Städten ganz zu schweigen. Damit ändert sich aber nichts an deren Notwendigkeit. Vgl. A. Whittick, Aesthetics of Urban Design, in: Journal of the Town Planning Institute, Nr. 8, 1970.
18 Vgl. D. Appleyard, a.a.O., K. Lynch, City Design and City Appearance, a.a.O.
19 Vgl. D. Appleyard, a.a.O., S. 2.

Stadtgestalterische Arbeitsinhalte in der Stadtentwicklung

Stadtgestaltung als Teil der Stadtentwicklungsplanung hat Aufgaben im Bereich der Stadtsteuerung, der Stadterneuerung und der Stadterweiterung zu bearbeiten. Jedes dieser Aufgabenfelder kann in den Arbeitsbereichen Projektplanung, Bereichsplanung oder Prozeß- und Systemplanung zur Bearbeitung anstehen. Die Prozeß- und Systemplanung bedient sich dabei vor allem der Planungsebene der Stadtentwicklungsziele, des Stadtentwicklungsprogrammes und des Flächennutzungsplanes. Die Bereichsplanung arbeitet vorwiegend mit dem Rahmenplan, dem weitgefaßten Bebauungsplan und bis zu einem gewissen Grade mit der Ortsbausatzung. Für die Projektplanung schließlich ist der enggefaßte Bebauungsplan, die Ortsbausatzung und die Objektplanung selbst von Bedeutung.
Damit aber werden die einzelnen Arbeitsinhalte der Stadtgestaltung auf den verschiedenen Planungsebenen der Stadtentwicklung deutlich.[20] Der Bereich der *Prozeß- und Systemplanung* bezieht sich in der Regel auf den gesamten Stadtbereich. Hier liegt das Feld der Imageanalyse und Imageplanung ebenso wie der Entwicklung des stadtgestalterischen Ziel- und Maßnahmenkataloges. Außerdem gehören die Analyse und Planung der Hierarchie von »Bereichen«, »Wegen« und »Brennpunkten« hierher, gegebenenfalls ergänzt durch Höhen- und Baumassenkonzepte, Straßensystemhierarchien mit Musterquerschnitten. Die *Bereichsplanung* betrifft normalerweise einen Teilbereich der Gesamtstadt. Hier werden die stadtgestalterischen Planungsaussagen der Prozeß- und Systemplanung für den jeweiligen Bereich präzisiert und durch die Bereichs- oder Environmentplanung, die Sequenzplanung und die Aktivitätenplanung ergänzt. Aber auch Konzepte für die Straßenmöblierung, die Fassadenabfolge oder sogar die Farbgebung können zu Aufgaben der Bereichsplanung werden, die damit oft zu einer Mischung von verbindlichen Richtlinien, wie detaillierten Einzelanweisungen einerseits und vielfältige Alternativen eröffnenden Planungskonzepten andererseits wird. In der *Projektplanung* wird die endgültige Ausbildung des öffentlichen Raumes bestimmt, und zu ihr gehört die Festlegung der dreidimensionalen Form der Baukörper ebenso wie die der Fassadengliederung, der Material-, Struktur- und Farbbestimmung. Auch die Projektierung und Durchführung von Straßenumbauten oder der Entwurf der Straßenmöblierung gehören zu dieser Arbeitsebene.
In einer schematischen Übersicht ist die Zuordnung der keineswegs vollständig aufgeführten Arbeitsinhalte der Stadtgestaltung zu den verschiedenen Planungsebenen der Entwicklungsplanung und die Bedeutung dieser als Instrumente der stadtgestalterischen Arbeitsbereiche dargestellt. Dabei wird beispielsweise deutlich, welche Bedeutung der Planungsebene der Stadtentwicklungsziele und des Stadtentwicklungsprogrammes für die Stadtgestaltung zukommt, denn Imageplanung ebenso wie der stadtgestalterische Ziel- und Maßnahmenkatalog sind integrale Bestandteile derselben. Ähnliches gilt für die Planung der Bereichs-, Weg- und

---

20 K. Lynch, a. a. O.

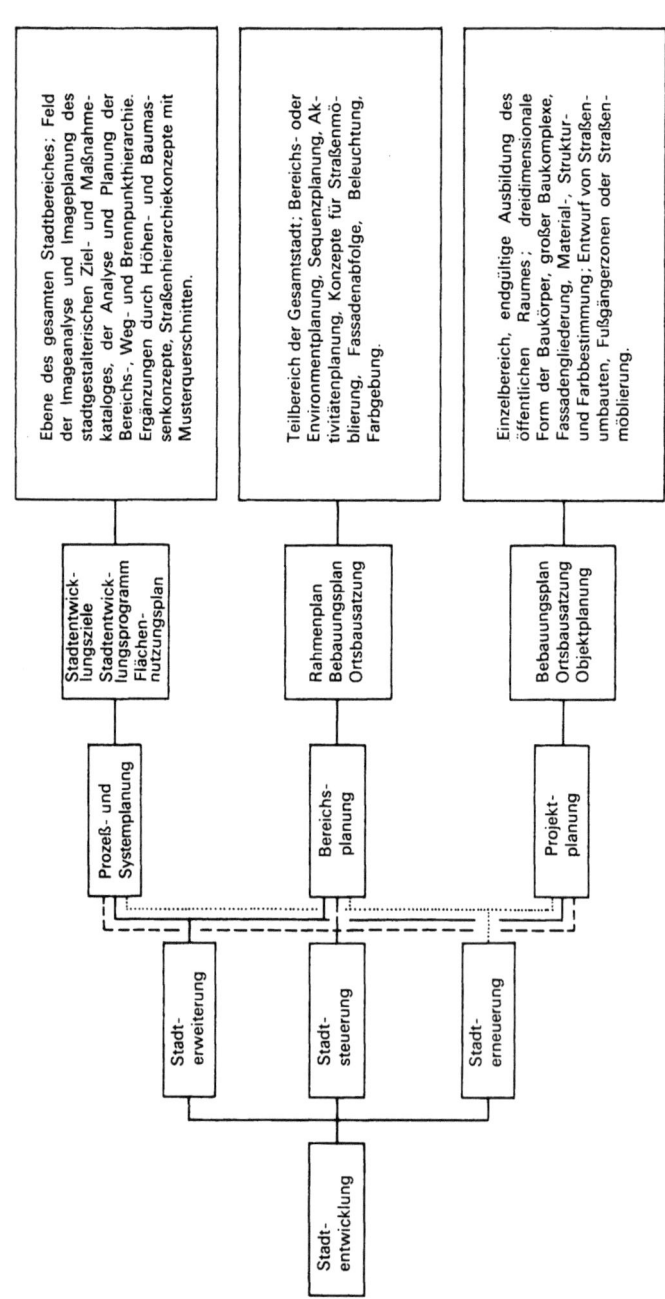

Brennpunkthierarchie, die untrennbar mit der Flächennutzungsplanung verbunden ist. Außerdem zeigt das Schema der stadtgestalterischen Arbeitsinhalte in der Stadtentwicklungsplanung den zunehmenden Konkretheitsgrad stadtgestalterischer Aussagen und dementsprechend die abnehmende Realisierungsfreiheit für die einzelne Bauabsicht. Allerdings darf nicht außer acht gelassen werden, daß die Zuordnung der einzelnen Arbeitsinhalte nur grundsätzlicher Art ist: Wenn etwa ein hierarchisches Straßensystem geplant wird, dessen einzelne Elemente durch Regelquerschnitte und Regelausbildungen bestimmt sind, so reichen diese Regelfestsetzungen bis zur Ebene der Projektplanung.

← *17 Stadtgestaltung und Stadtentwicklungsplanung*

2. Planung auf der Stadtbildebene

Schlafstadt, Universitätsstadt, Industriestadt oder Kurstadt – das sind einige der Imagestempel, die die Städte heute tragen. Diese Bezeichnungen wären weiter nicht von Bedeutung, wenn sie nicht, wie der Ruf eines Menschen, die Grundlage für handfeste, oft weitreichende Entscheidungen wären: für den Familienvater, ob er nach Stuttgart oder München zieht, für den Lehrer, ob er sich für Ulm, Konstanz oder Freiburg entscheidet, für den Verwaltungsbeamten, der zwischen Lübeck, Kiel oder Flensburg für sein nächstes Lebensjahrzehnt wählen muß, oder für den Firmeninhaber, der zwischen Regensburg, Nürnberg oder Würzburg als Standort für seinen neuen Zweigbetrieb wählen muß. Image ist ein Standortfaktor für Arbeitsstätten des produzierenden und des Dienstleistungssektors; es bestimmt wesentlich die Attraktivität einer Stadt für Fremde und Touristen. Einwohner, die sich nicht mit dem Image ihrer Stadt identifizieren können, beteiligen sich nicht ausreichend an den Problemen ihrer Gemeinde und sind mögliche Abwanderer; das Image beeinflußt den Einzugsbereich und den Umsatz einer Stadt; die allgemeine Zufriedenheit des Bürgers mit seiner Stadt hängt auch davon ab, in welchem Maße seine Imageerwartungen erfüllt werden. So ist ein gutes, positives Image für eine Stadt notwendig, wenn sie Sonderzuschüsse, Vergünstigungen auf Landes- und Bundesebene erhalten will, wenn sie prominente Persönlichkeiten aus Kunst, Wissenschaft und Wirtschaft als Einwohner haben möchte, oder wenn sie überregionale Veranstaltungen und Kongresse in ihre Mauern ziehen will, wenn mehr Einwohner angestrebt werden, wenn der Fremdenverkehr aktiviert werden soll oder wenn Industrie- oder Dienstleistungsbetriebe angelockt werden sollen.[1] Ist das Stadtimage aber nur so lange von Bedeutung für eine Stadt, wie sie im Konkurrenzkampf der Städte sich um stärkeres Wachstum bemühen muß? Was geschieht, wenn das Wachstumsdenken sein Ende finden sollte, aufgrund äußerer Einflüsse vielleicht ebenso wie aufgrund einer Umwandlung der bisher herrschenden Wertvorstellungen? Auch dann wird das Stadtimage die Grundlage vieler Entscheidungen einzelner Individuen, Firmen und Verbände, kommunaler und staatlicher Behörden sein. Außerdem wird für die richtige Weiterentwicklung jeder Stadt, die nicht mit Wachstum zu verwechseln ist (das kann auch Gesundschrumpfen sein), der ständige Vergleich von Ist- und Soll-Image eine unabdingbare Voraussetzung für die Steuerung der Stadtentwicklung bleiben.

Definition des Stadtimages

Was ist das Stadtimage? Der Ruf einer Stadt, der Spiegel, den ihr ihre Einwohner

---

[1] Vgl. R. Antonoff, Wie verkauft man seine Stadt? Düsseldorf 1971.

und die Fremden vorhalten, oder die Realität des Unsichtbaren, konkrete Wirklichkeit für den Städter? Die Interpretationen des Begriffes Stadtimage sind heute ebenso vielfältig wie die Vorstellungen über die Bedeutung des Images für die Stadtentwicklungsplanung. Dem Brockhaus zufolge ist »Image nicht nur die optische Erscheinungsweise, sondern zusätzlich die komplexe Gesamtheit von Gefühlen, Einstellungen und Meinungen bewußter und unbewußter Art, die mit dem entsprechenden Subjekt oder Objekt verbunden sind«, und H. C. Rieger[2] präzisiert diese Begriffsbestimmung in folgender Weise:

»Das Image ist die Gesamtheit dessen, was ein Individuum von sich und seiner Umwelt erkennt, weiß, glaubt, vermutet und wünscht, sowie die Mannigfaltigkeit seiner Wertungs- und Bewertungsmaßstäbe, Nutzenvorstellungen und Präferenzen. Sein Zustand zu einem vorgegebenen Zeitpunkt ist eine Funktion der bis dahin empfangenen Informationen.«

Konkreter auf das Stadtimage bezogen, formuliert Felicitas Lenz-Romeiss[3], daß das Image

»... ein strukturiertes, symbolisches Substrat im Bewußtsein der Bewohner einer Stadt, eine symbolische Repräsentation ihrer bestehenden ökonomischen, sozialen und materiell-städtebaulichen Strukturen«

sei, und mit Rainer Mackensen[4] kann man den Begriff des Stadtimages, an dem Begriff der Attraktivität gemessen, als

»einen urbanen Ausdruck für die Reaktion der Bevölkerung auf die Gesamtheit der Lebensbedingungen in einer Stadt auffassen.«

Obwohl die hier angeführte Auswahl von Begriffsbestimmungen des Images keine grundsätzlichen Widersprüche aufweist, gibt es dennoch bisher keine allgemein anerkannte Definition. Hier wird daher der weiteren Behandlung des Images die Begriffsbestimmung von Joachim Franke[5] zugrunde gelegt, die

»Image als das unscharf angegrenzte Gesamt der bei der wahrnehmungs- oder vorstellungsmäßigen Konfrontation mit einem Gegenstand aktualisierten psychischen Gehalte«

auffaßt. Zu diesen Gehalten gehören nach Franke unter anderem die Gefühle, die Erinnerungen, die Begleitvorstellungen, die Denkinhalte, die Erwartungen und die Aktionsbereitschaften. Dabei ist das Image, das als Stadtimage für die Planungspraxis relevant ist, ein »Kollektiv-Image«[6], das den übereinstimmenden

---

2 Vgl. H. C. Rieger, Begriff und Logik der Planung, Wiesbaden 1972.
3 Vgl. F. Lenz-Romeiss, Image und Erscheinungsbild – die neue Masche, in: Baumeister, H. 3, 1971.
4 Vgl. R. Mackensen, Attraktivität der Großstadt – ein Sozialindikator, in: Analysen und Prognosen, H. 7, 1971.
5 Vgl. J. Franke, K. Hoffmann, Allgemeine Strukturkomponenten des Images von Siedlungsgebieten, vervielfältigtes Typoskript, Nürnberg 1973.
6 J. Franke, K. Hoffmann, a.a.O.

Teil der »Individual-Images«, der subjektiven Images der einzelnen Individuen, von einer Stadt darstellt[7].

2.1 Aspekte des Stadtimages

Räumliche Aspekte

Image hat verschiedene Ausprägungsstufen, vom Image der Gesamtstadt insgesamt, dem Gesamtimage, über die einzelnen Teilimages des Gesamtimages, bis zu den Bereichsimages; diese Imagehierarchie ist, mit unterschiedlichen Befragungsmethoden, sowohl bei der Analyse des Ist-Images wie bei der Planung des Soll-Images zu berücksichtigen. Etwas karikiert stellt sich diese Image-Hierarchie anschaulich an dem Soll-Image Münchens dar: Das Gesamtimage soll »Weltstadt mit Herz« sein, die Teilimages des Gesamtimages sollen das jugendliche, weltoffene und heitere, tolerante München einerseits, das gemütliche, lebensfrohe, traditionelle und folkloristische, das höfische, prunkvolle, künstlerische München andererseits und schließlich das freizeitbetonte, landschaftsverbundene, naturnahe München repräsentieren. Dementsprechend sollen sich die Bereichsimages, etwa das Image Schwabings, dem Gesamtimage eingliedern.[8] Wenn man davon absieht, daß es sich hier um werbepsychologische Verzerrungen des eigentlichen Stadtimages und seiner Teile handeln kann, um unlautere Wunschvorstellungen der Imageplaner, so illustriert dieses Beispiel doch anschaulich die verschiedenen Aspekte des Stadtimages, die bei jeder Behandlung der Imagefrage berücksichtigt werden müssen.

Struktureller Aspekt

Das Stadtimage setzt sich aus Teilimages unterschiedlicher Strukturen zusammen. Begriffe wie Kurstadt, Industriestadt oder Universitätsstadt deuten schon darauf hin; normalerweise aber ist das Gesamtimage einer Stadt eine Mischung unterschiedlicher struktureller Teilimages.[9]
So hat beispielsweise Stuttgart zweifellos ein Image als Industriestadt, geprägt von Firmennamen wie Daimler Benz, Bosch, IBM, Porsche oder Kodak, gleichzeitig aber auch den Ruf einer Verlagsstadt. Lange Zeit verschaffte John Crankos Ballett Stuttgart weltweit den Ruf einer Theater- und Kunststadt bei Ballettfreunden, während für viele Architekten und Planer sich mit Stuttgart noch der Begriff der alten »Stuttgarter Schule« verknüpft. Ebenso aber bilden architektonische und städtebauliche Elemente ein Teilimage des Stadtimages, das in Fällen wie Rothenburg o. T. oder Venedig dem Stadtimage sogar gleichzusetzen ist. Zu den Faktoren

7 Vgl. hierzu auch Teil I dieser Arbeit.
8 Vgl. F. Lenz-Romeiss, a.a.O.
9 Vgl. K. Zimmermann, Image-Konzept und Stadtentwicklungsplanung, in: Archiv für Kommunalwissenschaften, H. XI, 1972.

dieses Teilimages gehören architektonische Elemente wie die Fassadengliederung, die Farbgebung; Architekturobjekte, Denkmäler, denkmalgeschützte Gebäude, aber auch besonders herausragende Neubauten; Straßenzüge wie der Kurfürstendamm oder die Champs Elysées, Kirchen wie Notre-Dame, die Gedächtniskirche oder die Frauenkirche; bestimmte Gegenden wie St. Pauli, Schwabing oder Montmartre; bestimmte Ereignisse wie der Fischmarkt in Hamburg, der Flohmarkt in Paris oder das Oktoberfest in München und städtebauliche Elemente wie die topographische Situation etwa Stuttgarts, Innsbrucks oder Amsterdams und städtebauliche Strukturelemente wie »eng«, »offen« und dergleichen mehr. Diese Teilimages des Stadtimages befinden sich in ständiger Veränderung; mit dem Niedergang eines Industriezweiges kann beispielsweise das Wirtschaftsimage umschlagen, mit der Veränderung in der personellen Besetzung eines Orchesters oder eines Balletts kann eine Stadt ihren Ruf als Kunst- und Theaterstadt verlieren.

Zeitaspekt des Images

Damit ist das Image nicht nur von den imagebildenden Individuen her keine unveränderliche Konstante[10], sondern situations- und persönlichkeitsbestimmten Veränderungen unterworfen und auch von der objektbestimmten Seite her variabel. Darüber hinaus hat das Stadtimage, wie Lynch es darstellte[11], einen Vergangenheits-, Gegenwarts- und einen Zukunftsaspekt, die je nach Stadt unterschiedlich gewichtet werden können. So kann man heute versucht sein, Hamburg trotz seiner Vergangenheit einen starken Gegenwartsaspekt, Berlin einen unsicheren Zukunftsaspekt, München einen starken Vergangenheits-, Gegenwarts- und Zukunftsaspekt zuzuordnen. Städte, die dabei einen ausgesprochen einseitigen Zeitimageaspekt haben, sind unter Umständen nicht im Image- und damit Stadtentwicklungsgleichgewicht. Diese Zeitaspekte des Images sind bisher noch wenig untersucht worden und können hier nur angedeutet werden; da jedoch das Image als Kompaß, als Leitvorstellung für das Handeln und Reagieren der Einwohner wie der Fremden dient[12], muß das Image trotz aller Veränderungen eine gewisse Beständigkeit besitzen und wo immer möglich Vergangenheits-, Gegenwarts- und Zukunftsaspekte beinhalten.

Vom Ist-Image zum Soll-Image

Über die konstituierenden Dimensionen des Images gibt es verschiedene Arbeiten, von denen hier nur die von Boulding und Joachim Franke angeführt seien. Boulding[13] formuliert zehn Image-Dimensionen, die von der räumlichen Dimen-

---

10 Vgl. J. Franke, Ein Versuch zur wissenschaftlichen Fundierung der Stadtgestaltung, in: Aufgaben und Methoden der Stadtgestaltung, Stuttgart 1974.
11 Vgl. K. Lynch, What time is this place?, Boston 1972.
12 Vgl. H. L. Zankl, Image und Wirklichkeit, Osnabrück 1971.
13 Vgl. K. E. Boulding, The Image, Ann Arbor 1956.

sion des Images bis zur Dimension der Repräsentativität eines Stadtimages reichen. Grundsätzlicher arbeitet Franke[14], wenn er auf der dreifachen Determiniertheit des Images als objektbestimmtes, persönlichkeitsbestimmtes und situationsbestimmtes intersubjektives Abbild der Wirklichkeit aufbaut. Von seiten der Stadtentwicklung her wird dabei die objektbestimmte Dimension des Stadtimages veranlagt; außerdem ist die situationsbestimmte Dimension von ihr teilweise mit beeinflußt. Ebenso wird durch die Stadtentwicklung die Veränderung von Teilimages beeinflußt. Damit ergibt sich die Möglichkeit, das Stadtimage als konkrete Leitvorstellung des Einzelnen bei seinen täglichen Entscheidungen bewußt zu entwickeln und zu verändern. Wenn sich auch die Methode der Imageanalyse und der Imageplanung noch mehr oder weniger im Versuchsstadium befindet, so gibt es doch eine Reihe interessanter Arbeiten, aufgrund deren sich die operationale Eingliederung der Stadtimageplanung in die Stadtentwicklungsplanung skizzieren läßt.

Erhebung des Ist-Images

Der erste Schritt der Stadtimageplanung besteht in der Erhebung des Ist-Images. Dieses ist nichts anderes als das zur Zeit der Untersuchung bei den Einwohnern eines Planungsraumes wie bei Fremden, die ihn mehr oder weniger gut kennen, vorhandene Image. Damit hat das Stadtimage zwei Aspekte, die gesondert erfaßt werden müssen: das Eigenimage eines Untersuchungsgebietes, das durch Erhebungen bei einem repräsentativen Querschnitt der Bewohner des Untersuchungsgebietes erfaßt wird, und das Fremdimage, das durch Erhebungen bei repräsentativen Querschnitten außerhalb des Untersuchungsraumes in verschiedener Entfernung lebender Personen erhoben wird.[15] Dieses Ist-Image des gesamten Planungsraumes etwa einer Großstadt muß dann durch die Erhebung von Images von Teilbereichen, etwa einzelner Stadtbereiche, präzisiert werden. Auch dabei muß man das Eigen- und das Fremdimage des jeweiligen Stadtbereiches zunächst je für sich erheben und dann überlagern. Für die Erhebung dieser Imagekategorien verwendet man gegenwärtig Fragebögen, Assoziationstests sowie Interviews mit ausgewählten Persönlichkeiten. Während bei den meisten bisherigen Arbeiten das Befragungsinstrument das gleiche ist, differieren die Fragen selbst in nicht geringem Umfang und damit auch die Aussagenkategorien des Stadtimages. So kann man als Imagefaktor unter anderen den Prestigewert einer Stadt, den Erlebniswert, den Gesundheitswert, den Bildungswert, den Geselligkeitswert, den Einkaufswert, den Wohnungswert, den Einkommenswert und den Mobilitätswert[16] erheben. Rainer Mackensen hat diese Imagewerte eingehend untersucht, präzisiert und am Beispiel Berlins überprüft[17]; mit ähnlichen Kate-

14 Vgl. J. Franke, a.a.O.
15 Vgl. K. Ganser, Image als entwicklungsbestimmendes Steuerungsinstrument, in: Stadtbauwelt, H. 26, 1970.
16 Vgl. R. Antonoff, a.a.O.
17 Vgl. R. Mackensen, a.a.O.

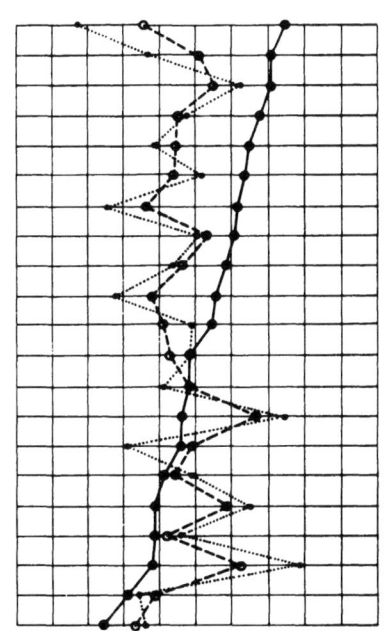

18 Imagevergleich zwischen Heidelberg, Karlsruhe und Mannheim (Aus einem Stadterneuerungskonzept für Heidelberg von Dipl. Ing. Baake u. a.)

gorien hat Karl Ganser bei einer Befragung neu zugezogener Einwohner in München gearbeitet.[18] Eine detailliertere Erhebung fragt nach Eigenschaften wie freizeitbetont, rückständig, lebenslustig, hektisch, charmant, mondän, spießig und dergleichen mehr, wie Karl Ganser es für München im Vergleich mit Frankfurt und Hannover getan hat.[19] Die präzisesten Imageanalysen werden jedoch gegenwärtig mit Hilfe von Fragekategorien erreicht, wie sie Joachim Franke zur Erhebung der Qualität von Wohngebieten entwickelt hat und die aus Eigenschaftspaaren wie aufgelockert/dicht, häßlich/schön, eintönig/vielfältig, gepflegt/schäbig, grau/farbig, öde/anziehend bestehen.[20] Mit diesen unterschiedlichen Fragekatego-

18 Vgl. K. Ganser, a. a. O.
19 ebd.
20 Vgl. J. Franke, Wie wirken Wohnsiedlungen? in: Umschau, H. 21, 1973.

rien, die vom Prestigewert einer Großstadt bis zum Gepflegtheitsgrad eines Siedlungsteiles gehen können, sind die unterschiedlichen Aussageebenen angedeutet, die die Erhebung des Ist-Images beinhalten kann. Für die Operationalisierung der Stadtimageplanung bedeutet das, daß diese im ersten Arbeitsschritt das Ist-Image des Untersuchungsraumes einmal für den Gesamtraum, zum anderen für einzelne Teile desselben erheben muß. Außerdem sollte die Untersuchung mindestens zwei der angedeuteten Aussageebenen umfassen.

Planung des Soll-Images

Die Ermittlung des Ist-Images ist auf der Grundlage der Bewertung dieses Images die Basis für die Formulierung des Soll-Images und damit der Ausgangspunkt für die Formulierung von Stadtentwicklungszielen. Das Stadtimage ist nichts anderes als der sichtbare Ausdruck der angestrebten Stadtentwicklung. Ergibt die Erhebung des Ist-Images eine Reihe von Imageinhalten, die aufgrund ihrer Bewertung geändert werden müssen, so muß es zum Soll-Image gehören, ein vielfältiges, lebendiges, attraktives Erscheinungsfeld des öffentlichen Raumes zu repräsentieren – dieses aber muß erst durch die Stadtentwicklungsplanung und ihre Realisierung tatsächlich aufgebaut werden. Erst dann wird aus dem Soll-Image das zukünftige angestrebte Ist-Image. Der Entwicklung des Soll-Images geht die Interpretation und Bewertung des erhobenen Ist-Image voraus. In der Interpretation des Ist-Images wird versucht, die objektbestimmten Faktoren zu analysieren, die dem analysierten Stadtimage zugrunde liegen, beispielsweise die einzelnen tatsächlichen Faktoren herauszufinden, die zu einer guten oder schlechten Bewertung des Stadtbildes geführt haben. Daran schließt sich die Phase der Bewertung des Ist-Images aufgrund klar formulierter Ziel- und Wertvorstellungen; diese kann unter Umständen ergeben, daß das geringe Maß an Dynamik und Wirtschaftskraft, das vielleicht in einer Testimageanalyse scheinbar negativ in Erscheinung tritt, im Grunde eine positive Eigenschaft des Soll-Images ist. Die Bewertungsergebnisse des Ist-Images bilden dann die Grundlage des Soll-Images.

Durch bewußte Planung der Eigenschaften der Stadt, die für das Image von Bedeutung sind, kann eine Veränderung des Images im Bewußtsein der Bewohner wie der Fremden erreicht werden – vorausgesetzt, man macht beiden Gruppen die tatsächliche Veränderung auch bewußt. Damit stellt das Soll-Image das Leitbild für die Stadtentwicklungsplanung dar, nach dem sich die konkreten Stadtentwicklungsmaßnahmen richten, wie die Maßnahmen zur Stadtgestalt, zur Investitionspolitik, zur Freizeitentwicklung und dergleichen mehr. Mit dem Vollzug dieser Maßnahmen und ihrem Eindringen in das Bewußtsein der Einwohner wie der Fremden wird allmählich aus dem angestrebten Soll-Image der Stadtentwicklungsplanung – das nichts anderes ist als ein Hilfsinstrument der Stadtentwicklungsplanung – das neue Ist-Image, das Ziel jeder Imageplanung.[21] Dieses Soll-Image,

---

21 Vgl. K. J. Krause, Imageanalyse in der Stadtentwicklungsplanung, vervielfältigtes Typoskript, o. O., o. J.

das von Stadt zu Stadt variieren wird, sollte daran gemessen werden, ob es aktivierend, lebendig, gut strukturiert und entwicklungsfähig ist; gefährlich können Imageeigenschaften wie starr, lähmend, erschöpfend und nicht entwicklungsfähig sein, Eigenschaften, die gegenwärtig beispielsweise manchmal Regensburg oder Venedig zugemessen werden.[22] So muß darauf geachtet werden, daß die Imageinhalte in den Eigenschaften der jeweiligen Stadt sachlich begründet sind, daß sie nicht alltäglich, beständig, aber dennoch langfristig wandlungsfähig sind, dabei anregend und ehrlich. Damit ergeben sich als Planungsparameter für das Soll-Image Qualitäten wie Stadtbezogenheit, Einmaligkeit, Beständigkeit, Wandlungsfähigkeit, Sachlichkeit und andere.[23] Dabei ist wohl gegenwärtig das individuelle Stadtimage, der Ausdruck der jeweiligen Individualität einer Stadt, das Hauptziel jeder Stadtimageplanung. So wie jeder Mensch seine eigenen Gesichtszüge bekommt und entwickelt, so wie Mode zur Betonung der Individualität und nicht zur Uniformisierung dienen sollte, so dürften beispielsweise architektonische Modeströmungen nicht die Stadtindividualität überdecken. Verschiedene Städte sind nur dann verschieden, wenn sie einen verschiedenen Charakter, einen unterschiedlichen »genius loci« haben, der schon im Eigen- wie im Fremdimage spürbar wird. Gerade große Städte wie London, Paris, Moskau oder Peking sind durch ihren spezifischen Charakter, ihr Image im eigentlichen Sinne geprägt. Wichtigstes Kriterium für ein Stadtimage ist daher zunächst, ob und wieweit es sich von anderen vollständig oder graduell unterscheidet und in welcher Weise.[24] Zwischen Soll-Image und Stadtentwicklung besteht eine neue Wechselwirkung; die Stadtentwicklungsplanung muß anstreben, dem anerkannten Soll-Image zu entsprechen. Das Soll-Image muß mit Zielen der Stadtentwicklungsplanung übereinstimmen, Ausdruck der Eigenschaften einer Stadt sein, die sie entwickeln soll – nur dann ist es ein seriöses Stadtimage. Insoweit steht es in direkter Abhängigkeit von den Zielen des komplexen Feldes der Stadtentwicklungsplanung mit dessen einzelnen Bereichen.

Seriöses und unseriöses Stadtimage

Wesentlich ist, daß die Imageplanung nicht nur die positiven, sondern auch die negativen Faktoren sowohl bei der Analyse des Ist-Images als auch bei der Planung des Soll-Images berücksichtigt. Image-Planung als Teil der Stadtentwicklungsplanung kann nicht bedeuten, daß man den eigenen Einwohnern wie den Fremden ein verzerrtes oder falsches Wunschbild dessen vorgaukelt, was die Stadt gerne sein möchte, sondern daß man zeigt, welche Stärken und Schwächen eine Stadt heute hat und welche sie morgen haben wird. Die ideale Stadt wird es nie geben, also muß man sie auch nicht vortäuschen; und so werden auch die besten Städte ihre

---

22 Vgl. C. Norberg-Schulz, Existence, Space and Architecture, New York 1971.
23 Vgl. K. Lynch, a.a.O.
24 Vgl. R. Antonoff, a.a.O.

Stärken und Schwächen haben, die im Stadtimage offengelegt werden sollten. Das Image wird erst dann in kommunaler Hand dem pervertierten Werbedenken der »Imagepflege« entrissen, wenn die Städte das wahre Image, ihre Stärken und Schwächen sich selbst ebenso eingestehen wie anderen und ständig bewußt machen; auch die Schwächen, die aufgrund des Soll-Images und der Konsequenzen der angestrebten Stadtentwicklung die Stadt vielleicht in zehn Jahren haben wird. Eines vergessen heute allzu viele Stadtväter: Städte sind trotz allem gegenteiligen Anschein keine Wirtschaftsunternehmen, sondern die Vertreter des öffentlichen Interesses. Nur dann, wenn die Stadtimages ein Bezugssystem darstellen, an dem man sich orientieren kann, dem gegenüber man seine eigene Position, seine eigene Einstellung und sein eigenes Verhalten definieren kann, erfüllen sie die wichtige Funktion der Entscheidungsgrundlage für das Individuum. Das aber setzt voraus, daß diese einzelnen Stadtimages so wahrheitsgetreu wie möglich sind. Nur dann können sie nicht als heimliche Mittel bewußter und unbewußter Manipulation mißbraucht werden. Die Gefahr ist immer wieder groß, daß versucht wird, das Stadtimage nur durch werbetextliche Mittel – und nichts anderes – zu verändern, im Sinne des »Wie verkauft man seine Stadt?«[25] Stadtslogans wie »Partner der Welt« oder »Weltstadt mit Herz« sind angesichts erdrückender Luftverschmutzung, wachsenden Verkehrschaos' oder zunehmenden Verlustes der Stadtindividualität nicht nur eine Lüge, sondern führen sich selbst auf die Dauer gesehen ad absurdum. Die tatsächliche Attraktivität einer Stadt ändert sich nur durch tatsächliche Maßnahmen, und eine sinnvolle Imageplanung ist zwingend mit Stadtentwicklungsmaßnahmen verknüpft.[26] Und vor einer Illusion muß schließlich gewarnt werden: daß eine Imageuntersuchung, etwa die Erhebung des Ist-Images einer Stadt, nur dann sinnvoll ist und war, wenn sie für die Verantwortlichen ganz neue Erkenntnisse bringt. Hier gilt im Gegenteil, daß eine Imageanalyse nichts anderes leistet, als mehr oder minder vertraute Erfahrungen, die die Verantwortlichen bewußt oder unbewußt kennen, aber oft nicht artikulieren können, exakt zu bestätigen und so handfestes Material für zukünftige Planungsentscheidungen zu erarbeiten.

2.2 Ziele der Stadtgestaltung

Allmählich erreicht heute die Stadtplanung einen Zustand, in welchem die grundlegenden funktionalen und technischen Probleme der Stadt als lösbares Einmal-

---

25 »Zu diesen Qualitätsmerkmalen der Wohnortgunst gehört auch die Stadtgestalt (und eben das dadurch mitbestimmte Image einer Stadt), die damit in einer Wirtschaftsphase, in der die Arbeitnehmer, besonders die qualifizierten, immer stärker vom Objekt zum Subjekt der industriellen Standortwahl werden, auch zu einem beachtlichen Wirtschaftsfaktor wird.« M. Schneider, T. Sieverts, Zur Theorie der Stadtgestalt, in: Stadtbauwelt, H. 26, 1970.
26 H. Becker, D. Keim, Wahrnehmung in der städtischen Umwelt, Berlin 1972.

eins der Stadtplanung vorausgesetzt werden sollten.[1] Jedoch: Nur selten geschieht mehr als das. Das ist bedauerlich, denn nötig wäre auf dieser Basis die Auseinandersetzung der Stadtplanung mit tieferliegenden Problemen, etwa denen, die aus den heute noch weitgehend unbefriedigten psychischen Bedürfnissen der Stadtbewohner erwachsen. Bewußte Ansätze zeigen heute aber nur städtebauliche Projekte, deren Realisierung von ihrer Attraktivität für die zukünftigen Bewohner abhängt, wie Wohlstandsoasen in Reston (USA), Satellitenstädte für eine technokratische Oberschicht wie Parly II (Paris) oder exklusive Feriensstädte wie Port la Grimaud (Südfrankreich). Warum aber orientieren nur solche städtebaulichen Projekte sichtbar auf die Befriedigung psychischer Bedürfnisse? Nur weil überall sonst wirtschaftliche Gründe dem entgegenstehen? Auch dem wohlwollendsten Beobachter muß das unglaubhaft erscheinen – und den Betroffenen erst recht. Ist es nicht viel eher eine Frage der Wertung dieser Aspekte im Bewußtsein aller Beteiligten?

Stadtgestaltung und Stadtentwicklungsziele

Auf der Planungsebene der Stadtentwicklung werden die Entscheidungen getroffen, die die langfristige Zukunft der Gemeinden bestimmen. Diese Entscheidungen bestehen aus der für eine bestimmte Gemeinde relevanten und von ihr politisch mitbestimmten Wahl zwischen möglichen Alternativen der zukünftigen Stadtentwicklung. Stadtentwicklungsziele sind damit politische Handlungsziele, die von Wertvorstellungen bestimmt werden, die die jeweilige Gesellschaft kennzeichnen. Sie beruhen auf gesellschaftlichen Wertvorstellungen und werden zur langfristigen Basis der täglichen Entscheidungen einer Stadtverwaltung, die das Schicksal einer Stadt in erheblichem Umfange bestimmen. So stellen Stadtentwicklungsziele im eigentlichen Sinne das politische Programm einer Stadt dar und beeinflussen das Investitionsprogramm, die Wirtschaftsförderung oder das Sozialkonzept einer Stadt ebenso wie die eigentliche Bauleitplanung. Damit sind Stadtentwicklungsziele die erklärten Zielsetzungen einer Gemeinde für ihre weitere Entwicklung und insofern die Grundlage für das Stadtentwicklungsprogramm, die einzelnen Fachplanungen und schließlich die Stadtplanung im herkömmlichen Sinne. Innerhalb der Stadtentwicklung – wie in der Stadtplanung allgemein – ist es die Aufgabe der Stadtgestaltung, die immateriellen, transfunktionellen Ansprüche der Menschen an die urbane Umwelt zu vertreten und diesen neben den wirtschaftlichen, rechtlichen, sozialen, verkehrsplanerischen und politischen Faktoren Geltung zu verschaffen. So müssen Zielvorstellungen der Stadtgestaltung erarbeitet werden, die zumindest gleichwertig neben fachlichen Entwicklungszielen der Stadtentwicklung aus dem Wirtschaftsbereich, dem Verkehrswesen, dem Wohnungswesen, dem Bildungswesen und dem Sozial- und Gesundheitswesen stehen und gleichermaßen berücksichtigt werden. Das bedeutet, daß die Stadt-

---

[1] Vgl. A. Mander, Gestaltung, Dekor und Kunst in der Straße, in: Deutsche Bauzeitung, H. 1, 1972.

19 Städtebauliche Attraktivität
   nur in Wohlstandsoasen?

gestaltung in interdisziplinärer Zusammenarbeit mit relevanten Wissenschaftszweigen aus den Erwartungen, Wünschen und Verhaltensweisen der Menschen in ihrer Umwelt die Forderung herauskristallisieren muß, denen mit städtebaulichen Mitteln Rechnung getragen werden kann – Forderungen der Menschen an ihre urbane Umwelt, die zu Zielsetzungen der Stadtgestaltung werden.

Wert- und Zielvorstellung der Stadtgestaltung

Stadtgestaltung arbeitet in der Stadtplanung; Planung ist im Grunde nichts anderes als das Setzen von Zielen und die Ermittlung sowie Anwendung von Maßnahmen, durch die diese Ziele realisiert werden können. Damit ist die Zielsetzung, das Bestimmen von Zielen einer beabsichtigten Handlung, eine unumgängliche Komponente der Planung.[2] Zielsetzung aber ist nichts anderes als die Bewertung verschiedener alternativ möglicher zukünftiger Zustände. Ziele der Stadtgestaltung sind also Werte, die die Menschen in ihrer urbanen Umwelt erwarten oder erwarten könnten, und die zu Zielsetzungen der Stadtgestaltung werden, wenn sie als Gruppenwertungen oder intersubjektive Zielsetzungen aus subjektiven Einzelzielvorstellungen entwickelt werden können. Wertvorstellung wird also hier als Gegenstand des Bedürfnisses eines oder mehrerer Subjekte hinsichtlich der zukünftigen Eigenschaften bestimmter Objekte, hier des öffentlich-urbanen Raumes, aufgefaßt. In diesem Sinne umfassen Wertvorstellungen der Stadtgestaltung alle »Bedürfnisobjekte«, wie etwa das Bedürfnis nach Anregung durch die Umwelt oder andere Bedürfnisse, die mit städtebaulichen Mitteln zu befriedigen sind. Subjektive Wertvorstellungen bestimmen die Art und Weise, in der eines oder mehrere Subjekte auf die vorhandene Umwelt reagieren, und damit das, was sie von ihr erwarten. So ist es beispielsweise verständlich, wenn Individuen mit einer Wertkonfiguration, die durch hohe ästhetische und religiöse Wertvorstellungen gekennzeichnet ist, im allgemeinen mehr konservative Wertvorstellungskategorien der Umwelt gegenüber entwickeln, während Individuen mit niedrigen ästhetischen und religiösen Ansprüchen Umweltveränderungen aufgeschlossener gegenüberstehen.[3] Wertvorstellungen werden in einem ständigen Wechselprozeß zwischen dem Menschen und seiner Umwelt gebildet und verändert; diese Wechselbeziehung wird durch die kulturelle, soziale, funktionelle und räumliche Struktur der Umweltsituation sowie die psychische Eigenart eines Individuums bestimmt.

2 Zum Problem der Zielsetzungen in der Stadtplanung: Vgl. P. Dietze, Die Bewertung von Alternativen im Prozeß der städtebaulichen Planung, vervielfältigtes Manuskript, Stuttgart 1970.
3 »(...) a values configuration characterized by high aesthetic and religious values, and low theoretical, political and economic values, tends to be associated with a more conservative attitude towards environments. Conversely, high theoretical, political and economic values, and low aesthetic and religious values indicate more progressive views, and a readiness to accept, or even welcome substantial environmental change.« A. Waterhouse, Dominant Values and Urban Planning Policy, in: Journal of the Town Planning Institute, Vol. 57, Nr. 1, 1971.

Psychische Eigenarten, die mehreren Individuen gemeinsam sind, sind gruppenpsychische Eigenarten. Ist ein repräsentativer Gruppenquerschnitt für einen bestimmten Stadtbereich ermittelbar, so lassen sich für die repräsentativen Gruppen – diejenigen, denen die Stadt gehört – gruppenpsychische Eigenarten definieren, die Bedürfnisse dieser Gruppen darstellen. Diese Bedürfnisse werden zu Zielsetzungen der Stadtgestaltung. So sonderbar es scheinen mag: Der Zielfindungsprozeß als interdisziplinärer Ansatz, unter der Beteiligung der Betroffenen, wissenschaftliche Ziele der Stadtgestaltung zu entwickeln, hat erst begonnen. Die Anregung sowie Weiterverfolgung solcher interdisziplinären Untersuchungen ist daher gegenwärtig eine der wichtigsten Aufgaben der Stadtgestaltung, wenn sie nachvollziehbare Begründungen für Entscheidungen liefern will, die die Stadtgestalt beeinflussen. So selbstverständlich die Frage nach den Zielsetzungen der Stadtplanung, die aus den Bedürfnissen der Menschen resultieren, auch sein mag, so gering und wenig gesichert sind aber heute noch solche Forderungen. Sicher gibt es Ansätze zur Entwicklung von Bewertungs- und Entwurfskriterien für eine menschengerechtere Umweltgestaltung, die Antworten auf die Frage suchen, welchen intersubjektiv gültigen Zielvorstellungen die urbane Umwelt entsprechen sollte, um die sozialen und psychischen Bedürfnisse der Stadtbewohner zu befriedigen. Doch bisher finden sich nur wenig gesicherte Kriterien, die als Ziele der Stadtgestaltung gelten könnten; eine Untersuchung über die Ziele städtebaulicher Gestaltung in den sechziger Jahren spiegelt diese »Achillesferse« gegenwärtiger Stadtplanung nur allzu deutlich wider.[4] Wenn sich auch Forderungen wie nach Lebendigkeit, Vielfalt, Ideenreichtum oder formaler Qualität herauskristallisieren lassen, die in konkreten Gestaltungsgrundsätzen und regelhaften gestalterischen Detailforderungen präzisiert werden, so fehlen doch meist rational nachvollziehbare, empirisch belegte Begründungen für diese Forderungen, die sie durch den Nachweis intersubjektiver Gültigkeit in den Rang von Zielsetzungen der Stadtgestaltung erheben könnten.[5] Man kann als Zielsetzung der Stadtgestaltung etwa eine vielfältige, angenehme, ablesbare, bedeutungsvolle und entwicklungsfähige Stadtlandschaft anstreben, indem man sich fragt, wo der Geräuschpegel ein tolerierbares Maß übersteigt, wo zwei Hauptstraßen visuell nicht voneinander unterscheidbar sind oder wo wesentliche öffentliche Informationen unlesbar sind.[6]

Die Anregung sowie Weiterverfolgung solcher interdisziplinärer Untersuchungen ist gegenwärtig eine der wichtigsten Aufgaben der Stadtgestaltung. Zu den Zielen oder Zielgruppen der Stadtgestaltung läßt sich eine Reihe von Vorstellungen und Erwartungen rechnen, die die Bewohner an eine attraktive urbane

---

4 »Die Suche nach gestalterischen Grundprinzipien für den Entwurf von Wohnbauten und Wohnvierteln fördert keinen gültigen Maßstab zutage, zumindest keine von der Mehrheit aller Fachleute anerkannte gestalterische Wertordnung.« P. Breitling, Die Stadt verbalisiert, in: Baumeister, H. 7, 1970.

5 »The criteria for city design which it can provide are as yet meager and uncertain.« K. Lynch, City Design and City Appearance, in: Principles and Practice of Urban Planning, Washington 1968.

6 K. Lynch, a. a. O.

Umwelt knüpfen können. Dazu gehört die Orientierung mit ihren unterschiedlichen Aspekten, das Heimatgefühl als das Sich-zu-Hause-Fühlen wie dessen Gegenstück, das Sich-in-der-Fremde-Fühlen. Ebenso gehört dazu die Förderung zwischenmenschlicher Kommunikation, die Erhaltung baulicher Kontinuität, die Steigerung der Attraktivität gebauter Umwelt, die Darstellung von Bedeutungen im Sinne ihrer Transparenz, etwa durch Repräsentativität, und nicht zuletzt die Befriedigung ästhetischer Bedürfnisse durch das Bemühen um Schönheit – so zeitbedingt die jeweilige Norm auch sein mag.[7] Einige dieser Ziele der Stadtgestaltung sind im folgenden beschrieben.[8]

Notwendigkeit der Orientierung

Die Zielsetzung Orientierung bedeutet für die Stadtgestaltung, die Möglichkeit zielbewußter Bewegung in einer Stadt oder ihren Teilen zu schaffen. Wesentlich für das psychische Sicherheitsgefühl eines Menschen in der Stadt ist die Orientierungsmöglichkeit nicht nur an Straßenschildern und Hausnummern, sondern auch an Formen, Farben, Proportionen der Plätze und Straßenfolgen oder einzelnen Elementen wie Türgriffen, Baumgruppen oder Kirchturmspitzen. Mehr oder weniger ausgeprägt sind Wahrnehmungsinhalte der städtischen Umwelt Quellen psychischer Sicherheit oder Unsicherheit. Die Möglichkeit der Orientierung in einer Umwelt schafft ein ausgeprägtes Bewußtsein gefühlsmäßiger Sicherheit, während der Verlust der Orientierung ein Gefühl der Angst hervorrufen kann (Verirren). Bei der Orientierung,

»dem Prozeß des Sich-Zurechtfindens besteht das strategische Hilfsmittel in der Vorstellung von der Umgebung, in dem allgemein geistigen Bild, das sich eine Person von der äußeren Welt der Erscheinungen macht.«[9]

Wer beispielsweise beabsichtigt, ein bestimmtes Geschäft in einer Stadt aufzusuchen, wird sich eine Vorstellung der einzuschlagenden Wegfolge aufbauen, nicht etwa primär abstrakt nach Straßennamen, sondern vorstellungsmäßig, bildlich, da er sich vornimmt, zuerst in die X-Straße zu fahren – deren Erscheinung, Nutzungscharakter und individuelle Bedeutung ins Gedächtnis zurückgerufen wird – bis zu der »Ecke mit Litfaßsäule, biege da links ab, fahre bis zur Polizeiwache im gelben Haus usw.«. Man erinnert sich also an ein früher aufgebautes zusammenhängendes System von Erscheinungen, Inhalten und Bedeutungen, aus denen man seinen Geh- oder Fahrplan aufbaut – »Wie komme ich dort-

---

[7] Solche und andere mögliche Ziele der Stadtgestaltung, wie sie hier ungeordnet und ungewichtet dargestellt werden, finden sich in dem Kolloquiumbericht »Ziele der Stadtgestaltung«, Städtebauliches Institut der Universität Stuttgart, Stuttgart 1973.
[8] M. Trieb, Ziele der Stadtgestaltung, in: Stadtbauwelt H. 35, 1972.
[9] K. Lynch, Das Bild der Stadt; Berlin 1965.

hin?«[10] Die geordneten Bezugsmittel zu unserer Umgebung, über die wir heute verfügen – Koordinaten, Zahlensysteme oder Straßennamen – reichen dafür nicht aus, so wichtig sie auch für eine Erstorientierung sein mögen. Die zielbewußte Bewegung in räumlichen Kommunikationssystemen setzt die Einprägung ganzer Folgen unverwechselbarer Einzelheiten im Bewußtsein des Beobachters voraus, die mental miteinander verknüpft werden können. Aus diesen Einzelheiten baut sich das Individuum ein Bezugssystem auf, in dem es handeln kann und dessen Änderung oder Erweiterung ihm einen weiteren Lernprozeß ermöglicht, solange nicht das ursprüngliche Bezugssystem ganz ausgelöscht wird; Zielsetzung der Stadtgestaltung ist es, die Voraussetzungen für diese Orientierung zu schaffen.

Sinn der Heimat

Heimat zu schaffen oder zu erhalten als Zielsetzung der Stadtgestaltung bedeutet, soweit städtebaulich möglich, Voraussetzungen für die psychische Identifikation des einzelnen mit seiner Umwelt zu schaffen. Stets, wenn auch oft unfreiwillig, bilden sich zwischen dem Menschen und seiner Straße, seinem Viertel gefühlsmäßige emotionale Beziehungen, die positiv oder negativ bewertet werden, je nach der persönlichen Beziehung des einzelnen zu seiner Umgebung. Dem Individuum Gelegenheit zu geben, zu verschiedenen Stadtvierteln unterschiedliche persönliche Beziehungen zu gewinnen, hängt nicht zuletzt von städtebaulichen Maßnahmen ab; wenigstens soweit sie auf städtischen Funktionen und deren Erscheinung gegründet sind. Hier kann Stadtgestaltung es sich zum Ziel setzen, die städtebaulichen Voraussetzungen zu schaffen, die es dem einzelnen ermöglichen, von der Nutzung, der Funktion und der Erscheinung her sich jenes Geflecht emotionaler Beziehungen aufzubauen, das manchmal Heimatgefühl genannt wird.[11] Die Sozialpsychologie vertritt die Forderung,

»daß in unserer Umwelt für die Phantasie jener Platz gewonnen werden muß, der notwendig ist, um ein emotional begründetes Wechselspiel zwischen dem Menschen und seiner gebauten Umwelt herzustellen«[12]

und dies deshalb, weil die Übereinstimmung der äußeren Welt, der realen Umwelt, mit der in der Phantasie imaginierten ein bemerkenswerter Faktor des psychischen Gleichgewichtes ist. Die Forderung, die Umwelt müsse Spielraum für die Phantasie bieten, ist dabei nicht nur eine psycho-hygienische Zielsetzung, sondern darüber hinaus die Voraussetzung für die Entfaltung städtischer Kommunikation. Anders ausgedrückt:

---

10 Eine anschauliche Untersuchung der Orientierungsprobleme in einer Großstadt findet sich bei J. Pailhous, La Representation de l'Espace Urbain, Paris 1970.
11 Vgl. F. Lenz-Romeiss, Die Stadt-Heimat oder Durchgangsstation, München 1970.
12 Vgl. H. Berndt; A. Lorenzer; K. Horn, Architektur als Ideologie, Frankfurt a. M. 1968

»Wenn die gebaute Stadtumwelt angemessen ist, weil sie dem Phantasiebedürfnis der einzelnen entspricht, dann wird ein persönliches, effektiv lebendiges Engagement möglich.«

Eine öde, monoton-phantasielose Umwelt dagegen zwinge das Individuum in eine Abwehrstellung:

»Eine Straße mit einer langen stereotypen Reihung gleichartiger Häuser ist keineswegs eine gestaltneutrale Straße, sie ist vielmehr für das Erleben hochwirksam durch ihre ermüdende Monotonie, die als kalt, anonym, abweisend und verwirrend ortlos empfunden wird.«

Die Bedeutung der Umweltwahrnehmung wird noch dadurch vermehrt, daß es dabei um Eindrücke geht, denen sich niemand entziehen kann und die in einer ständigen Eindruckskette über die Sinnesorgane einwirken. Die Forderung nach der Möglichkeit emotionaler Wechselbeziehungen zwischen dem Menschen und seiner Umwelt heißt also, die Voraussetzungen für die Entwicklung persönlicher Beziehungen zwischen dem einzelnen und seiner Umwelt zu schaffen; diese Wechselbeziehungen müssen zumindest von der Umwelt her möglich sein; das aber stellt eine Reihe von Anforderungen an diese. Emotionale Wechselbeziehungen sind die Voraussetzung für die psychische Identifikation des einzelnen mit seiner Umwelt, die sich, ob positiv oder negativ, herstellen muß. Ziel der Stadtgestaltung ist es also, in der Umwelt die notwendigen Voraussetzungen für solche Wechselbeziehungen, etwa für das »Heimatgefühl«, zu schaffen.

Bedürfnis nach Anregung

Unbewußt und bewußt beurteilt der Passant die Straße, in welcher er geht, auch danach, wieviel Abwechslung, Anregung und Information sie ihm vermitteln kann, insbesondere bei wiederholtem Durchqueren. Diesem Beurteilungsmaßstab entspricht ein grundlegendes Bedürfnis des Menschen, die Möglichkeit zu haben, in seiner Umwelt Neues erfahren zu können, wenn ihm danach zumute ist. Fehlt die Möglichkeit, dann wird der abendliche Spaziergang zur Pflichtübung und die tägliche Umgebung wird monoton. Neueren Forschungsergebnissen zufolge ist das Interesse der Wahrnehmenden ein Äquivalent zu einem Reizfeld, in dem ihm manches bekannt, manches neu ist. Sobald das Neue fehlt, gibt es einen fühlbaren Verlust an Interesse; Interesse erfordert Unbekanntes, bei dem Lernen nötig ist. Anhaltendes Interesse und erhöhte Wahrnehmung eines Beobachters sind nur da gesichert, wo zum Verständnis der Umwelt ein gewisses Mindestmaß an geistiger Anstrengung vom Beobachter gefordert wird.[13] Die Folge ist, daß die Umwelt ein Mindestmaß an Neuartigkeit, Verschiedenheit, Unsicherheit, Widersprüchlichkeit, Unerwartetheit, Mannigfaltigkeit oder Unvorhersehbarkeit für den Betrachter aufweisen muß, ein Mindestmaß an Komplexität. Komplexität der Umwelt

---

13 A. Rapoport; R. Kantor, »Komplexität und Ambivalenz in der Umweltgestaltung«, in: Stadtbauwelt, H. 26, 1970.

beruht auf Vielfältigkeit und Vieldeutigkeit; beide hängen weniger von Stimulationen als solchen ab, sondern mehr vom Wechsel oder unterschiedlichen Zuständen derselben.[14] So kann man sagen, daß man in der Stadtgestaltung Komplexität durch die Manipulation von Vieldeutigkeit und Vielfältigkeit aufbauen kann, indem man Erwartungen aufbaut und dann deutlich von ihnen abweicht.[15] Allerdings muß bedacht werden, daß die Umwelt, so anregend sie ursprünglich gewesen sein mag, mit wiederholter Erfahrung eintönig, ja unsichtbar werden kann. So muß entweder die Umwelt kontinuierlich sich verändern, um das Interesse des Beobachters zu erhalten, oder das Individuum muß angeregt werden, in einer Umwelt, die auf verschiedenen Ebenen der Komplexität aufgebaut ist, nach neuen Schichten der Erfahrung und Bedeutung zu forschen.[16] Die Voraussetzung für diesen ständig sich vertiefenden und erweiternden Lernprozeß des Individuums in der urbanen Umwelt, muß also einerseits durch eine ausreichende Komplexität der erlebbaren Umwelt, andererseits durch ein gesichertes Mindestmaß ständiger Veränderung ermöglicht werden.

Bedeutung der Schönheit

Geht es nicht auch darum, daß der formale Teil der städtischen Umwelt auch Möglichkeiten des ästhetischen Erlebens anbieten muß? So darf es heute nicht mehr nötig sein, daß mancherorts die Städter versucht sind, mit geschlossenen Augen die teilweise groteske Häßlichkeit mancher Stadtstraßen zu fliehen.[17] In einer Zeit, in der in Städten wie London, Paris oder auch Frankfurt ebenso wie in einer beliebigen deutschen Kleinstadt nicht nur die ungesteuerte Hochhauseuphorie, sondern auch der lobenswerte Entwicklungsdrang der progressiven Allianz zielbewußter Geschäftsleute und argumentloser Stadtplaner die Bevölkerung mehr denn je auf ästhetische Barrikaden ruft, gewinnt, oft später, auch in den Kommunalverwaltungen langsam die Einsicht an Raum, daß selbst ästhetische Aspekte handfeste Planungskriterien darstellen können. Nicht nur Ästheten behaupten, daß die Schönheit der Umgebung, in der die Menschen leben, von entscheidendem Einfluß auf ihre psychische Verfassung ist. Selbst nüchterne Unternehmer wissen, daß die Arbeitsleistung mit von der Schönheit des Arbeitsplatzes abhängt. Zur Ästhetik der Stadtgestalt gehört dementsprechend nicht nur die äußere Umwelt, sondern gehören auch die psychische Qualität der auftretenden Farben, die thermische

14 »It has often been noted, that we seldom react to stimuli as such but rather to changes or differences in stimuli states«. A. Rapoport; R. Hawkes, The Perception of Urban Complexity, in: The Journal of the American Institute of Planners, H. 3, 1970.
15 »Complexity is a function of violated expectation« A. Rapoport, R. Hawkes, a.a.O.
16 »Most environments, however, no matter how stimulating initially, become dull and ›even invisible‹ with repeated experience. Either the environment must continually. change to maintain interest, or the individual must be motivated to search for new levels of experience and meaning in an environment that offers successive levels of complexity.« S. Carr; K. Lynch, Where Learning Happens, in: Meyerson (Hrsg.), The Conscience of City, Daedalus 1968, S. 1288.
17 Vgl. C. Farenholtz, Happening Stadt, in: Denkschrift für Johannes Göderitz, a.a.O. 1968.

Qualität des Materials der Fassaden, die akustischen Eigenschaften der Straßen und Plätze.[18] Maßgebend für die Ästhetik der Stadt ist die Gültigkeit universell akzeptierter ästhetischer Normen; Schönheit im Sinne der Wertästhetik ist eine subjektive Erfahrung; Schönheit ist ein Wert, den wir einem Objekt beimessen, und soweit wir ähnlich konstituiert sind, mit verwandten Wahrnehmungsfähigkeiten und Erlebnisweisen, gibt es Gemeinsamkeiten, die aus einer kollektiven Subjektivität resultieren.[19] So sind für die Stadtgestaltung ästhetisch relevante Faktoren kollektiver Subjektivität oft in negativen Fällen konstatierbar; Stadtsilhouetten werden zu einem ästhetischen Element, wenn jeder Teil der Gesamtkomposition durch seine Eigenart in ästhetischer Beziehung zu anderen Teilen und zum Ganzen[20] steht, und hier werden Störungen oft von der ganzen Bevölkerung empfindlich registriert (Paris:Montparnasse, London:Hochhausgruppen); ebenso haben Straßen, Plätze, auch Straßenmöblierungen einen zusätzlichen ästhetischen Wert, den es nicht nur zu erhalten gilt, sondern der auch immer wieder neu geschaffen werden muß. Denn dieser zusätzliche ästhetische Wert ist kein Selbstzweck, sondern dient der Befriedigung konkreter psychischer Bedürfnisse.[21] Gerade hier aber liegt für die Kunst ebenso wie für das Design ein großes Aufgabenfeld. Nur mit Hilfe der Kunst – die in der Stadt zur »Straßenkunst« wird, und des Design, das sich der Straßenmöblierung annehmen muß, wird es der Stadtplanung möglich sein, der Forderung nach Schönheit der urbanen Umwelt zu genügen. Allerdings: Auch die zwecklose Schönheit eines Kunstwerkes ist als Straßenkunst gewissen Bindungen unterworfen, von der ihre Wirkung abhängt – nicht jede Skulptur wirkt in einer bestimmten Straßensituation als künstlerische Bereicherung; Kunstwerk und Straßensituation müssen sorgfältig aufeinander abgestimmt sein. Ebenso wird nicht jedes Design die ästhetische Wirkung eines Straßenraumes auf Dauer wirksam fördern. Insbesondere dann nicht, wenn alle Elemente der Straßenmöblierung einem Formprinzip unterworfen werden, das, allein angewandt, weder Vielfältigkeit noch Abwechslungsreichtum entstehen läßt, die doch die Voraussetzung für den so notwendigen Phantasiereichtum unserer Straßen und Plätze

18 Und nicht von ungefähr sind es oft weltbekannte Ingenieure wie etwa Fritz Leonhardt, die eindringlich auf den Stellenwert der Ästhetik in unserem Leben hinweisen. Vgl. F. Leonhardt, Verpflichtung zum Schönen als dringende Bildungsaufgabe, in: Deutsche Architekten- und Ingenieurzeitschrift, H. 7/8, 1971.
19 »Fundamental for urban design and the future appearance of cities is the validity of universally accepted aesthetic standards. Beauty is a subjective experience; it is a value we place on an object but, as we are all similarly constituted, with similar perceptive faculties and thougt processes, there are inevitably wide similarities which result in a collective subjectivity.« A. Whittick, Aesthetics of Urban Design, in: Journal of the Town Planning Institute, Nr. 8/1970.
20 »By this is meant that each part in a formal composition should, by its character, show its relation to the whole and to the other parts as is found in natural forms.« A. Whittick, a. a. O.
21 Auf der ganzen Welt beginnt man sich jetzt allmählich wieder der Bedeutung des zusätzlichen ästhetischen Werts bewußt zu werden. Vgl. etwa A. Ikonnikow, Funktion, Form, Gestalt, in: Architektura SSSR, H. 2, 1972.

sind. So wird auch die Stadtdekoration wieder zu einem legitimen Faktor der Stadtgestaltung werden können, wenn und soweit sie einen sinnvollen Beitrag zur Befriedigung ästhetischer Bedürfnisse der Städter leisten kann. Dekorative Elemente, von Abfallkörben bis zu Hausfassaden, können, richtig angewendet, stadtgestalterische Intentionen nachhaltig unterstützen.[22] Darüber hinaus können sie bewußt dem stetigen Wandlungsprozeß der Städte unterworfen sein und zum lebendigen Spiegel wechselnden Zeitgeistes werden. Damit ist Stadtdekoration ein legitimes Mittel der Stadtgestaltung, wo immer sie nicht der Beschönigung städtebaulicher Mißerfolge, sondern der Abrundung stadtgestalterischer Absichten dient.

Operationalisierung der Stadtgestaltungsziele

Wie bei der Schilderung des stadtgestalterischen Planungsprozesses[23] deutlich wird, stellen die Ziele der Stadtgestaltung die Schlüsselposition im gesamten Planungsprozeß dar. Ob Oberziele oder Unterziele, ob klar formuliert oder vage angedeutet, ob bewußt oder unbewußt angewendet, sie bestimmen sowohl die Art und den Inhalt der Bestandsaufnahme wie deren Bewertung und das daraus entwickelte Planungskonzept. Daraus resultiert die Forderung an den Stadtplaner, dem gesamten Planungsprozeß stets möglichst eindeutige, nachvollziehbare Ziele zugrunde zu legen. Entsprechend den unterschiedlichen Planungsdimensionen der Stadtgestaltung – von der Prozeß- und Systemplanung über die Bereichsplanung bis zur Objektplanung – müssen diese mit zunehmendem Konkretheitsgrad detaillierter werden. So deutet sich für die stadtgestalterische Planungspraxis eine Zielhierarchie an: sie reicht von Oberzielen der Prozeß- und Systemplanung auf der Imageebene, wie etwa individueller Charakter oder hohe Attraktivität, über die Ziele Orientierung, Heimat, Anregung, Schönheit und andere auf der Ebene der Bereichsplanung bis zu ihrer Konkretisierung in deutlich benannten Unterzielen auf der Ebene der Stadtobjektplanung. Dabei kann die zunehmende Konkretisierung der Zielhierarchie auch über die Qualitätenkette des theoretischen Modells erfolgen.[24] Die stadtgestalterische Zielhierarchie wird je nach Art, Umfang und spezieller Situation des Untersuchungsraumes eine andere sein müssen und ist im einzelnen jeweils neu zu entwickeln. Ebenso wird es nie eine einzige verbindliche Zielhierarchie geben; entscheidend ist, daß bei jedem stadtgestalterischen Planungsproblem als erster Schritt die jeweiligen stadtgestalterischen Ziele untersucht werden. Dabei sollten sowohl Ziel- und Wertvorstellungen der Betroffenen erhoben wie auch die angedeuteten Ziele der Stadtgestaltung bei der Entwicklung der jeweiligen Zielhierarchie berücksichtigt werden. So gilt es also etwa im Falle

---

22 Aber auch darauf müssen Architekten und Stadtplaner wieder erst von anderer Seite aufmerksam gemacht werden. Vgl. A. Portmann, Entläßt die Natur den Menschen? München 1971, S. 37.
23 Vgl. S. 194 ff.
24 Diese Konkretisierung der Zielhierarchie über die Chance der Bereicherung der Qualitätenkette kann hier nur angedeutet werden.

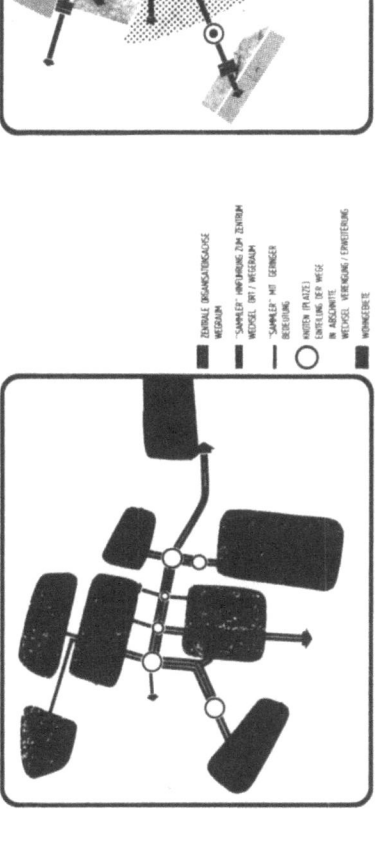
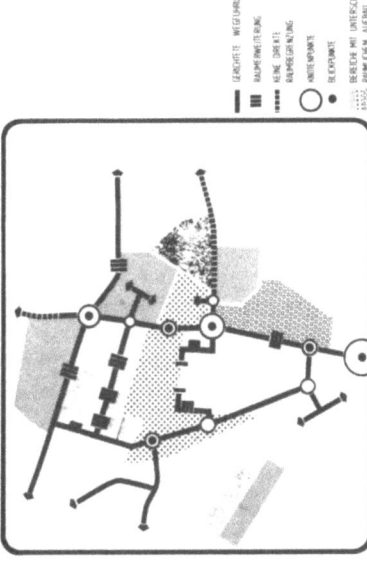
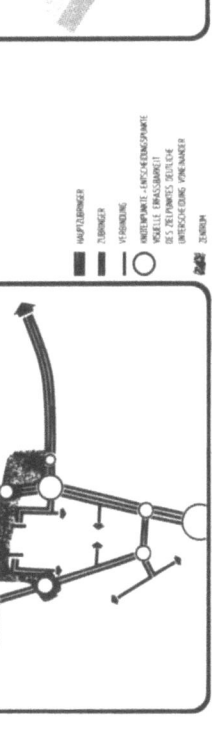

20 *Unterschiedliche Planung für Fußgänger- und Fahrverkehr (Aus einem Stadterneuerungskonzept für Stuttgart-Zuffenhausen, von Dipl.-Ing. G. Baldauf, U. Grammel, H. Sohn, G. Trucksess, W. Wehlan)*

einer Großstadt, sowohl Ziele für den Gesamtraum wie Ziele für einzelne Bereiche der Gesamtstadt, einzelne Elemente – wie Straßen und Plätze – zu entwickeln, die einerseits klar nachvollziehbar sind und andererseits konkret genug gefaßt sind, um aus ihnen Maßnahmen für die Planungspraxis ableiten zu können.[25]

2.3 Konzept des Stadtbildes

Elemente der Umweltvorstellung beruhen auf Vorstellungsqualitäten und sind auf der Basis bestimmter Parameter beschreib- und bewertbar. Wenn das Aufgabenfeld der Stadtgestaltung auf der Ebene des Stadtbildes liegt, so müssen alle stadtgestalterischen Arbeitsansätze von diesen beiden Kategorien der Umweltvorstellung ausgehen. Die beschreibende Analyse transsubjektiver Umweltvorstellungen führt zu Stadtbildelementen, die sich auf die Begriffe des psychologischen Lebensraumes gründen und den Charakter fast archetypischer Vorstellungsbilder aufweisen.

Urphänomene der Stadtgestaltung

Diese Vorstellungsbilder wurden erstmals im Rahmen der topologischen Psychologie untersucht[1], die den Begriff des »Weges«, des »Bereiches« und der »Grenze« mit ihrem verbindenden oder trennenden Charakter entwickelte und auch schon die Relevanz dieser Vorstellungsphänomene etwa für die Orientierung andeutete.[2] Hier wurden Begriffe der mathematischen Topologie auf psychologische Phänomene übertragen und ihre Bedeutung für die Strukturierung der Umwelterfahrung durch den Menschen nachgewiesen.[3] Angewandt auf die Stadtgestaltung, sind diese Vorstellungsbegriffe der topologischen Psychologie Vorstellungselemente, mit Hilfe derer der Mensch ein Stadtsystem in mentale Elemente gliedert, etwa in »Bereiche« oder diese aufbauende, verknüpfende, verbindende oder trennende »Wege« gliedert. Die erstmalige Anwendung dieser Begriffe auf Probleme der Stadtplanung ist auf Kevin Lynch zurückzuführen. Seitdem haben weiterführende Untersuchungen diesen Aspekt sowohl theoretisch vertieft wie auch praktisch angewendet.[4] Arbeiten, die die Fruchtbarkeit dieses psychologischen Ansatzes für

---

25 Inzwischen gibt es erste Beispiele für solche Ziel- und Maßnahmenhierarchien im stadtgestalterischen Analyse- und Planungsprozeß. Vgl. San Francisco Urban Design Plan, Planning Dept., San Francisco 1971; T. Sieverts, M. Trieb, U. Hamann, Der Stuttgarter Westen als Erlebnisraum, Stuttgart 1974.
1 Vgl. K. Lewin, Grundzüge einer topologischen Psychologie, Bern 1969.
2 K. Lewin, a. a. O.
3 Lewin stützt sich u. a. auf die Arbeiten von F. Hausdorff, Grundzüge einer Mengenlehre, 2. Auflage, Leipzig 1944 und K. Menger, Dimensionstheorie, Leipzig 1928.
4 Lynch war es, der die Begriffe der topologischen Psychologie auf ihre Relevanz für die Stadtplanung untersuchte und eindrucksvoll nachwies. Vgl. dazu: K. Lynch, The Image of the City, Cambridge/Mass. 1960; an weiterführenden Arbeiten seien genannt:

die Stadtgestaltung deutlich machen.[5] Wenn auch die Operabilität nicht aller von Lynch entwickelten und abgeleiteten Stadtbildelemente unangefochten ist[6], so können doch die beschreibenden psychischen Kategorien des »Bereiches«, des »Weges«, der »Grenze« und des »Brennpunktes« als ausreichend intersubjektiv begründete Phänomene zu den wesentlichen Faktoren der Stadtbildanalyse und der Stadtbildplanung gerechnet werden. Sie sind zunächst wertfrei.

Stadtbildelemente

Auf der Ebene des Stadtbildes, in der transsubjektiven Umwelterfahrung der urbanen Umwelt, lassen sich also gewisse Urtypen der Umweltvorstellung nachweisen, welche die erlebte Umwelt in einige voneinander unterscheidbare mentale Stadtbild- oder Vorstellungselemente gliedern.

»Wege«

Sie sind die Bewegungslinien, auf denen sich ein Beobachter einer Stadt gewohnheitsmäßig, gelegentlich oder möglicherweise bewegen kann. Sie sind damit die Teile des urbanen Kommunikationssystems, von denen aus der Bewohner die Stadt erlebt. Deshalb sind »Wege« die vorherrschenden Elemente der intersubjektiven Umweltvorstellung. Nun gibt es »Wege« unterschiedlicher Bedeutung: Übergeordnete »Wege« verbinden Hauptelemente der Nutzung, der Erscheinung oder der Bedeutung zwischen verschiedenen »Bereichen«; »Hauptwege« verbinden Hauptelemente innerhalb eines »Bereiches«, und örtliche »Wege« bilden ein sekundäres Verbindungsnetz hauptsächlich lokaler Funktion; »lokale Wege« schließlich verbinden Gebäudegruppierungen mit »örtlichen Wegen«.

»Bereiche«

Diese sind in sich differenzierte Teile einer Stadt, in die ein Beobachter hineingehen, die er von innen identifizieren und bei denen er einen gemeinsamen,

---

C. Steinitz, Meaning and the congruence of Urban Form and Activity, in: Journal of the American Institute of Planners, H. 34, 1968; Covent Garden Planning Team, Covent Gardens Moving, London 1968; R. Linke, H. Schmidt, G. Wessel, Gestaltung und Umgestaltung einer Stadt, Berlin 1970; T. Sieverts, M. Trieb, U. Hamann, Der Stuttgarter Westen als Erlebnisraum, Stuttgart 1974 und eine vergleichende Übersicht über weitere Arbeiten in den Vereinigten Staaten: M. u. S. Southworth, Environmental Quality in Cities and Regions, in: Town Planning Review 1973/Nr. 3.

5 Lynch nennt die Vorstellungs- und Stadtbildelemente ›Bereich‹, ›Weg‹, ›Grenze‹, ›Brennpunkt‹ und ›Merkzeichen‹. Während sich die Begriffe ›Bereich‹, ›Weg‹, ›Grenze‹ mit denen der topologischen Psychologie decken und der ›Brennpunkt‹ aus ihr abgeleitet werden kann, läßt sich das ›Merkzeichen‹ nicht als gleichwertiges denotatives Vorstellungselement auffassen, wie Lynch es tut. Vielmehr gilt, daß alle aufgeführten Vorstellungselemente unter dem Zielaspekt *Orientierung* zu Merkzeichen erklärt werden können.

6 Vgl. P. D. Spreiregen, Urban Design: The Architecture of Towns and Cities, New York 1969.

21 Abgrenzung und Bewertung von Bereichen aufgrund einer Einwohnerbefragung (Aus einem Stadterneuerungskonzept für Stuttgart-Zuffenhausen, von Dipl.-Ing. G. Baldauf, U. Grammel, H. Sohn, G. Trucksess, W. Wehlan)

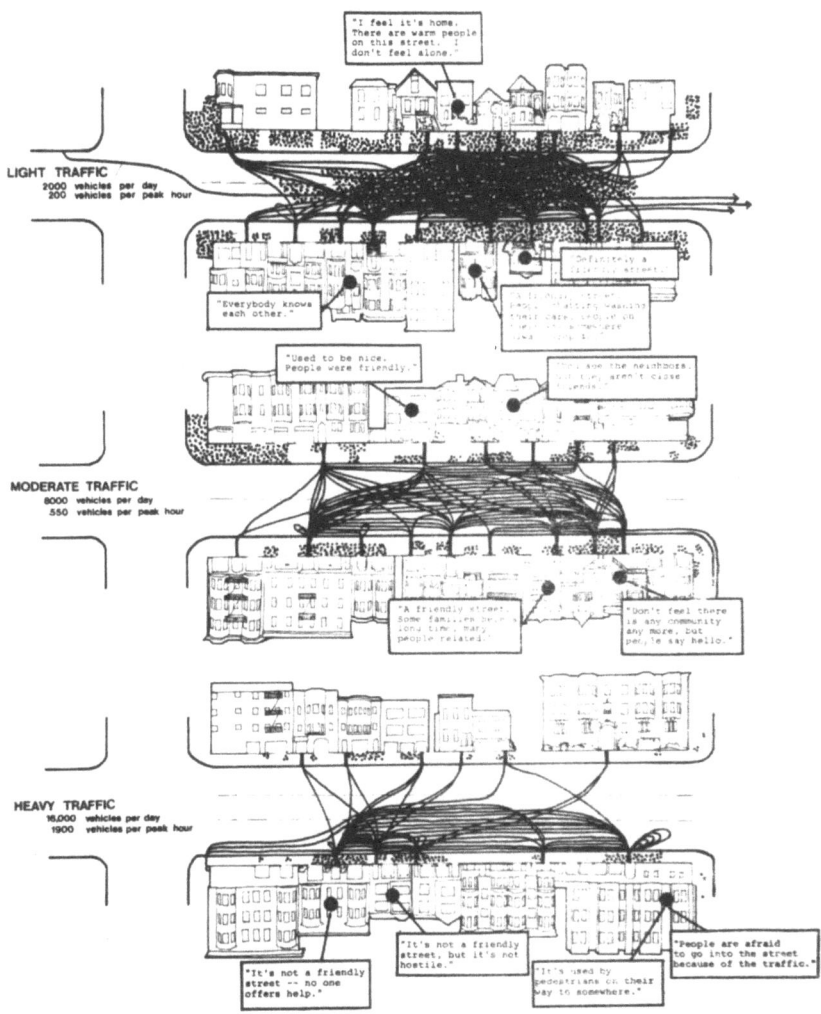

22 Von der Naht zur Barriere – mit zunehmendem Durchgangsverkehr verringert sich Nachbarschaftsbeziehung und Umweltqualität (Aus D. Appleyard, Street Livability Study, San Francisco)

unverwechselbaren Charakter feststellen kann. Der homogene Charakter von
»Bereichen« beruht auf Faktoren der thematischen Kontinuität wie Topographie,
soziale Struktur, Art der Nutzung (Industriegebiet, Geschäftsgebiet), Gebäudemerkmale (Typen, Alter, Material, Höhe), städtebauliche Merkmale (Bebauungsdichte, Gebäudeanordnung, Aussicht, Straßenführung, Freiflächenanteil) und Einzugsbereiche des Gemeinbedarfs (wie Einzelhandel, Schulen). Die Untergliederung eines »Bereiches« in »Unterbereiche« ist dann gegeben, wenn verschiedene Teile eines »Bereiches« einen eigenen, vorherrschenden Charakter
haben und diese »Unterbereiche« sich einander durch Art und Maß der Nutzung,
der Erscheinung und der Bedeutung unterscheiden.[7]

»Brennpunkte«

»Brennpunkte« sind strategische Punkte einer Stadt, Ziel- und Ausgangspunkte
des urbanen Kommunikationssystems, kommunikative Knotenpunkte von Bewegungslinien sowie Konzentrationspunkte bestimmter Merkmale der Nutzung,
der Erscheinung und der Bedeutung. Auf der Ebene des Stadtbildes, der mentalen
Umwelterfahrung, sind sie Punkte; auf der Ebene der Stadtgestalt reicht das
Spektrum vom Platz über die Straße bis hin zu einem engeren »Bereich«. Auch
diese Stadtbildelemente können hinsichtlich ihrer Bedeutung verschieden eingestuft werden, je nach dem Einzugsbereich etwa, der Bedeutung oder der
Nutzungen eines »Brennpunktes«.

»Grenzlinien«

»Grenzlinien« sind lineare Vorstellungselemente, die von einem Beobachter als
Trennungslinien zwischen »Bereichen« empfunden werden. Eine Trennungslinie kann entweder als verbindendes Element (wie »Säume«, »Nähte«, »Linien«)
zwischen zwei Gebieten oder als trennendes Element (»Schranken«, »Trennungen«) gewertet werden. Sollen »Grenzlinien« trennend erscheinen, erfordern sie
Kontinuität, sollen sie verbindend wirken, muß eine visuelle oder bewegungsmäßige Durchdringung und Verklammerung zwischen zwei angrenzenden »Bereichen« durch sie möglich sein.

Überlagerung der Stadtbildelemente

Die oben aufgeführten Stadtbildelemente existieren in Wirklichkeit nicht getrennt voneinander, sondern überlagern oder durchdringen sich und sind in sich
differenziert. »Bereiche« primärer, sekundärer und tertiärer Bedeutung können
sich überlagern und Unterbereiche bilden; ebenso können »Haupt-, Neben- oder
Lokalbrennpunkte« oder »Wege« mit übergeordneter oder lokaler Bedeutung sich

---

7 Vgl. K. Lynch, Das Bild der Stadt; C. Steinitz, Meaning and Congruence of Urban Form
and Activity a. a. O.

überlagern. So müssen einer exakten Stadtbildanalyse und Stadtbildplanung nicht nur die angeführten Stadtbildelemente in ihrer hierarchischen Differenzierung zugrunde gelegt werden; darüber hinaus muß ihrer wechselseitigen Durchdringung und Überlagerung bewußt Rechnung getragen werden.

Bewertung der Stadtbildelemente

Stadtbildelemente werden erst durch Wert- und Zielvorstellungen der Beobachter, die diese an sie legen, bewertet. Die Umwelteigenschaften, die die Stadtbildelemente erzeugen, wie etwa »Kontinuität« der Nutzung oder der Erscheinung, werden im Rahmen dieser Untersuchung als Vorstellungsqualitäten bezeichnet. Damit ist gesagt, daß allein von den Beschreibenden Kategorien her – etwa, daß einzelne Bereiche einer Stadt eine homogene Struktur aufweisen – noch keine Aussage über die Beurteilung dieser Bereiche durch die Stadtbewohner möglich ist. Sind die beschreibenden Kategorien eines Stadtteils, etwa die einzelnen Bereiche homogener Struktur, bekannt, so ist noch keine Aussage über die Beurteilung dieser Bereiche durch die Stadtbewohner möglich. Erst die Untersuchung der Wirkung dieser Stadtbildelemente und der ihnen zugrunde liegenden urbanen Elementstrukturen auf Bewußtsein und Unterbewußtsein der Betroffenen, auf Erwartungen, Wünsche und Verhaltensweisen, auf Wohlbefinden, Stimmungen und Handlungen der Stadtbewohner erfaßt den bewertenden Aspekt.[8]

Planung der Stadtbildelemente

Aus dem Bewertungsergebnis der Stadtbildelemente wird auf der Basis der zur Bewertung herangezogenen Ziele der Stadtgestaltung das Programm für die angestrebte Lage, die Art und den Charakter der angestrebten Stadtbildelemente entwickelt. Da die Faktoren, die im Bewußtsein der Städter »Bereiche«, »Wege«, »Grenzen« und dergleichen bilden oder verändern, solche der Nutzung, der Erscheinung oder der Bedeutung sein können, ist es möglich, das Stadtbildkonzept durch die Verteilung von Art und Lage der einzelnen Nutzungen oder durch die Verteilung der einzelnen charakteristischen Erscheinungselemente eines Gebietes zu entwickeln. So können »Bereiche« wie »Wege« oder »Grenzen« schon weitgehend auf der Ebene des Flächennutzungsplanes strukturiert werden, wenn sie unter stadtgestalterischen Gesichtspunkten durch Nutzungsverteilung, wie Art, Lage und Dichte von Wohngebieten, durch ihre soziale Struktur oder durch die Einzugsbereiche für den täglichen Bedarf bestimmt sind. Ebenso werden sie

---

8 Diese Bewertung der Stadtbildelemente ›Bereich‹, ›Weg‹, ›Grenze‹ oder ›Brennpunkt‹ erfolgt in der Planungspraxis einerseits durch Befragungen der Einwohner und Benutzer der Bereiche, andererseits durch die Beurteilung durch Fachleute selbst, die als Bewertungskriterien Ziele der Stadtgestaltung wie: Orientierungsmöglichkeit, Abwechslungsrichtung oder einer Reihe differenzierterer Kriterien zugrunde legen. Vgl. u. a. J. Franke, Zum Erleben der Wohnumgebung, in: Stadtbauwelt H. 24, 1969; T. Sieverts, M. Trieb, U. Hamann, a.a.O.

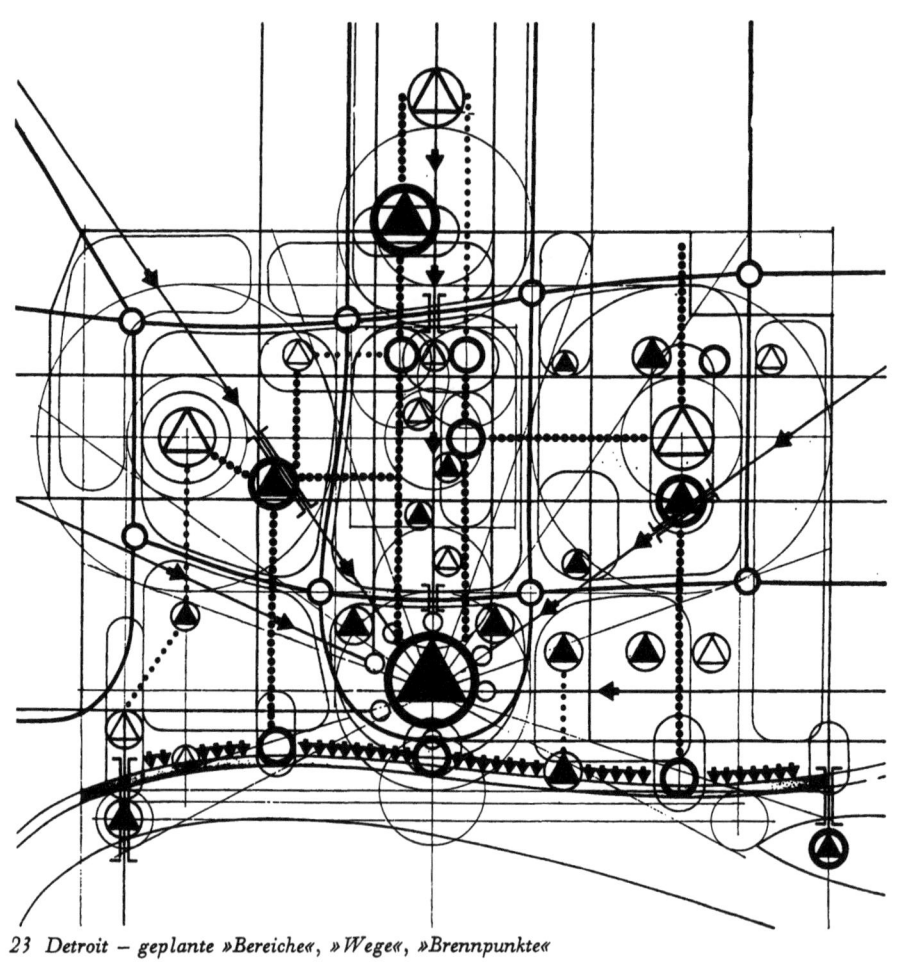

23 Detroit – geplante »Bereiche«, »Wege«, »Brennpunkte«

durch die Ausbildung der angeführten architektonischen und städtebaulichen Merkmale gebildet und verändert. In der Regel muß in der Planungspraxis angestrebt werden, die Stadtbildelemente sowohl auf der Basis ihrer Nutzungs- und Bedeutungsseite einerseits als auf der der Erscheinungsseite andererseits zu planen. Da die Stadtbildelemente wie »Bereich«, »Weg«, »Brennpunkt« oder »Grenze« die Grundlagen der erlebten Umwelt des Städters darstellen, sind sie im gesamten stadtgestalterischen Planungsprozeß eine der wichtigsten Stufen. Es muß aus diesem Grunde in der Planungspraxis wo immer möglich angestrebt werden, diese Stadtbildelemente bewußt zu planen oder, wo sie schon vorhanden sind, zu analysieren und jeden Eingriff sorgfältig zu prüfen.

Vorstellungsqualitäten

Zu den Zielsetzungen der Stadtgestaltung gehört es beispielsweise, emotionale Beziehungen zwischen den Menschen und ihrer Umwelt zu fördern, die ständige visuelle Orientierung des einzelnen auf verschiedenen Strukturebenen zu ermöglichen und die Voraussetzungen für einen ständigen Lernprozeß des Beobachters in seiner Umwelt zu schaffen. Die Erfüllung dieser Forderungen bedingt die Erhaltung, Förderung oder Neubildung einer Reihe von Vorstellungsqualitäten wie Identität, Individualität, Kontinuität oder Ablesbarkeit.[9]

Identität

Identität ist die Übereinstimmung von Erscheinung, Bedeutung und Nutzung oder Aktivität in wesentlichen Teilen der Stadtstruktur. Je höher der Grad der Identität eines Ortes, desto stärker wird die Umweltvorstellung geprägt, die Orientierung gefördert, werden Wechselbeziehungen ermöglicht. Vorstellungselemente, die hohe Grade der Identität aufweisen – als »Bereiche«, »Wege« und »Brennpunkte« – erleichtern diesen Lernprozeß und besitzen einen hohen »Bekanntheitspegel«. Durch Verwendung eines den Aktivitäten und Bedeutungen entsprechenden expressiven Formenkanons kann Identität gefördert werden.

Individualität

Individualität ist die klar ablesbare Eigenart und Unverwechselbarkeit von Stadtbildelementen und Stadtgestaltelementen, wie von Plätzen, Raumabschnitten, Raumfolgen, die damit leicht wieder erkennbar und erinnerbar sind. Die Individualität wichtiger Elemente sollte grundsätzlich, die anderer Elemente zumindest graduell vorhanden sein. Dies kann erzielt werden durch Nutzungsverteilungen oder durch charakteristische Erscheinungen wie einprägsame, originelle Straßenabschnitte.

Kontinuität

Kontinuität ist die Verknüpfung von Umweltabschnitten, die Identität und Individualität auf der Stadtbildebene aufweisen, zu einem zusammenhängenden System von Elementen im Bewußtsein des Beobachters. Sie ist die Voraussetzung für die Verbindung von Umwelteindrücken zu einem zeitlichen und räumlich

---

9 Vgl. K. Lynch, Das Bild der Stadt; K. Lynch, The City as Environment, in: Scientific American, H. 9, 1965; P. D. Spreiregen, a.a.O.; C. Steinitz, a.a.O.; D. Appleyard, Why Buildings Are Known, in: Environment and Behavior, Vol. 1, Nr. 2, 1969.

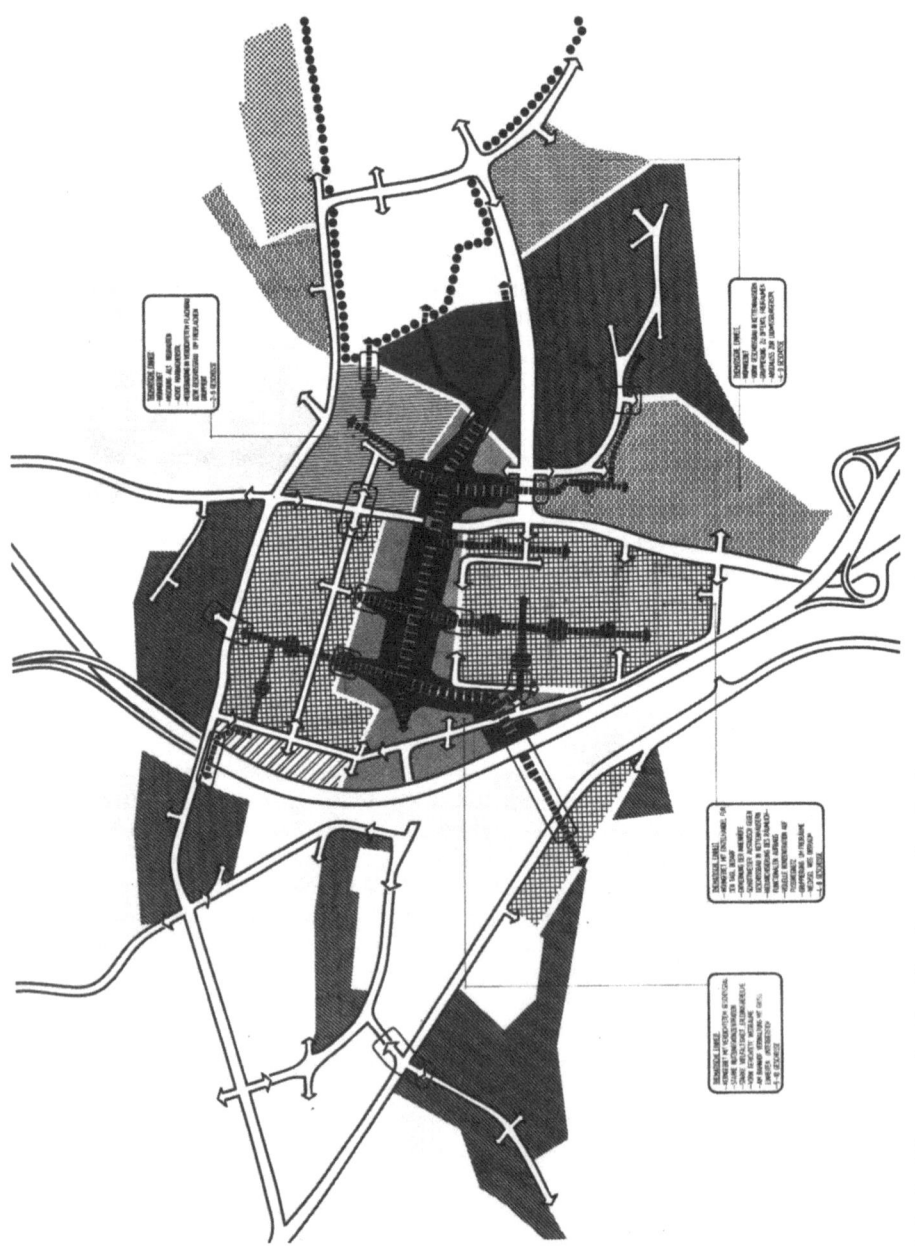

24 Stadtbildkonzept für Bereiche thematischer Einheit (Aus einem Stadterneuerungskonzept für Stuttgart-Zuffenhausen, von Dipl.-Ing. G. Baldauf, U. Grammel, H. Sohn, G. Trucksess, W. Wehlan)

verständlichen Netz von Umweltvorstellungen, der Grundlage späterer Reorientierung. Kontinuität schließt unbekannte, überraschende Umwelteindrücke nicht aus, vorausgesetzt, sie sind überbrückbar. Sie sollte in einer sich ständig verändernden Stadt durch ein einfaches, ablesbares und selbsterhaltendes Struktursystem gegeben sein.

Richtungsqualität

Die Richtungsqualität von Sequenzen, die die Richtung der Eigenbewegung signalisiert, ist für die Vorstellung wichtig. Die Bewegung durch eine Raumfolge wird in der Vorstellung als gerichtet empfunden, der »Weg« wird mit dem Ziel identifiziert; ist dies nicht der Fall, so besteht die Gefahr der Verwirrung.

Verknüpfbarkeit

Die Verknüpfbarkeit ist die Möglichkeit, eine zusammenhängende Gruppe oder Reihenfolge von Stadtgestaltelementen durch eine räumliche und zeitliche mentale Beziehungsbildung aufzubauen. Bewegt man sich entlang einer vertrauten Merkzeichenreihe, so bereitet ein Merkmal auf das nächste vor; wird die vertraute Abfolge unterbrochen, bricht unter Umständen das Vorstellungssystem von Verknüpfungen zusammen.

Ablesbarkeit

Ablesbarkeit ist jene Eigenschaft eines Elementes oder einer Situation, die in jedem Beobachter ein Bild dieses Objektes hervorruft. Ablesbarkeit beruht auf Erscheinungseigenschaften wie Einprägsamkeit, Bildhaftigkeit, Bildprägekraft, Intensität, Dominanz, Klarheit. Ablesbare, leicht erkennbare Umwelt ist eine Voraussetzung für eindeutige Elemente der Umweltvorstellung, für Orientierung und psychische Sicherheit.
Damit sind keineswegs alle, sondern nur einige der Vorstellungsqualitäten genannt, auf denen die Stadtbildelemente aufgebaut werden. Auf welchen Elementen der vorhandenen Umwelt solche Vorstellungsqualitäten beruhen können, läßt sich an einer Untersuchung über die Erlebnisprofile von Passanten ablesen, die sich in unterschiedlicher Weise durch die Stadt bewegen: die Fußgänger und Radfahrer.[10] Für den Passanten kann die Identität eines Bereiches auf Gerüchen, Aktivitäten, auf Grün beruhen; für einen Radfahrer auf Verkehrselementen, Bauten und dergleichen mehr. Auf der mehr oder weniger großen Homogenität solcher Erlebnisfaktoren in einem bestimmten Gebiet beruhen die Vorstellungsqualitäten.

---

10 Vgl. T. Sieverts, Stadt-Vorstellungen, in: Stadtbauwelt, H. 9, 1966; R. Worshett, The Character of Towns, London 1969.

3. Planung auf der Stadterscheinungsebene

3.1 Elemente der Sequenzplanung

Erscheinungsqualitäten

Erscheinungsqualitäten sind topologische Qualitäten.[1] Ihr Auftreten hängt nicht von geometrischen Beziehungen ab, sondern von dem Zusammenhang, aus dem sie sich herauskristallisieren. Sie sind die Ordnungsqualitäten der wirksamen Umwelt, der Stadterscheinung, die besondere Eigenart eines bestimmten Informationsfeldes. So treten sie als spezifische Relationen des jeweils relevanten Kontextes auf. Einige solcher Erscheinungsqualitäten sind im folgenden aufgeführt.[2]

Intensität

Vorhandenes Maß der »Stärke« der Erscheinung sinnlicher Informationen, der Nutzung und der Bedeutung. Oft lassen sich Stufen niedriger, mittlerer und hoher Intensität unterscheiden.

Dominanz

Vorherrschaft eines Bestandteils der Umwelt über andere durch Lage, Dimension, Intensität, Form, Farbe. So kann sie auch bedingt sein durch die Einmaligkeit des Bestandteils, den Kontrast gegenüber Umgebung oder Hintergrund.

Klarheit

Deutlichkeit einer Nutzung, einer Erscheinung oder einer Bedeutung; die Klarheit einer Erscheinung (visuelle Klarheit) beispielsweise kann auf der Einfachheit einer Form beruhen.

Kontrast

Wirkung stark unterschiedlicher Elemente, die in enger Beziehung zueinander

---

1 Die aufgeführten Erscheinungsqualitäten sind nicht vollständig und müssen sinngemäß ergänzt werden; für ihre Planung sind die Gesetze der Gestalttheorie sinnvoll anwendbar. Vgl. u. a., W. Metzger, Gesetze des Sehens, Frankfurt a. M. 1954.
2 Beispiele für die Analyse solcher Erscheinungsqualitäten finden sich bei: D. Appleyard, »Why Buildings Are Known«, in: Environment and Behavior Vol. 1/Nr. 2, 1969; K. Lynch, Das Bild der Stadt, Berlin 1965; R. Linke, H. Schmidt, G. Wessel, Gestaltung und Umgestaltung der Stadt, Berlin 1971.

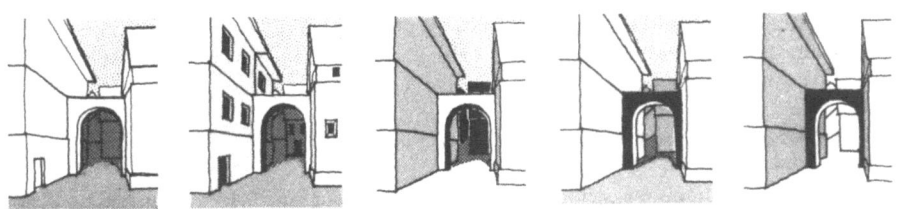

25 Kontraste

stehen, seien es Formen, Farben, Größen etc. Dabei verstärkt sich der Charakter des Einzelelementes.

Einmaligkeit

Einzigartigkeit einer Nutzung, einer Erscheinung oder einer Bedeutung. Die Einmaligkeit einer Erscheinung beruht beispielsweise auf dem Kontrast einer Oberfläche zu allen anderen Oberflächen, auf hoher visueller Intensität innerhalb eines Feldes mittlerer Intensität etc.

Einprägsamkeit

Eigenschaft eines Gegenstandes, die mit großer Wahrscheinlichkeit ein lebendiges Bild des Gegenstandes in einem Beobachter hervorruft. Sie erleichtert das Erkennen sichtbarer Stadtgestaltelemente und ist eine wesentliche Voraussetzung für die Möglichkeit, sich an eine Umweltsituation zu erinnern.

Beziehungsqualitäten

Stadtgestaltung muß nicht nur den wesentlichen Faktoren der Umwelt (Nutzung, Erscheinung und Gestalt) sowie deren gegenseitiger Zuordnung Rechnung tragen, sondern auch den Beziehungen zwischen Umwelterscheinung und Umweltwirkung. Beziehungen zwischen Umweltnutzung und Umwelterscheinung sind beschreibbar und bis zu einem gewissen Grade steuerbar; der methodische Ansatz beruht auf zwei Grundtätigkeiten des Menschen, Wahrnehmen und Benützen (ich sehe ein Straßencafé, ich setze mich in ein Straßencafé). Betrachtet man diese beiden Beziehungsarten unter dem Gesichtspunkt der Kongruenz von Wahrnehmbarkeit und Erreichbarkeit, so lassen sich vier Relationen aufstellen, die die Beziehungsqualitäten bestimmen.[3]

Wahrnehmungskontinuität/Nutzungskontinuität

Zwischen dem Menschen und der Umwelt (bzw. einem Teil derselben) besteht eine

---

3 Vgl. E. Agosti u. a., a. a. O.

Sicht- und Nutzungsbeziehung; das Straßencafé wird nicht nur von einem bestimmten Standort oder einer Standortsequenz wahrgenommen, sondern kann von dort auch erreicht werden.

Wahrnehmungskontinuität/Nutzungsdiskontinuität

Zwischen dem Menschen und der Umwelt besteht eine Sicht-, aber keine Nutzungsbeziehung; das Straßencafé wird gesehen, kann aber nicht erreicht werden, weil man die Straße nicht überqueren kann.

Wahrnehmungsdiskontinuität/Nutzungskontinuität

Zwischen dem Menschen und einem Umweltabschnitt besteht eine Nutzungs-, nicht aber eine Sichtbeziehung; das Straßencafé ist zwar von einer Standortsequenz aus zugänglich, aber nicht wahrnehmbar.

Wahrnehmungsdiskontinuität/Nutzungsdiskontinuität

Zwischen dem Menschen und seiner Umwelt besteht weder eine Sicht- noch eine Nutzungsbeziehung; von einer Standortsequenz aus kann das Straßencafé weder gesehen noch erreicht werden.

Diese Relationen zwischen Wahrnehmung und Nutzung bedeuten in der stadtgestalterischen Praxis, daß Erscheinungsqualitäten – wie Klarheit, Einmaligkeit und dergleichen – nicht nur auf der Art der Umwelterscheinung selbst, sondern auch auf dem jeweiligen Grad der Kongruenz zwischen Wahrnehmungs- und Nutzungsbeziehungen beruhen können.

Sequenzqualitäten

In jeder Sequenz können Erscheinungsqualitäten, Beziehungsqualitäten, Wirkungsqualitäten sowie raumbildende und raumverändernde Elemente im engeren visuellen Sinne auftreten. Diese können sich entweder im Laufe der Sequenz ständig wiederholen, den Beobachter »begleiten«, oder überraschend auftreten, dem Beobachter »unvermutet« begegnen.[4] Damit können in einer Sequenz die angeführten Faktoren als Wiederholungs- und Überraschungselemente erscheinen.

Wiederholungs- und Überraschungselemente

Die Analyse des spezifischen Charakters einer Raumfolge bedient sich auch der

---

[4] Die Art der Anordnung der Wiederholungs- und Überraschungselemente ist eine Kompositionsfrage, die den Zeitablauf ihres Auftretens in sinnlich faßbare Teile gliedert. So gehören hierher u. a. Untersuchungen über den Rhythmus. Vgl. W. Meisenhörner, Rhythmus als Zeitkörper, in: Bauwelt, H. 2, 1969.

Relation Wiederholungs-/Überraschungselemente in einer bestimmten Sequenz; dies beruht auf der These, daß die Eigenart einer Raumfolge oder eines Raumabschnittes mit von dieser Relation abhängt, die in einem gewissen Umfang variieren kann (Extremwerte wären: nur Wiederholungswerte = geordnet, monoton; nur Überraschungswerte = ungeordnet, chaotisch). Anders als die Erscheinungsqualitäten können die raumbildenden und raumverändernden Elemente nicht nur als akzentuierende Sequenzqualitäten, sondern auch als kontinuierliche Wiederholungselemente wirken. Sie bestimmen als Wiederholungswerte in einer Raumfolge das Gemeinsame einer sonst vielfältigen Umweltsequenz, den roten Faden, das Ordnungsprinzip, wie etwa eine Baumreihe in einem sonst heterogenen Straßenzug. So stellen sie das Ordnungssystem von visuellen Sequenzen dar und gliedern diese durch Überraschungselemente in Abschnitte, die beispielsweise die Orientierung erleichtern.[5]

Leitthesen

Als Leitthesen für die Arbeit mit Sequenzqualitäten sind folgende Gesetzmäßigkeiten zu berücksichtigen.
Sie können als Wiederholungs- oder Überraschungselemente auftreten.
Die Relation Wiederholungs-/Überraschungselement beeinflußt die Eigenart, die Einmaligkeit eines Raumabschnittes.
Wiederholungselemente bilden in einer Raumfolge das Ordnungssystem, die Grundlage der Kontinuität, wobei sie die Raumfolge definieren oder differenzieren können.
Überraschungselemente gliedern Ordnungssysteme in Abschnitte, markieren Brennpunkte, differenzieren Raumabschnitte.
Je nachdem, welche raumbildenden und raumverändernden Elemente, welche Teile des Umweltrepertoires als Wiederholungselemente verwendet werden, um das Ordnungsprinzip einer visuellen Sequenz zu repräsentieren, variiert der Charakter der Sequenz.[6]
So kann in einer Sequenz, die beispielsweise von einem Villenviertel durch eine Zone mehrgeschossiger Wohnungsbauten in das Stadtzentrum führt, eine kontinuierlich durchlaufende Baumallee als Wiederholungselement den »roten Faden« der Sequenz bilden. In einer anderen Raumfolge dagegen, etwa durch ein Wohn- und Geschäftsviertel, kann die Baulinie als Wiederholungselement auftreten, die, verbunden mit der Gebäudehöhe, als raumbildendes Element das Ordnungs- und Führungselement bildet. Dabei können raumverändernde Elemente, etwa Gebäudevorsprünge, oder flächenverändernde Elemente, wie eine rote Fassade in grauer Fassadenfolge, als Überraschungselemente auftreten und damit die Sequenz in mehrere Abschnitte gliedern.

5 Vgl. auch S. 118.
6 Vgl. G. Fehl, Eine Stadtbild-Untersuchung, in: Stadtbauwelt H. 18, 1968. Vgl. J. Holschneider, Interdisziplinäre Terminologie; Rhythmus und Sequenz, in: Baumeister, H. 4, 1969.

Wirkungsqualitäten

Die Umwelterscheinung als Grundlage der Umweltvorstellung hängt von Eigenschaften der Umweltkonfiguration ab. Da diese Eigenschaften oder Qualitäten mit planerischen Mitteln hervorgerufen werden können, können gewisse Kategorien der Stadterscheinung durch Wirkungsqualitäten initiiert werden.[7]

Vorzugslage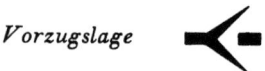

Besonderheit eines Standortes, bezogen auf die möglichen Standorte in einem Raumabschnitt, die beispielsweise erhöhte Bequemlichkeit, anregende Aussicht oder psychologischen Schutz ermöglicht. Die Inbesitznahme bestimmter Teile urbaner Räume durch die Menschen beruht auf vielfältigen Faktoren, wie psychischem Schutz; mit dem Rücken zur Wand sitzen können; anregende Aussicht; erhöhte Bequemlichkeit, Bänke unter Bäumen auf einem Platz. Diese Faktoren sind allerdings noch wenig erforscht.

26 Vorzugslage

Hemmung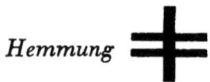

Hemmung der beabsichtigten Bewegung oder des Blickes von bestimmten Standpunkten und Gehlinien aus durch Straßenvitrinen, Bäume, Vordächer oder Torbogen. Kann auch bewußt zur Tiefenbestimmung eines Straßenraumes eingesetzt werden.

---

7 Holländische Untersuchungen lassen vermuten, daß leichter erreichbare Standorte eher besetzt werden als die am wenigsten entfernten und daß oft relativ kleine Zonen mit optischem Schutz im Rücken und an der Seite, vielleicht verbunden mit Aussicht, bevorzugt in Besitz genommen werden. Vgl. D. de Jonge, Plaatskeuze in recreatiegebieden, in: Bouw, H. 23, 1968; D. de Jonge, C. F. H. Heimesen, Platzwahl in Kantinen und Cafes, in: Deutsche Bauzeitung, H. 9, 1969.

 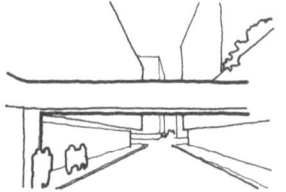 

27 Hemmung

Umschließung

Umschließung eines Standortes, etwa eines allseitig umbauten Platzes. Sie kann angedeutet, ausgeprägt oder vollständig sein, durch Einblicke oder Ausblicke differenziert, wie der Blick von einem Platz durch eine Passage auf das Meer.

28 Umschließung

Hervorhebung

Visuelle Betonung eines stadtgestalterischen Elements, eines Raumes von einem bestimmten Standpunkt aus. So Betonung einer Hausfläche durch Farbe, durch Beleuchtung während der Nacht, durch besondere Fassadengliederung.

29 Hervorhebung

Verengung

Verengungen schließen mehr oder weniger ab, sind aber sichtlich passierbar. Sie geben damit dem folgenden Raumabschnitt größere Bedeutung und gliedern längere Strecken in Einzelabschnitte.

30 Verengung

Weiterführung

Richtungswirkung von bestimmten Standorten und Sequenzen aus, die nicht abschließt, sondern weiterführt. Gewundene Straßenzüge, Straßenbäume bei Nachtfahrt, Stellung der Lampen können als Weiterführung wirken. Damit sind die Wirkungsqualitäten auch Grundlage der Selbstortung: man befindet sich innerhalb oder außerhalb eines Bezugspunktes, über oder unter ihm.[8] Diese Wirkungsqualitäten müssen nicht immer visueller Art sein. Ebenso wie man von einer akustischen Vorzugslage sprechen kann, kann Umschließung oder Hervorhebung als Wichtung auf den Beobachter allein auf bestimmten Nutzungen gegründet sein. Ähnliches gilt auch für die Beziehungsqualitäten: Die Dominanz oder die Intensität einer Nutzung ist ebenso eine Qualität der wirksamen Umwelt wie ihre visuelle Ausprägung.

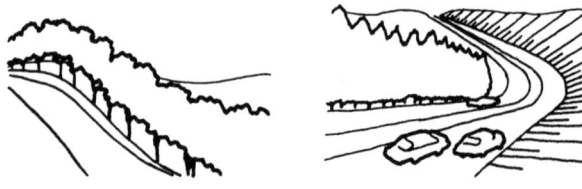

[8] Die aufgeführten Wirkungsqualitäten sind nicht vollständig, sie können sinngemäß ergänzt werden; zahlreiche Beispiele für visuelle Wirkungsqualitäten bietet die Literatur zu »Townscape«. Siehe hierzu u. a.: G. Cullen, »Townscape«, London 1961; E. Ewert, British Townscape, London 1965; I. de Wolfe, The Italian Townscape, London 1963; Appleyard, Why Buildings are known, in: Environment and Behavior Vol. 1, Nr. 2, 1969.

31 Weiterführung

3.2 Sequenzplanung

Die städtische Umwelt wird ebenso in Ruhe wie in Bewegung erlebt. Sitzen, Stehen, Gehen und Fahren in Straßen, auf Plätzen und anderen Freiräumen bilden Verhaltensmuster menschlicher Aktivitäten, die, als Bewegungssystem der erlebten Umwelt, dem Stadtbild zugrunde liegen.[1] Das Stadtbild entwickelt sich aus der Stadterscheinung, die der Mensch mittels seiner Wahrnehmungskapazität, begrenzt durch seine Wahrnehmungsbereitschaft, auf der Stadtgestalt aufbaut. Die Stadterscheinung beruht darauf, daß der Mensch sich in der Umweltkonfiguration aufhält oder bewegt und dabei den Blick fixiert oder schweifen läßt. Dabei befindet er sich in einer Umwelt, in der bestimmte Nutzungen und Aktivitäten mit Hilfe eines Umweltrepertoires repräsentiert werden. Dieses Repertoire wird umweltdefinierend und umweltdifferenzierend verwendet, um die Umweltbildung topologisch dreidimensional zu bestimmen. In der Umweltgestalt wird diese metrisch fixiert. Die Umweltkonfiguration aus Nutzung und Gestalt wird nun durch den Standort und die Bewegung des Menschen verändert und zur standortabhängigen Umwelterscheinung.

Umweltqualität als Ergebnis kontinuierlicher Folgen psychischer Erfahrungen

So ist die Qualität unserer urbanen Umwelt nicht nur das Produkt lebendiger Nutzungsmischung und vielfältiger Sinneserfahrung, sondern vor allem auch das Ergebnis kontinuierlicher Folgen psychischer Wirkungen. Damit hängt der visuelle Charakter eines Stadtgebietes nicht nur von Einzelgebäuden und einzelnen Straßenräumen ab, sondern vor allem auch vom zusammenhängenden Ablauf sinnlicher Wahrnehmungen und ihren Wirkungen auf den Passanten.[2] Ziele der

---

1 Wenn man die Auswertungsergebnisse von Interviews über die Vorstellungselemente von Stadtbewohnern zugrunde legt, erleben drei Viertel der Bevölkerung die Stadt vor allem als eine Erfahrung von Sequenzen. Vgl. D. Appleyard, Styles and Methods of Structuring a City, in: Environment and Behavior Vol. 2, Nr. 1, 1970.
2 Vgl. M. Trieb, London Covent Garden, Stadtsanierung als Beispiel stadtgestalterischer Arbeitsweise, in: London, ein Bericht aus der Bauverwaltung Stuttgart, Stuttgart 1970, S. 35 ff.

Stadtgestaltung müssen daher vor allem in den sinnlichen Sequenzen realisiert werden, die die Grundlage menschlicher Umwelterfahrung darstellen.[3] Aus diesem Grunde bauen viele stadtgestalterische Konzeptionen zunächst auf dem Entwurf eines Systems mentaler Wege auf, einem Netz möglicher Bewegungslinien, die Geh- und Fahrmöglichkeiten repräsentieren.[4] Für den Menschen bedeutet die Bewegung in diesem System eine Bewegung der Raumfolgen, in miteinander verbundenen Straßen-, Platz- und anderen Freiräumen. Diese stellen einen ununterbrochenen Ablauf von Eindrücken dar, einen kontinuierlichen Informationsfluß, der von Signalen gespeist wird, die sinnlich wahrnehmbar sind.

Informationstheoretische und psychische Aspekte

Darüber hinaus stellt sich einer informationstheoretischen Betrachtungsweise das Bewegungssystem als ein System von Kanälen dar, in denen sich die Menschen zwischen Quell- und Zielpunkten bewegen. Damit ist es als ein System von Kommunikationskanälen klassifizierbar.[5] Schließlich kann es als System unterschiedlicher psychischer Wirkungen auf den Menschen betrachtet werden, als die psychische Infrastruktur einer Stadt oder eines Stadtbereiches, wie sie sich in den hier angeführten Wirkungs-, Sequenz-, Erscheinungs- und Beziehungsqualitäten manifestiert. Das Netz von »Wegen« und »Brennpunkten«, das skelettartig die städtebauliche Grundstruktur bildet, stellt also nichts anderes als ein Netz von Beziehungen zwischen Nutzungen und Aktivitäten dar. Die bewußte Planung dieses Kommunikationsnetzes erfordert Sequenzfolgen, die so programmiert sind, daß sie stadtgestalterische Zielsetzungen erfüllen. Aufgabe der Stadtgestaltung ist es hier, Art und Zeitpunkt unterschiedlicher möglicher Erfahrung in einer Sequenz entsprechend den jeweils relevanten Zielsetzungen zu programmieren. Das bedeutet, daß die Erfahrungssequenzen, die der Orientierung dienen sollen, andere sein werden als die, die beispielsweise Abwechslung oder Anregung ermöglichen, obwohl sich beide überlagern können.

Grundzüge der Sequenzplanung

Auf der Basis des theoretischen Modells der Stadtgestaltung lassen sich die Grundzüge einer Sequenzplanung auf der Ebene der Stadterscheinung entwickeln und in ihren Beziehungen zur Stadtgestaltebene einerseits, zur Stadtbildebene andererseits darstellen. Wenn ein Teilabschnitt eines Bewegungssystemes in einer Prozeß- und Systemplanungsphase entwickelt, im Stadtbildkonzept dargestellt und im Stadtbildprogramm erläutert wird, welche Ober- und Unterziele der Stadtgestaltung dieser Sequenzabschnitt erfüllen soll, so können auf der Ebene der Stadter-

---

3 K. Lynch, Site Planning, a. a. O.
4 R. Linke, H. Schmidt, G. Wessel, a. a. O.
5 Vgl. M. Bense, Semiotik, Ästhetik, Urbanität, in: Colloquium ›Probleme der Stadtgestaltung‹, Stuttgart 1971.

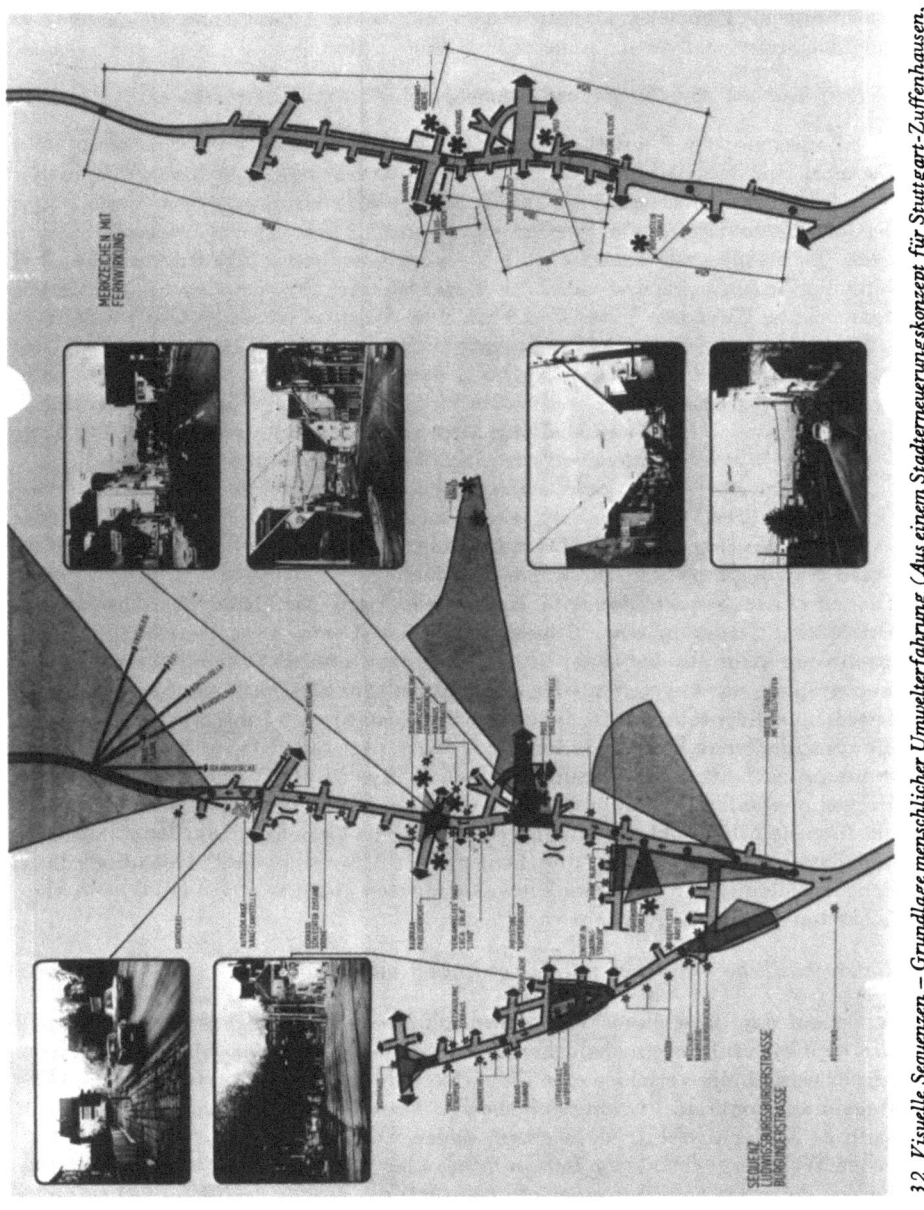

32 Visuelle Sequenzen – Grundlage menschlicher Umwelterfahrung (Aus einem Stadterneuerungskonzept für Stuttgart-Zuffenhausen, von Dipl.-Ing. G. Baldauf, U. Grammel, H. Sohn, G. Trucksess, W. Wehlan)

scheinung die Umweltqualitäten ausgewählt werden, aus denen die Sequenz so aufzubauen ist, daß sie die angestrebten Ziele erfüllt.

Unterschiedliche Art, Größe und Ausprägung der Sequenzelemente

Das Repertoire der Umweltqualitäten reicht von den Wirkungsqualitäten über Sequenz- und Erscheinungsqualitäten bis zu Beziehungs- und Vorstellungsqualitäten. Umweltwirkungen wie Umschließung, Hervorhebung oder Vorzugslage, Sequenzeigenschaften wie Wiederholungs- und Überraschungselemente, Dominanz, Intensität und Kontrast oder Relationen zwischen Wahrnehmungs- und Nutzungsbeziehungen sind damit das Repertoire der Sequenzplanung im engeren Sinne. Diese Elemente haben drei Variablen, die zunächst dargestellt werden:
– Jedes Sequenzelement kann unterschiedlich stark ausgeprägt sein. Die Umschließung kann unterschiedlich hoch, der Kontrast nur schwach wirkend sein.
– Jedes Sequenzelement kann unterschiedlich groß sein oder unterschiedlich lang andauern. Die Umschließung kann ein kleiner Hof oder ein großer Platz sein, die Intensität einer Nutzung lang oder kurz andauern.
– Jedes Sequenzelement kann aus verschiedenen Elementen des Umweltrepertoires bestehen. Umschließung kann durch Gelände, durch Bepflanzung oder durch Bebauung entstehen, Dominanz kann auf einer Farbe oder einer bestimmten Nutzung beruhen und dergleichen mehr.

Die einzelnen Sequenzelemente können also nach Art, Grad der Ausprägung, Größe oder Dauer in einer Sequenz differenziert sein. Eine Umschließung beispielsweise kann also entweder durch Nutzungen und Aktivitäten oder durch die Topographie, die Vegetation oder durch künstliche Elemente wie Mauern, Hausfassaden gebildet sein; das ist die unterschiedliche Art der Umschließung. Je höher die umschließende Fassade, je tiefer der abgesenkte Sitzplatz in einer Parkanlage, je intensiver bestimmte Nutzungen, desto stärker ist der Ausprägungsgrad dieser Umweltqualität. Eine Umschließung, etwa ein Platz, kann groß oder klein sein, die Intensität der Reklame entlang einer Sequenz kann kurz oder lang andauern, und damit variieren Größe und Dauer einer Umweltqualität. Die unterschiedliche Ausbildung der einzelnen Umweltqualitäten bietet so eine Vielzahl von Möglichkeiten für den Sequenzentwurf.

Unterschiedliche Sequenzen mit den gleichen Umweltqualitäten

Schon auf der Basis dieser Variationsmöglichkeiten einer Umweltqualität lassen sich eine Vielzahl unterschiedlicher Sequenzen bilden. Mit den folgenden Sequenzregeln werden die verschiedenen Möglichkeiten dafür gezeigt; dabei gilt es, diese Regeln auf konkrete Planungsaufgaben zu beziehen. Ein stadtgestalterisches Ziel kann es beispielsweise sein, in einem neuen Wohngebiet die grundsätzlich ähnlichen Wohnwege schon vom Bebauungsplan her mit einfachen Mitteln zu differenzieren; dabei sei zunächst angenommen, daß die durchschnittliche Länge dieser Wohnwege drei unterschiedliche Situationen mit verschiedenen Qualitäten möglich macht.

▷ Erste Sequenzmöglichkeit: Auf ein bestimmtes Sequenzelement folgt noch zweimal das gleiche Sequenzelement in gleicher Art, Größe und Ausprägung. Auf eine eingeschossige Umschließung aus Hauswänden und Gartenmauern folgt vielleicht noch zweimal eine gleichartige und gleich große Umschließung.
▷ Zweite Sequenzmöglichkeit: Auf ein bestimmtes Sequenzelement folgt noch zweimal das gleiche, jedoch in unterschiedlicher Ausprägung. Hier folgt auf eine niedrige Umschließung aus Hecken vielleicht eine mannshohe und eine haushohe Heckenumschließung; die Art der Umschließung bleibt gleich (Hecke), die Größe auch, die Höhe oder der Ausprägungsgrad ändern sich.
▷ Dritte Sequenzmöglichkeit: Auf ein bestimmtes Sequenzelement folgt das gleiche Sequenzelement noch zweimal, jedoch in unterschiedlicher Größe. So etwa eine kleine Umschließung aus Erdwällen, auf die eine mittelgroße und große Umschließung der gleichen Art folgen.
▷ Vierte Sequenzmöglichkeit: Auf ein bestimmtes Sequenzelement folgt noch zweimal das gleiche, jedoch in unterschiedlicher Art und Ausprägung. Eine Umschließung aus Erdwällen, eine aus Bäumen und eine aus Fassaden folgen aufeinander. Dabei ist der Erdwall vielleicht ein Geschoß hoch, die Bäume sind zweigeschossig und die Fassaden drei Geschosse hoch.

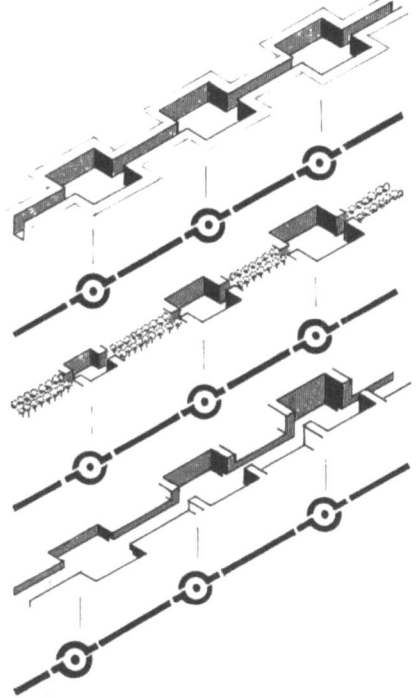

33 Abfolge gleicher Sequenzelemente, jedoch unterschiedliche Größe und Ausprägung

▷ Fünfte Sequenzmöglichkeit: Auf ein bestimmtes Sequenzelement folgt das gleiche zweimal, jedoch in unterschiedlicher Höhenlage. Die erste Umschließung liegt zwei Meter tiefer als die folgende, auf die die nächste fünf Meter höher folgt.
▷ Sechste Sequenzmöglichkeit: Auf ein bestimmtes Sequenzelement folgt noch zweimal das gleiche, jedoch in unterschiedlicher Seitenlage. Entlang einer Straße mit zweiseitiger geschlossener Bebauung öffnet sich einmal links, einmal rechts und einmal wieder links ein Platz zweigeschossig umbaut.
▷ Siebente Sequenzmöglichkeit: Auf ein bestimmtes Sequenzelement folgt das gleiche Sequenzelement, jedoch in unterschiedlichen Abständen. Auf die eingeschossige Umschließung aus Hauswänden und Gartenmauern folgt die zweite gleichartige und gleichhohe Umschließung, und erst nach einiger Gehzeit folgt die dritte, jedoch gleichartige und gleich hohe Umschließung.

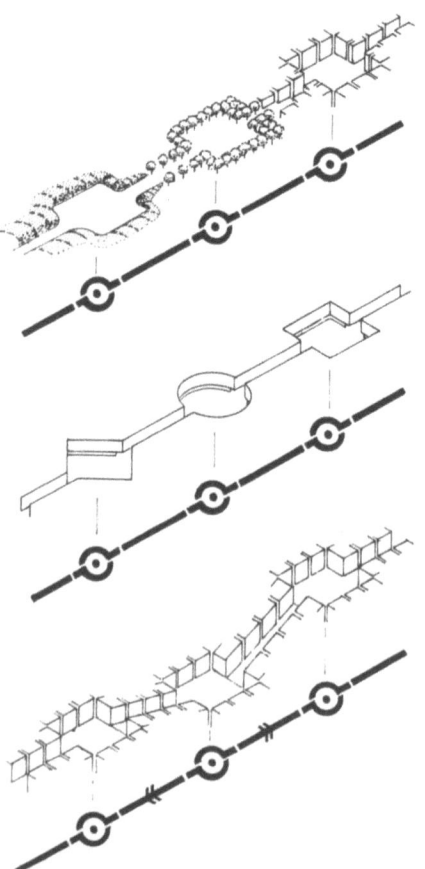

34 Abfolge gleicher Sequenzelemente, jedoch unterschiedliche Art, Form oder Höhenlage

Mit diesen verschiedenen Sequenzmöglichkeiten zur Bildung unterschiedlicher Sequenzen mit der gleichen Umweltqualität sind nur die grundsätzlichen Variationsmöglichkeiten dargestellt und an einem einfachen Beispiel erläutert. Die Variation von Art, Intensität oder Ausprägung von Größe beziehungsweise Dauer in der Abfolge von zwei, drei oder mehreren unterschiedlichen Situationen bei gleicher Umweltqualität gilt nicht nur für die Umschließung, sondern auch für die anderen Wirkungs- und Erscheinungsqualitäten, wie Vorzugslage, Hemmung, Hervorhebung, Dominanz, Kontrast, Intensität und dergleichen. Auch wenn diese Sequenzvariationen hier nur an Beispielen dargestellt sind, die auf der Umweltgestalt beruhen, so sind doch Sequenzen in der gleichen Weise mit Umweltnutzungen und aus ihnen resultierenden Aktivitäten programmierbar. Es kommt darauf an, die Fülle der Variationsmöglichkeiten zu sehen, die sich durch die Anwendung dieser Sequenzregeln ergeben kann. Dabei können durch eine Kombina-

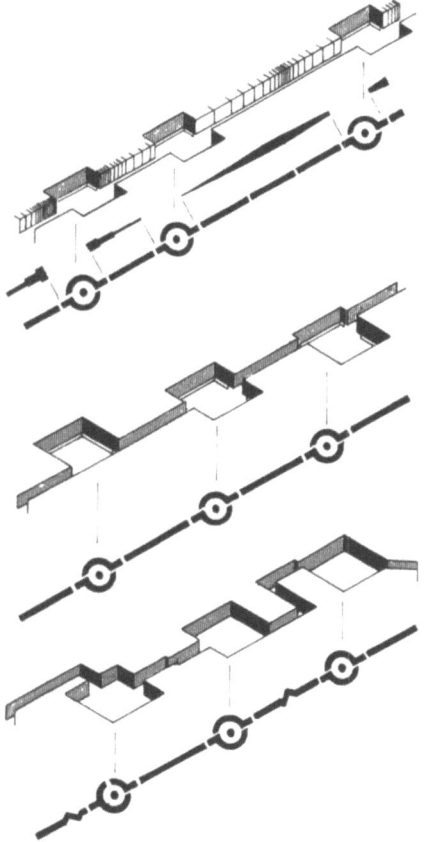

35 Abfolge gleicher Sequenzelemente, jedoch unterschiedliche Abstände, Seitenlage oder Verknüpfung

tion dieser Sequenzmöglichkeiten die Variationen einer solchen dreiteiligen Sequenz noch um ein Vielfaches erhöht werden; Sequenzelemente unterschiedlicher Ausprägung (zweite Sequenzmöglichkeit) können mit verschiedenen Abständen verknüpft werden (siebente Sequenzmöglichkeit) oder solche unterschiedlicher Art- und Ausprägung (vierte Sequenzmöglichkeit) mit unterschiedlichen Höhenlagen (fünfte Sequenzmöglichkeit) und Seitenlagen (sechste Sequenzmöglichkeit).

Unterschiedliche Sequenzen mit verschiedenen Umweltqualitäten

Bildet man die dreiteilige Sequenz nicht aus der gleichen Umweltqualität, etwa der Umschließung oder der Dominanz, sondern aus drei verschiedenen, wie Umschließung, Verengung und Hervorhebung, so erhöhen sich die Variationsmöglichkeiten noch erheblich. Einerseits gelten die drei Sequenzvariablen – Art, Ausprägung, Größe –, andererseits die zweite bis zur sechsten Sequenzmöglichkeit oder -regel; außerdem aber gilt eine weitere Sequenzregel:
▷ Achte Sequenzmöglichkeit: Unterschiedliche Sequenzelemente können in unterschiedlicher Reihenfolge angeordnet sein. Auf die Umschließung kann Ver-

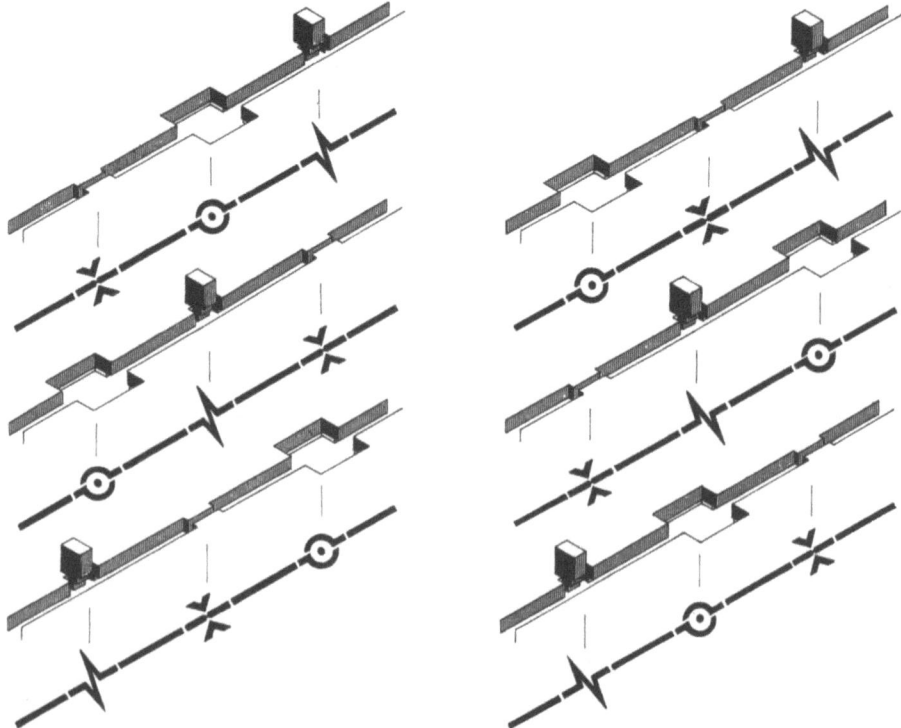

36 Unterschiedliche Abfolge drei verschiedener Sequenzelemente

engung und Hervorhebung folgen oder Hervorhebung und Verengung; auf eine Hervorhebung kann Umschließung und Verengung oder Verengung und Umschließung folgen; auf eine Verengung eine Hervorhebung und eine Umschließung oder Umschließung und Hervorhebung. Im konkreten Fall einer Wohnsiedlung bedeutet das, daß vielleicht in einem Wohnweg auf eine Umschließung aus Haus- und Gartenmauern eine Hervorhebung durch besonders strukturierte Mauern und eine Hemmung durch eine Unterführung folgt; in einem anderen Fall kann auf eine Umschließung aus Bäumen eine Hervorhebung durch Farbe und eine Verengung durch hohe Baukörper folgen. Auch hier können die Konsequenzen dieser weiteren Sequenzregel nur angedeutet werden.

Verknüpfung gleicher und unterschiedlicher Umweltqualitäten

Nun kann eine solche angenommene dreiteilige Sequenz durch Sequenzqualitäten ergänzt und variiert werden, denn Sequenzen aus gleichen oder ungleichen Umweltqualitäten können durch diese miteinander verknüpft werden. Im größeren städtebaulichen Maßstab können mit der achten Sequenzregel Sequenzen so vielfältig variiert werden, daß sie nicht mehr als eine gemeinsame »Straße« erkannt werden.

▷ Neunte Sequenzmöglichkeit: Mehrteilige Sequenzen können durch Wiederholungs- und Überraschungs- oder Einzelelemente verknüpft und differenziert werden; diese können ein- und zweiseitig angeordnet sein. Im Falle des Wohngebietes können Wiederholungselemente wie eine Baumreihe, die gleiche Fassaden- und Mauerausbildung oder der gleiche Bodenbelag links oder rechts von der Gehlinie als roter Faden oder gemeinsamer Nenner unterschiedlicher Sequenzelemente angeordnet werden. Auch das gleiche Raumprofil aus unterschiedlichem Repertoire – wie rechts Bäume, links gleiche Gartenmauerhöhe – kann als verknüpfendes Wiederholungselement auftreten; Überraschungselemente können ein- oder beidseitig durch die Variation der Wiederholungselemente eingeführt werden, eine Birkengruppe in einer Platanenreihe vielleicht oder ein gelbes Haus in einer Reihe roter Fassaden.

▷ Zehnte Sequenzmöglichkeit: Wirkungs- und Sequenzqualitäten können mit Erscheinungsqualitäten überlagert werden. So kann eine Umschließung gleichzeitig Dominanz aufweisen, eine Hemmung Kontrast, eine Verengung Intensität. So kann in dem Wohnweg die Umschließung aus Hauswänden und Gartenmauern durch die Platzgröße über die Folgen der Verengung und Hemmung dominieren; die Verengung durch Mauervorsprünge kann zusätzlich durch dunklere Farbgebung intensiver wirken, als sie ist, und die Hemmung einer Unterführung kann durch ihre kleineren Durchgangsquerschnitte mit dem Raumprofil des Wohnweges kontrastieren.

▷ Elfte Sequenzmöglichkeit: Sequenzelemente mehrteiliger Sequenzen können auch durch Relationen zwischen Wahrnehmungs- und Sichtbeziehungen miteinander verknüpft werden. So kann eine Sequenz nicht nur aus Wirkungs-, Erscheinungs- und Sequenzqualitäten bestehen, sondern auch noch Beziehungsqualitäten aufweisen.

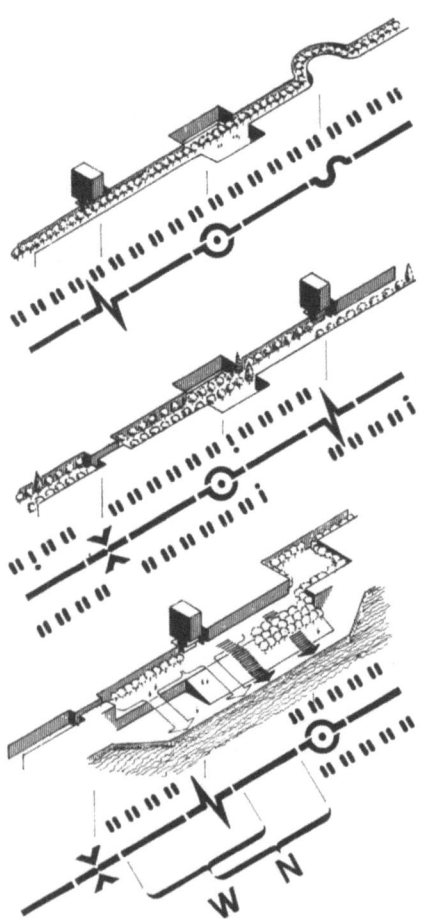

37 Überlagerung der Wirkungsqualitäten durch Sequenz- und Beziehungsqualitäten

Durch die verschiedenen Relationen zwischen Wahrnehmungs- und Nutzungsbeziehungen können Sequenzen weiter differenziert werden. Damit kann eine Wohnwegsequenz an einem See beispielsweise ein Variationsspiel zwischen Sehen- und Erreichenkönnen weiterausführen.

Mit diesen Sequenzregeln seien hier lediglich Möglichkeiten der Sequenzplanung unter bestimmten stadtgestalterischen Zielvorstellungen wie Orientierung oder Abwechslung angedeutet, die jedoch weiterentwickelt werden müssen. Wenn auch der Reichtum der möglichen Sequenzfolgen sichtbar wird und vielleicht durch Anwendung musikwissenschaftlicher Erkenntnisse – rhythmischer Gesetzmäßigkeiten, Motivaufbau und Motivvariation – weiterentwickelt werden kann, so bleiben doch auch Aspekte der Sequenzplanung zu erforschen, auf die in diesem Rahmen nur hingewiesen werden kann. Hierzu gehört insbesondere die Aufgabe, ein geschwindigkeitsabhängiges Wahrnehmungsmodell für die Stadtgestaltung zu entwickeln; ebenso notwendig sind fundierte Untersuchungen über die Zeitintervalle, in denen Umweltqualitäten aufeinanderfolgen müssen, damit beispielsweise Wohnwege interessant und anregend wirken. Aber auch so kann auf der Basis solcher Sequenzregeln eine Vielzahl unterschiedlicher Sequenzen mit den Mitteln der Stadtplanung sowohl in einer einfachen Siedlung wie im großen Maßstab einer Weltstadt bewußt erzeugt werden. Die für solche Sequenzplanungsmethoden entwickelten Notierungssymbole dienen hier der Erleichterung des oft sehr kompliziert werdenden Entwurfsprozesses von Sequenzen im Sinne einer choreographischen Kurzschrift.

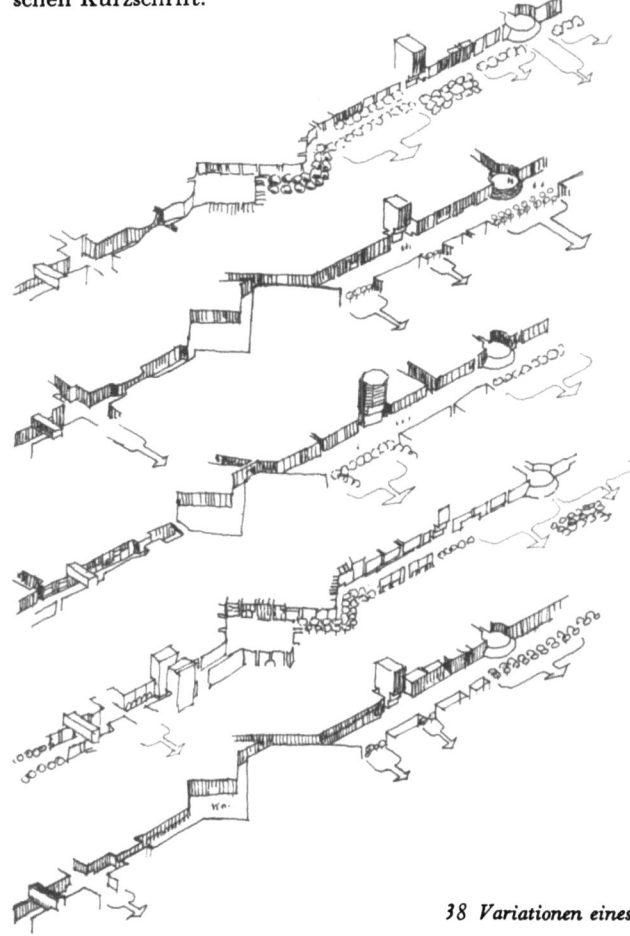

38 Variationen eines Themas (weiter auf S. 158)

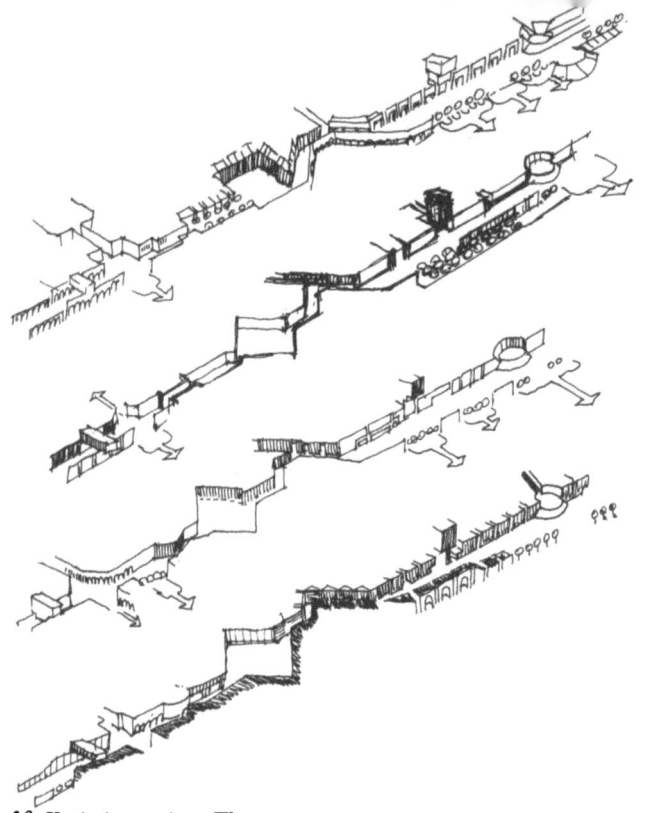

38 Variationen eines Themas

An dieser Stelle des stadtgestalterischen Planungsprozesses aber wird auch die Schwelle zwischen der Wissenschaft und der Kunst der Stadtgestaltung deutlich. Mit der Aufzeigung der vielfältigen Möglichkeiten für den Entwurf von Stadtsequenzen – sei es der Wohnweg in einer neuen Siedlung oder die Hauptachse einer Großstadt – endet der wissenschaftliche, das aber heißt nachvollziehbare und nachprüfbare Beitrag der Stadtgestaltung zur Sequenzplanung, und hier beginnt das Feld der Kunst der Stadtgestaltung.[6] Ihre Aufgabe ist es, in imaginativer Arbeit in jedem Einzelfall aus den unzähligen Möglichkeiten diejenigen herauszukristallisieren, die der jeweiligen Situation am besten entsprechen. Das wird erst dann gelingen, wenn die Elemente des Umweltrepertoires ebenso wie die einzelnen Umweltqualitäten den Planern einer Sequenz so geläufig werden wie die Worte einer Sprache und wenn die aufgezeigten Sequenzregeln, nach dem bewußten Erkennen, so unbewußte Mittel werden wie die Grammatik einer fremden Sprache, die man fließend spricht.

6 T. Sieverts, Bild und Berechnung, in: Information und Imagination, München 1973.

4. Planung auf der Stadtgestaltebene

39 London – betonierte Denkmäler unkontrollierter Höhenentwicklung

4.1 Höhen- und Baumassenkonzept

Die ungesteuerte Höhenentwicklung ist heute ein Problem, das Städte auf der ganzen Welt gemeinsam haben. Von Jerusalem über Frankfurt bis London, von Stuttgart über Paris bis San Francisco findet man betonierte Denkmäler der unkontrollierten Veränderung von An- und Aussichten, von Durchblicken, von ganzen Stadtsilhouetten. Auf der Schwäbischen Alb ebenso wie in Nizza werden gedankenlos Gebäude gebaut, über deren Nah- oder Fernwirkung sich weder der Architekt noch der Stadtplaner, der den Bebauungsplan aufstellte, noch sonst irgend jemand Gedanken gemacht hat. Das ist umso schlimmer, da gerade hier deutlich wird, wie sehr die Qualität der Umwelt eine Frage des Bewußtseins der Verantwortlichen ist und wie gering gerade dafür ein solches Bewußtsein heute noch in aller Welt ist.

Sichtflächenanalyse

Bedauerlich ist es, weil die Mittel zur Kontrolle der Auswirkungen auf das Nah- und Fernbild denkbar einfach sind – es genügt, die horizontalen und vertikalen Sichtflächen des geplanten Baukörpers zu ermitteln[1] und innerhalb dieser die voraussichtlichen Veränderungen zu kontrollieren. Jede Überraschung hinsichtlich einer unerwarteten Nah- und Fernwirkung bleibt dadurch ausgeschlossen. Es darf nicht mehr genügen, den Entwurf eines Hochhauses oder eines anderen herausragenden Gebäudes, etwa einer sechsstöckigen eineinhalbtausend Meter langen Wohnhausscheibe nur nach funktionellen, verkehrstechnischen, baurechtlichen, feuerpolizeilichen und vielleicht klimatologischen Kriterien zu beurteilen.[2]

1 Solche Sichtflächenanalysen finden sich unter anderem bei A. Kutcher, The New Jerusalem-Planning and Politicies, London 1973; M. Trieb, J. Veil, Rahmenplan und Satzung Stadtgestalt Leonberg, Leonberg 1973; G. Albers, Bühler u. a., Stadtkern Rottweil, München 1973.
2 A. Aregger, O. Claus, Hochhaus und Stadtplanung, Zürich 1967.

Es gehören dazu genauso stadtgestalterische Kriterien wie die Auswirkungen eines neuen Bauvorhabens auf das Landschaftsbild, das Stadtbild und die nähere Umgebung.

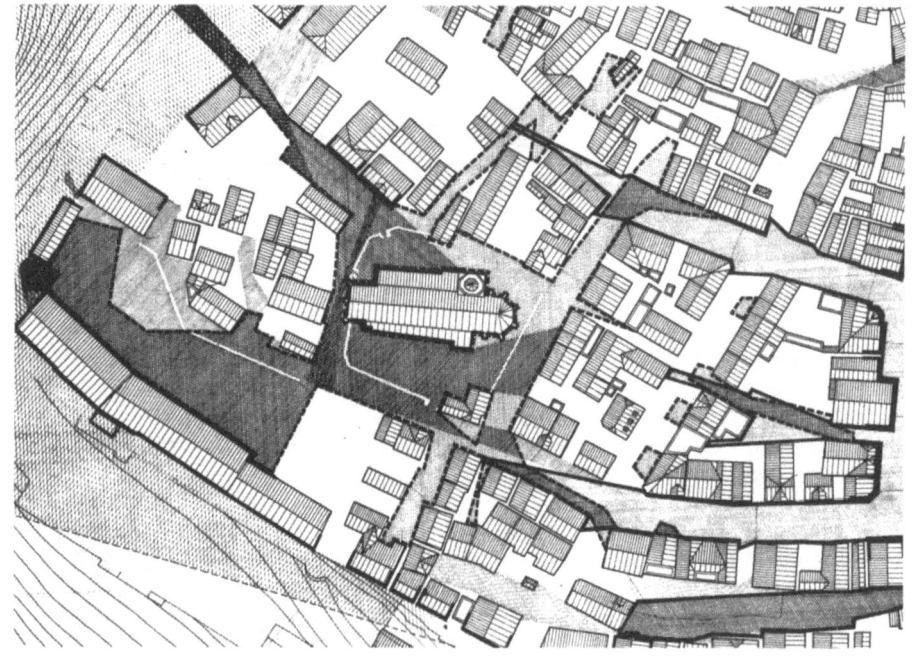

40 Sichtflächenanalyse – optischer Einzugsbereich der Kirche und des Marktplatzes

41 San Francisco – unterschiedliche Silhouette je nach Material und Farbe der Einzelelemente

Beurteilung der Sichtflächenanalyse

Von dem Landschaftsbild her muß der Hintergrund der Hochhaussilhouette (Hang, Hangrückenlinie) beachtet werden, das Gebäude muß kleiner oder größer als die Hangsilhouette sein, mauerartige Wirkungen müssen vermieden werden, und der Blick von Stadtwohnungen auf Wasser, Wald oder Hänge insbesondere auf Grün aller Art darf dadurch nicht gestört werden.[3] Außer bei bewußter Gruppenbildung sollten Konkurrenzansichten hoher Gebäude vermieden werden, dies hinsichtlich des Stadtbildes, hinsichtlich dessen auch die Wirkung als städtebauliche Dominante und Wegweiser überprüft werden muß ebenso wie die Sichtwirkung von wesentlichen Sichtorten- und Sichtsequenzen aus. Höhere Gebäude markieren in der näheren Umgebung eine Straße, einen Platz und beeinflussen, verändern damit den Charakter ganzer Bereiche.

Wirkungen unkontrollierter Höhenentwicklung

Zu den unkontrollierten psychischen Wirkungen eines Hochhauses in seiner näheren Umgebung kann die Einschränkung der Erholungswirkung eines Parks gehören, von dem aus man plötzlich dauernd ein Hochhaus sieht, während man vorher die Großstadt und damit manches andere vergessen konnte; ebenso aber

---

3 Untersuchungen haben gezeigt, daß die Qualität einer Wohnung auch von der Aussicht bewußt beurteilt wird – und wenn es nur die auf einen grünen Hang in zwei Kilometer Entfernung ist. Vgl. T. Sieverts, M. Trieb, U. Hamann, a. a. O.

kann sich der Charakter einer Wohnstraße entscheidend ändern. Entscheidungen über herausragende Gebäude werden hinsichtlich ihrer Höhe und Baumassen nicht nur von den angeführten Kriterien abhängen, sondern insbesondere auch von ihrer Einbindung in die vorhandene, zu ändernde oder neu zu entwickelnde Stadtsilhouette.

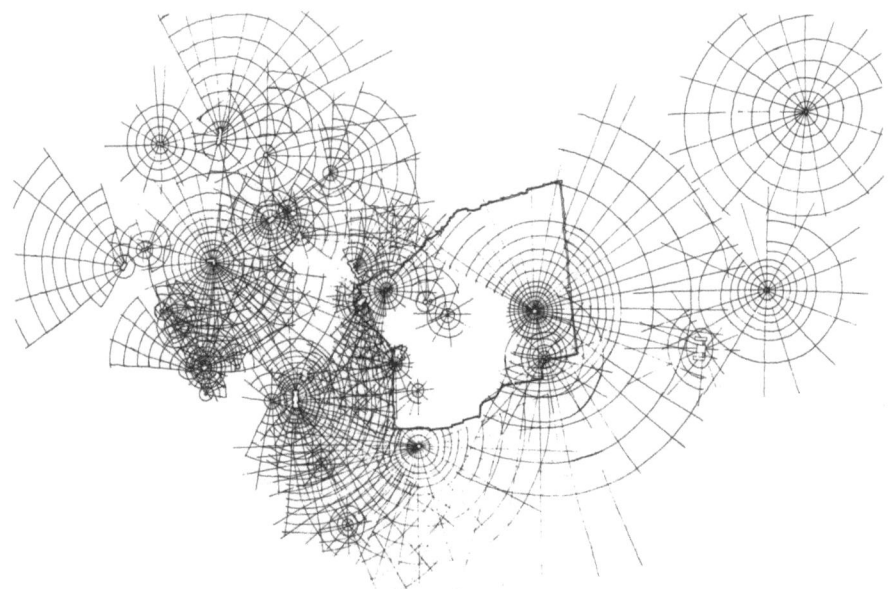

42 *Die dominierenden Elemente Jerusalems, die von den Aussichtsplätzen und Straßen gesehen werden. Intensität und Richtung, von der sie wahrgenommen werden, ergibt sich aus der Überlagerung der radialen und konzentrischen Sichtbezugslinien*

Höhen- und Baumassenkonzept

Für jede Stadt ist daher ein Höhen- und Baumassenkonzept notwendig, das sowohl unter verkehrstechnischen, wirtschaftlichen, klimatischen Aspekten wie unter sozialen und stadtgestalterischen Gesichtspunkten entwickelt werden muß. Nur dann sind unkontrollierte oder einseitige Entwicklungen wie etwa in Frankfurt oder Paris unmöglich. Die Aufwendungen für eine sorgfältige Entwicklung eines solchen Baumassen- und Höhenkonzeptes sind für kleine wie für *große* Städte eine sinnvolle Investition, denn gerade solche Aspekte der Stadtgestalt bieten heute weltweit nicht nur kommunal-, sondern auch staatspolitischen Zündstoff. Aus diesem Grunde arbeiten Städte wie Hannover an solchen Konzepten, aus den gleichen Gründen werden in Paris wie in London oder San Francisco Höhen- und Baumassenkonzepte aufgestellt und beschlossen.

Kontrolle der Baumassenentwicklung

Dabei wurde in San Francisco nicht nur die mögliche Höhenentwicklung in urbanen Isobaren fixiert, sondern auch durch zwei einfache Parameter die mögliche Baumasse eingegrenzt. Wenn Gebäude extreme Massen erreichen, wenn sie die vorherrschenden Höhen und die vorherrschenden horizontalen Ausdehnungen existierender Gebäude in einem bestimmten Gebiet, besonders an prominenten und der Sicht von allen Seiten ausgesetzten Stellen, überschreiten, dann können sie andere Gebäude, offene Flächen und die natürliche Landschaft dominieren, ja zerstören, Blickrichtungen hemmen und den Charakter eines Gebietes völlig verändern.
Solche Extreme der Baukörpermassen müssen verhindert werden; durch die Festsetzung nicht nur der maximalen Länge, sondern auch der maximalen Diagonale eines möglichen Baukörpers wird dieser auch in seiner Massenentwicklung eindeutig begrenzbar, und damit werden Festsetzungen zur Baumassenentwicklung tatsächlich wirksam.[4]

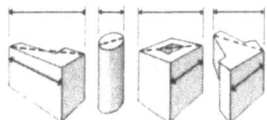
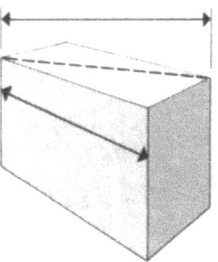

43 Maximale Seitenlänge und maximale Diagonale als Parameter der Baumassenentwicklung

4.2 Negativraumstruktur

Sichtbare Umwelt – der Raum – ist immer die Gesamtheit physisch sichtbarer Umweltsignale, mit denen der Mensch kontinuierlich, bewußt und unbewußt, in Wechselbeziehung steht. So ist der Raum Umwelt visueller Art und stellt dreidimensionale Beziehungen zwischen visuellen, physischen Umweltelementen her. Damit ist Raum eine unmittelbar empfundene Qualität, abhängig von der Summe der durch die Umweltelemente und ihre Beziehungen zueinander ausgelösten Reize. Raum wird durch Begrenzung definiert und kann als ein mehr oder weniger

4 San Francisco Planning Dept.: Urban Design Plan, San Francisco 1971.

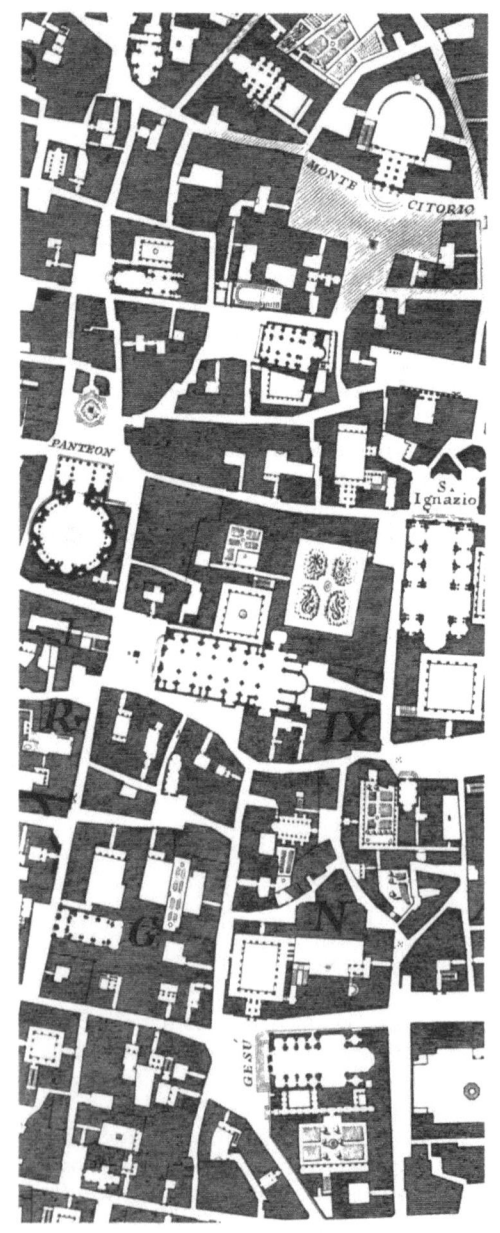

44 Negativraumstruktur im 18. Jahrhundert – Rom

umschlossenes Kontinuum betrachtet werden, das aus verschiedenen Elementschichten differenzierter visueller Intensität besteht.[1]

Umweltbildung

Dies bedingt die Untersuchung der Umwelt- oder Raumbildung; raumbildende und raumverändernde visuelle Umweltelemente bestimmen diese Umweltbildung. Dabei sind raumbildende oder raumdefinierende Elemente, abstrakt betrachtet, Punkte, Linien und Flächen; konkret betrachtet Lampen, Masten und Fassaden, die in einer ablesbaren Beziehung zueinander stehen. Punkte und Linien sind hier dann raumdefinierend, wenn sie Flächen bilden oder Flächeneindrücke hervorrufen. Beispiel: eine Straßenoberfläche mit Straßenlaternen links und rechts bei Nacht; eine Fassadenfront, die Straßenoberfläche und eine Baumreihe gegenüber. Raumverändernde oder raumdifferenzierende Elemente sind Punkte, Linien und Flächen, abstrakt formuliert, die den vorher definierten Raum als flächen- oder raumverändernde Elemente untergliedern. Flächenverändernde Elemente sind in diesem Sinne beispielsweise Farben, Strukturen, Teilungen einer Fassade; raumverändernde Elemente Vor- und Rücksprünge einer Fassade, Bäume, Vitrinen, Litfaßsäulen in einem definierten Straßenraum.[2]

Umweltgestalt

Die Umweltgestalt ist durch die Art, die Zahl und die Anordnung der raumdefinierenden und raumdifferenzierenden Elemente bestimmt und im wesentlichen mit Raumproportion, Raumschwerpunkt und Raumcharakter umschreibbar.[3] Die Raumproportion ergibt sich aus dem Verhältnis von Höhe, Breite und Tiefe eines Raumkörpers zueinander, sie hängt damit von dem Raumprofil und der Raumtiefe ab. Das Raumprofil eines Straßenquerschnittes bestimmt zusammen mit der Raumtiefe den Raumkörper, damit seine Proportion. Unterschiedliche Raumproportionen haben unterschiedliche Reizqualität für den Beobachter; die stadtgestalterische Konsequenz ist, daß durch die Veränderung eines oder mehrerer raumdefinierender Elemente, wie Breite oder Höhe oder Tiefe des Raumkörpers, etwa die Verdoppelung der Höhe eines Raumkörpers bei gleichbleibender Breite und Tiefe, verschiedenartige Reizqualitäten hervorgerufen werden. Der Raumschwerpunkt wird durch die Raumproportion, das Verhältnis der raumdefinierenden Elemente zueinander veranlagt und durch raum- und flächenver-

---

1 Vgl. J. Joedicke, Vorbemerkungen zu einer Theorie des architektonischen Raumes, in: Bauen und Wohnen, H. 9, 1968.
2 Vgl. G. Fehl, Eine Stadtbild-Untersuchung, in: Stadtbauwelt, H. 18, 1968; J. Holschneider, Begrenzung und Bezugspunkt, in: Baumeister, H. 4, 1971.
3 Vgl. W. T. Otto, Der Raumsatz, Stuttgart 1969; G. Domenig, Weg – Ort – Raum, in: Bauen und Wohnen, H. 9, 1969; M. Leonhard, Humanizing Space, in: Progressive Architecture, H. 4, 1969.

ändernde Elemente differenziert. Er bestimmt wesentlich die Raumwirkung; tief oder hoch gelegene, symmetrische und unsymmetrische Schwerpunktlagen verursachen verschiedene Wirkungen, die durch die Schwerpunktlage der raumverändernden Elemente differenziert werden. Damit wandelt der Raum je nach Schwerpunktlage seinen Charakter und veranlagt gewisse gefühlsbedingte Kategorien der Umweltvorstellung wie »eng«, »weit« oder »ruhig«. Der Raumcharakter schließlich ist die spezifische Eigenart eines definierten und differenzierten urbanen Raumes, abhängig von der Raumproportion, dem Raumschwerpunkt des Gesamtsystems und dem verwendeten Repertoire raumdefinierender und raumdifferenzierender Elemente.

Zwei Kategorien des Raumcharakters können unterschieden werden: zentriert oder gerichtet, statisch oder dynamisch, autoritär oder komplementär. Der zentrierte Raumcharakter baut sich am deutlichsten über einem Quadrat oder einem Kreis auf, ist die räumliche Entsprechung der Erlebnisbasis Ruhe und kann in einem urbanen Kommunikationssystem den Ziel- und Quellpunkten des Geh- und Fahrverkehrs entsprechen. Der gerichtete Raumcharakter baut sich über Rechtecken, Ellipsen usw. auf, entspricht räumlich der Erlebnisbasis Bewegung und kann im genannten Kommunikationssystem die Kommunikationskanäle darstellen. Diese Kategorien des Raumcharakters entsprechen den beiden Erlebnisarten der visuellen Umwelt, der Wahrnehmung derselben in Ruhe, im Stehen, Sitzen und in der Bewegung, im Gehen und Fahren. Nun sollten solche Raumkategorien nicht formalisiert werden, anders ausgedrückt, Zielpunkte des Fußgängers beispielsweise müssen nicht immer Plätze mit zentriertem Raumcharakter sein. Sie können aber in unterschiedlicher Größe und Ausbildung zur Unterstützung von Erscheinungsqualitäten herangezogen werden.

Aus dem Umweltrepertoire wird über die Phasen der Umweltbildung die Umweltgestalt gebildet, aus der sich die Negativraumstruktur des gesamten Stadtgebietes entwickelt. Oder, anders ausgedrückt, die Verknüpfung der verschiedenen Nutzungen und Aktivitäten in einem Stadtgebiet geschieht durch das Kommunikations- oder Bewegungssystem; dieses gewinnt durch Elemente des Umweltrepertoires in verschiedenen Stufen der Umweltbildung seine Umweltgestalt. Das Bewegungssystem ist das Netz möglicher Bewegungslinien in einer Stadt, ein Netz von Be-

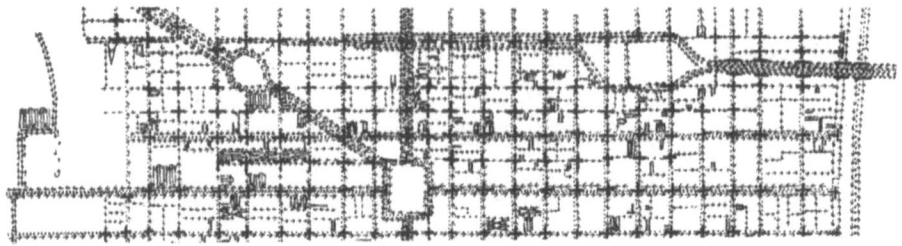

45 Der öffentliche Raum als versteinertes Bewegungssystem

ziehungen zwischen unterschiedlichen Funktionen. Dabei sind Bewegungslinien mögliche Geh- und Fahrlinien, ist die Negativraumstruktur nichts anderes als der dreidimensionale räumliche Ausdruck des Bewegungssystems.

Stadtindividualität durch Negativraumstruktur

Wie ein Vergleich zwischen der Negativraumstruktur verschiedener Städte wie Wien, Venedig, Berlin, Rom oder New York zeigt, kann diese Negativraumstruktur sehr unterschiedlich ausgebildet sein. Auch innerhalb der gleichen Stadt können entsprechend verschiedene Stadtviertel sehr verschiedenartige Netzstrukturen aufweisen, wie beispielsweise jeder Landeanflug auf Hamburg, Berlin oder Frankfurt zeigen kann. Unterschiedliche Netzstrukturen stehen aber auch immer für unterschiedlichen Charakter eines Bereiches oder einer Stadt, und so wie sich Städte wie London, Wien oder New York voneinander unterscheiden, so differenzieren sich auch einzelne Stadtbereiche innerhalb der gleichen Stadt. Entscheidend ist, daß Netzstrukturen, die sich hinsichtlich der Länge durchgehender Straßen, der Art der Kreuzungen und dergleichen voneinander unterscheiden, auch verschiedenartige Wirkungen auf den Passanten ausüben.[4]

Negativstruktur als Steuerungsinstrument

Darüber hinaus kommt der Negativraumstruktur noch in einer anderen Hinsicht eine große Bedeutung zu: Sie ist das wirkungsvollste Entwicklungs- und Steuerungsinstrument der Stadtplaner. Während Art, Dichte und Höhe der Bebauung innerhalb weniger Jahrzehnte wechseln können, bleibt die Netzstruktur des Straßensystems oft über Jahrhunderte bestehen und überdauert Erdbeben und Kriege. Aus diesem Grunde ist der Entwicklung oder Veränderung der Negativraumstruktur die größte Bedeutung zuzumessen, und gerade in neuen Siedlungsgebieten müssen darum nicht nur städtebauliche, sondern auch verkehrsplanerische Normen neu überdacht werden. Die Negativraumstruktur entspricht den »gefrorenen« Bewegungslinien der Menschen; daher müssen ihre Ansprüche an die Umwelt Vorrang vor allem anderen haben[5]: Wenn man Siedlungen nicht für Autos baut, sondern für Menschen, dürfen ihnen nicht in erster Linie Verkehrsnormen wie Regelquerschnitte, Tiefen von Wendeplatten, Abstände der Bebauung vom Schrammbord etc. zugrunde gelegt werden, sondern Normen der menschlichen Wahrnehmung und des menschlichen Verhaltens. Auch das ist allein eine Bewußtseins- und Willensfrage der Beteiligten.[6]

4 Vgl. D. Engel, R. und V. Jagals, Netzstruktur und Raumstruktur, in: Stadtbauwelt H. 12, 1966.
5 Vgl. D. Crawford, Straitjacket, in: Architectural Review, H. 10, 1973.
6 Eine gründliche Überprüfung und Revidierung verkehrstechnischer Normen unter stadtgestalterischen Gesichtspunkten findet sich in: Essex Country Council, A Design Guide for Residential Areas Oxford 1973.

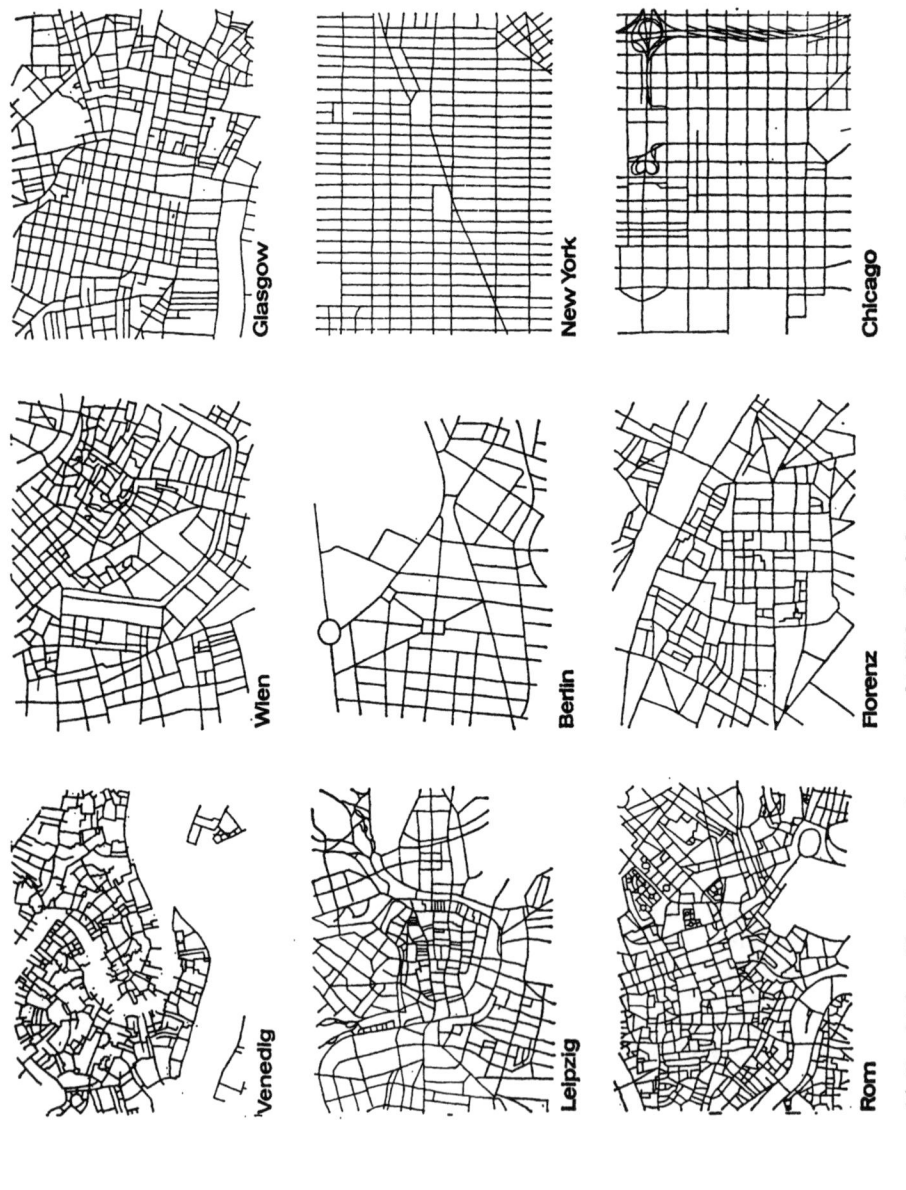

4.3 Fassadenfolgen

Ein wesentlicher Teil des Reizes neuer Städte aus jüngster Zeit, wie Port la Grimaud oder Reston, beruht auf einem offensichtlichen Geheimnis stadtgestalterischer Planung. Wenn in Port la Grimaud die Breite der Kanäle variiert und mit niedrigen Häusern da gesäumt wurde, wo sie eng, mit hohen dort, wo sie breit werden und man besonders gute Aussicht hat; wenn sorgfältig vermieden wurde, Häuser auf die gleiche Höhe oder die gleiche Breite zu bringen, so macht das den eigentlichen Reiz einer solchen Anlage aus. Die Unregelmäßigkeit innerhalb eines gemeinsamen Rahmens als Gesetz, nicht die altprovencalischen Dachziegel oder die imitierten mediterranen Fassaden sind das Geheimnis Port la Grimauds, Restons oder auch mancher neu geplanten Wohnquartiere. Im konkreten Planungsfall kann dieses bewußte Spiel mit der Unordnung innerhalb einer vorgegebenen Ordnung sowohl für die Sequenzplanung als auch für das Raumprofil oder die Ausbildung und Abfolge von Fassaden gelten. So werden vielfältige Einfalls- und Reflexwinkel für Sonne und Schatten durch gebrochene Fluchtlinien erreicht, die gegeneinander verdreht und versetzt sind; ebenso sind verschiedenartige Fassadengliederungen, unterschiedliche Tönungen und Materialien in einer Häuserreihe und verschiedene Hausbreiten, Dachgesimshöhen, Dachneigungen und Dachausbildungen die eigentlichen Geheimnisse abwechslungsreicher Fassadenfronten.

Stadtgestalterisches Planungsprinzip

Heute stellt sich ebenso wie bei Stadterweiterungen auch bei Stadterneuerungen die Frage, wie eine solche lebendige Vielfalt zu ermöglichen sei. Wenn Teile einer Stadt beispielsweise aufgrund der vorhandenen historischen Substanz charakteristische Elemente des Stadtimages, Angelpunkte der Attraktivität einer gesamten Stadt sind, dann stellt sich die Frage, in welcher Form sich solche Bereiche in Zukunft entwickeln sollen und wie diese Entwicklung zu steuern ist. Im allgemeinen werden heute für diese Bereiche die aus Gründen des Denkmalschutzes und des Stadtbildes erhaltenswerten Gebäude festgeschrieben. Für die übrigen vorhandenen, aber ersetzbaren Gebäude werden normalerweise städtebauliche Leitbilder über die zukünftige Entwicklung eines solchen Gebietes fixiert, die immer von einem angestrebten Endzustand ausgehen und in mehr oder weniger eng gefaßten Bebauungsplänen vorgeschrieben werden, ja oft noch durch zusätzlich einengende Gestaltungssatzungen ergänzt sind. Dieses Verfahren widerspricht jedoch dem tatsächlichen Prozeß der Stadtentwicklung. Die Einzelgebäude eines solchen Bereiches sind in der Regel nicht gleichzeitig und von einem Architekten geplant, sondern zu unterschiedlichen Zeiten erbaut, verändert, renoviert, zerstört, wieder aufgebaut, modernisiert und umgebaut worden. Im Ergebnis hat jedes dieser Einzelgebäude innerhalb der gemeinsamen Stadtgeschichte seine Eigenart entwickelt, ablesbar an unterschiedlichen Gebäudebreiten, Dachformen und Dachneigungen, Fassadengliederungen, Farben und Materialien – freilich inner-

47 Unregelmäßigkeit als Gesetz – innerhalb eines gemeinsamen Rahmens!

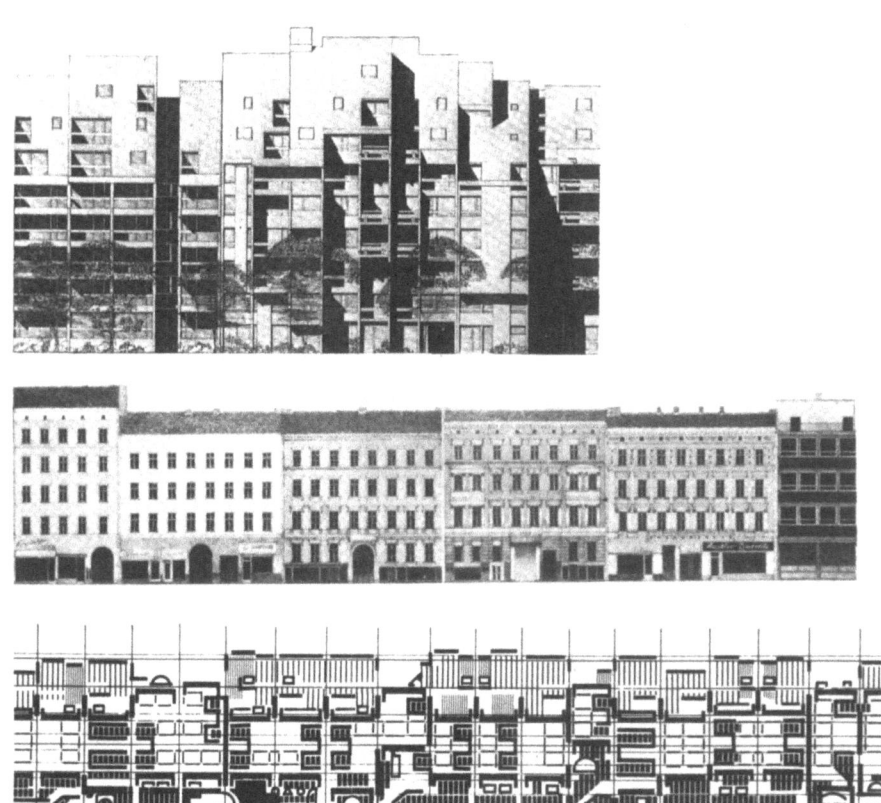

48 Geplante und gebaute Vielfalt in Straßburg, Berlin und Schwetzingen

halb gewisser allen Einzelgebäuden gemeinsamen Grenzen, wie etwa Stockwerkzahl, Dachform oder Gebäudetyp. So müssen Planungsverfahren, die dem tatsächlichen Prozeß der Stadtentwicklung entsprechen, so angelegt sein, daß sie nicht nur als zeitbedingt, oft kurzlebige städtebauliche Leitbilder alle zukünftigen Um- und Neubauten in ein gemeinsames Korsett beispielsweise gleicher Dachform und Dachneigung, gleicher Traufhöhe, gleichen Grenzabstandes oder gar gleicher Fassaden zwängen. Das aber bedeutet, daß Gestaltungsprinzipien entwickelt werden müssen, die innerhalb eines allgemeingültigen Rahmens möglichst große Freiheit und damit Vielfalt der baulichen Erscheinung ermöglichen. Dieser allgemeine Rahmen wird von Stadt zu Stadt, von Bereich zu Bereich variieren und einmal gleiche maximale Stockwerkszahlen, ein anderes Mal die zulässigen Dach-

49 Veränderung eines Straßenabschnittes von 1630 bis 1945

formen wie etwa Flachdach oder geneigtes Dach umfassen. Innerhalb dieses Rahmens jedoch müssen die Gestaltungsprinzipien im Interesse einer möglichst großen individuellen Freiheit des einzelnen nicht die Gleichheit, sondern die Ungleichheit der Einzelgebäude fördern, ja manchmal sogar erzwingen. Daher dürfen beispielsweise – will man den individuellen Charakter einer Stadt, eines Stadtbereiches nicht nur erhalten, sondern auch weiterentwickeln – die Häuser

50 Gebaute Vielfalt – Gestern und Heute in Bologna, Portland und Paris

entlang einer Straße nicht immer gleich werden. Vielmehr muß gesichert sein, daß die schrittweise erfolgende Veränderung und Erneuerung von Einzelgebäuden wie von größeren Gebäudegruppen im weiteren Verlauf der Entwicklung durch unterschiedliche Gebäudebreiten, Gebäudehöhen, Dachformen und Dachneigungen, Grenzabstände, Fassadenausbildungen sowie unterschiedliche Farb- und Materialwahl geprägt wird. Sowohl die von der beabsichtigten Nutzung und die von den individuellen Gestaltungsabsichten geprägte individuelle Ausbildung eines Gebäudes als auch die zeitgemäße Weiterentwicklung des spezifischen Charakters eines Gebietes müssen möglich werden. Zeitgemäße Weiterentwicklung heißt dabei, innerhalb des notwendigen gemeinsamen Rahmens, der durch die allgemeingültige Dachform des geneigten Daches, die Bandbreite der zulässigen Geschosse oder die größtmöglichen Gebäudebreiten gegeben sein kann, gerade die zeitbedingte individuelle architektonische Ausbildung des Einzelgebildes zu fördern, soweit sie dem angestrebten zukünftigen Charakter des Gebietes dient. Damit beruht ein solches Gestaltungsprinzip für die Steuerung der Weiterentwicklung charakteristischer Stadtteile auf der systematischen Analyse der Gesetzmäßigkeiten verschiedener Straßenzüge in europäischen und außereuropäischen Städten und gilt sinngemäß nicht nur für die Stadterneuerung, sondern auch für die Planung neuer Stadtteile.

Ein Beispiel: Leonberg

An dem konkreten Beispiel der Planungsprinzipien für die weitere Entwicklung der Altstadt Leonberg (Baden-Württemberg) wird im folgenden die Anwendung dieses Gestaltungsprinzips erläutert. Die Gesetzmäßigkeiten der Abwicklung sind am Beispiel einer charakteristischen Straßenfrontabwicklung der Altstadt von Leonberg dargestellt, die den Charakter der Altstadt bestimmen[1]:
Die charakteristische Abwicklung wurde aus verschiedenen Einzelgebäuden zusammengesetzt, die heute in der Altstadt stehen – allerdings nicht in dieser Reihenfolge–, um an diesen typischen Fassadenfolgen die Gesetzmäßigkeiten zu demonstrieren, die den Charakter der Straßen Alt-Leonbergs bedingen. Normalerweise, so zeigen die Beispiele für typische Neuplanungen, würde man heute die zukünftige Entwicklung der Altstadt mit Bebauungsplanfestsetzungen ohne besondere stadtgestalterische Richtlinien steuern, die eine weitgehende Uniformität der zukünftigen Bebauung zur Folge haben könnten.[2] Dabei werden einerseits dem einzelnen Bauherrn und dem Architekten Zwänge auferlegt, die für Jahrzehnte Gesetz bleiben können, obwohl sie vielleicht schon zur Zeit, als sie rechtswirksam wurden, auf überholten städtebaulichen Leitvorstellungen beruhten. Andererseits werden dadurch gerade die Eigenarten unwirksam gemacht, die im Laufe der Entwicklung den besonderen Charakter der Altstadt geprägt haben. Ihre Gesetzmäßigkeiten sind an der ausgewählten typischen Fassadenfolge klar ablesbar und keineswegs zeitgebunden. Sie sind nicht nur die Ursache für

1 Vgl. M. Trieb, J. Veil, a. a. O.
2 Vgl. D. Wildemann, Erneuerung denkmalswerter Altstädte, München 1967.

ABWICKLUNG EINER TYPISCHEN FASSADE, DIE DEN CHARAKTER EINER STRASSE BESTIMMT

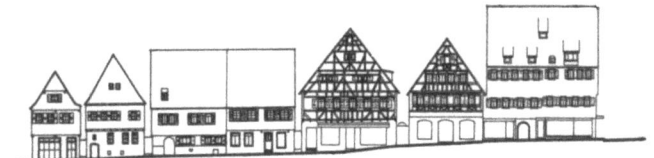

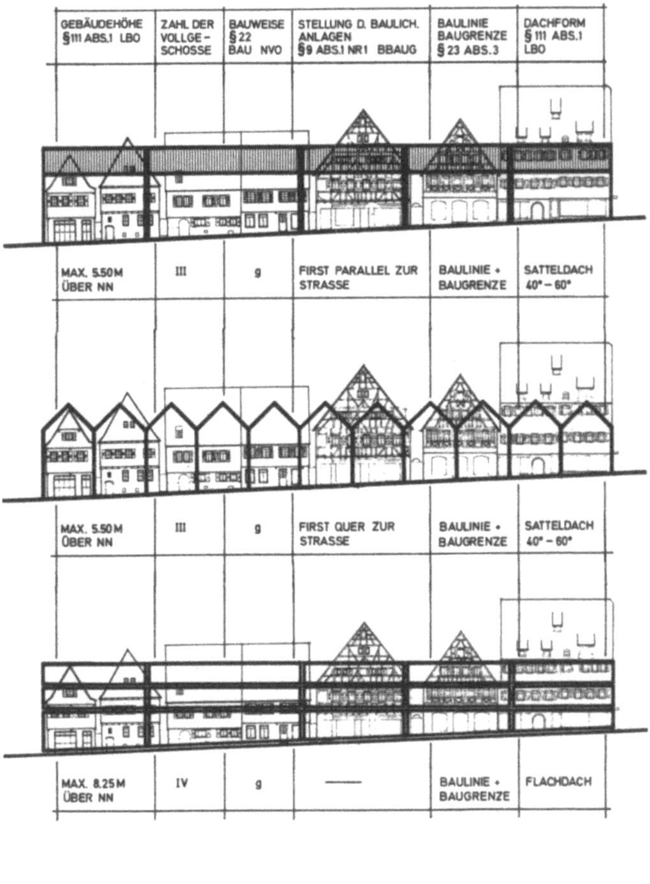

51 Gesetzmäßigkeiten der Abwicklung: unterschiedliche Gebäudebreiten, Traufhöhen, Dachformen, Dachneigungen, Baugrenzen und Fassadengliederungen

die Qualität bisher entstandener Straßen- und Platzsituationen, sondern auch die Faktoren, welche die weitere Entwicklung der Altstadt im Sinne zunehmender Attraktivität der Stadterscheinung bestimmen.
Die Analysen der Gebäudebreiten zeigen, daß die Fassadenfolge aus unterschiedlichen Gebäudebreiten besteht, die in Leonberg zwischen 5,40 und 12,90 Metern liegen. Dabei kristallisieren sich drei typische Gebäudebreiten heraus: die Gebäudebreite a (zwischen 4 und 6 Metern), die Gebäudebreite b (zwischen 6 und 9 Metern) sowie die Gebäudebreite c (zwischen 9 und 13 Metern). Die Gesetzmäßigkeit besteht darin, daß nur maximal zwei etwa gleiche Gebäudebreiten aufeinanderfolgen.
Die Untersuchung der Traufhöhe zeigt, daß diese von Gebäude zu Gebäude unterschiedlich ist und im Normalfall bis zu 1,20 Metern, im Extremfall bis zu 3 Metern variiert. Auch hier gilt, daß von sieben Gebäuden nur zwei nicht die gleiche, aber fast die gleiche Traufhöhe aufweisen.
Ähnliches zeigt die Überprüfung der Dachformen und der Dachneigungen. In dem hier gewählten Beispiel wechseln Giebeldach und Satteldach ab, darüber hinaus zeigt allein das Giebeldach vier verschiedene Variationen. Damit weisen die sieben Einzelgebäude zwei verschiedene Dachformen in jeweils unterschiedlicher Ausbildung aus. Die Dachneigungen liegen dabei bei den Giebeldächern zwischen 53 und 60 Grad, bei den Satteldächern zwischen 55 und 65 Grad. Damit liegen alle Dachneigungen in einer Bandbreite von 50 bis 65 Grad, wobei auch hier nur zwei Gebäude die gleiche Dachneigung von 55 Grad aufweisen, dies jedoch bei unterschiedlichen Dachformen. Eine ähnliche Varietät innerhalb einer gewissen Bandbreite gilt für den Abstand der Gebäude von einer angenommenen Baugrenze. Die Gebäudefluchten sind versetzt und weisen unterschiedliche Richtungen auf; diese Unterschiedlichkeit bestimmt den Charakter einer Straße in weit höherem Maße, als dem Grundriß zu entnehmen ist.
Die Fassadengliederung schließlich setzt das Prinzip der Ungleichheit der Gebäude je nach Art eines gegebenen Rahmens fort. Bei den Giebeldach- wie bei den Satteldachgebäuden differieren zunächst ähnlich erscheinende Fassaden im Detail erheblich, oft allein durch die unterschiedliche Anordnung im Prinzip gleicher Fassadenelemente wie Fenster, Türen und dergleichen, darüber hinaus aber auch durch die Farbe und Struktur des verwendeten Materials.
Aus dieser Analyse resultiert die Gesetzmäßigkeit der für Leonberg und viele andere Städte charakteristischen Straßen und Plätze; sie lautet, daß nicht jedes Gebäude im wesentlichen dem anderen gleicht, sondern sich in einem oder in der Regel mehreren der analysierten Gestalteelemente voneinander unterscheidet. Will man daher auch mit modernen architektonischen Mitteln in Zukunft diesen Charakter nicht nur erhalten, sondern weiterentwickeln, muß für jede Neuplanung folgende Planungsregel gelten:
Innerhalb einer gegebenen Bandbreite muß bewußt Abwechslung erzeugt werden durch unterschiedliche, sich abwechselnde Gebäudebreiten, Traufhöhen, Dachformen, Dachneigungen, Gebäudefluchten und Fassadengliederungen mit Material und Farbe.

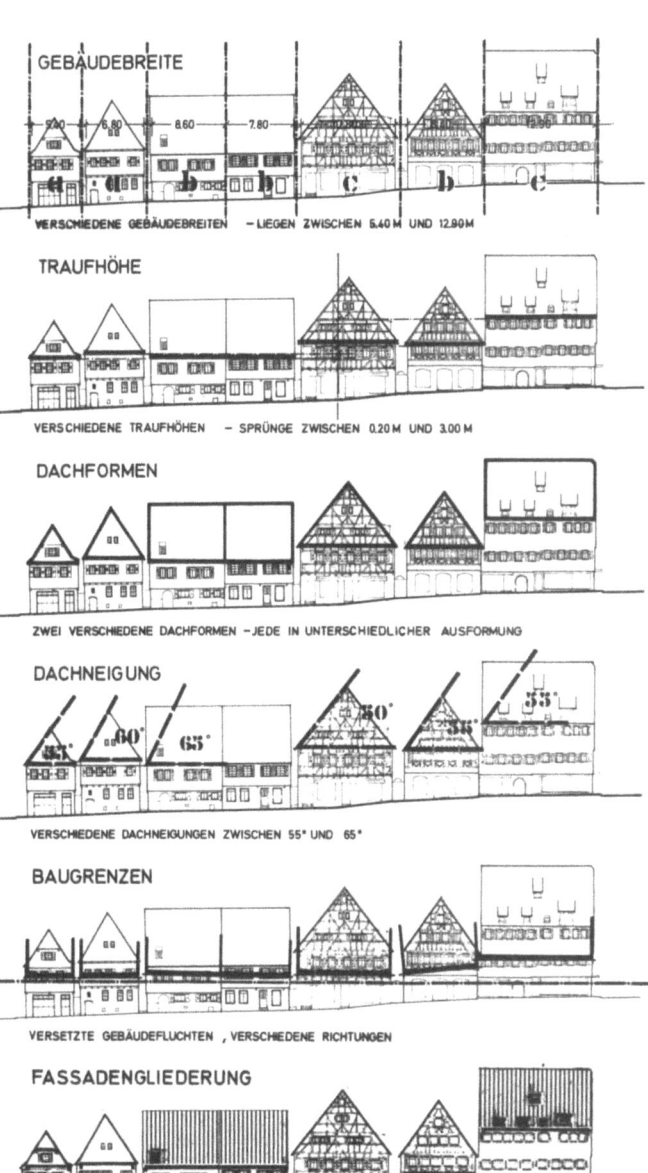

51 Gesetzmäßigkeiten der Abwicklung: unterschiedliche Gebäudebreiten, Traufhöhen, Dachformen, Dachneigungen, Baugrenzen und Fassadengliederungen

Gestaltungsprinzip als Grundlage einer Gestaltungssatzung

Diese Planungsregel ist in Leonberg als Grundlage einer Gestaltungssatzung angewandt worden.[3]

Räumliche Gliederung

Mit § 5 dieser Satzung werden die Regeln für die räumliche Gliederung beschrieben, die in der Satzung weiter ausgeführt sind: Abwicklungen müssen innerhalb des festgesetzten Rahmens durch unterschiedliche Fassadenbreiten, verschiedene Dachformen, wechselnde Dachneigungen, unterschiedliche Traufhöhen, verschiedene Firstrichtungen und vorspringende Gebäudefluchten gegliedert sein.

Fassadenbreite

In § 6 (1) (2) ist erläutert, welche Fassadenbreiten in der Altstadt zulässig sind und in welcher Form gleiche Fassadenbreiten aufeinander folgen dürfen.

Traufhöhe

In § 9 sind die Traufhöhen festgelegt, die maximal aufeinander folgen dürfen. Ihre Anordnungsregel basiert auf den zulässigen aufeinanderfolgenden Richtwerten und ist in eine Bandbreite von 1,20 Meter bei gleicher Stockwerkszahl eingebunden.

Dachformen- und Dachneigungen

In § 7 und 8 sind die zulässigen Dachformen und ihre Dachneigungen fixiert. Dabei ist als allgemeine Rahmenbedingung das Satteldach vorgeschrieben, das durch Sonderdachformen, wie beispielsweise versetzte Pultdächer, weiter differenziert werden kann. Außerdem ist als allgemeine Rahmenbedingung ein Dachneigungswinkel von über 50 Grad vorgeschrieben, der nur bei Sonderdachformen in bestimmten Gebieten, die in den Bereichsrichtlinien fixiert sind, unterschritten werden darf.

Gebäudefluchten

In § 11 ist festgesetzt, daß die Gebäudefluchten innerhalb einer Abwicklung unter Umständen versetzt werden müssen. Die Bandbreite dieses möglichen Versatzes ist zusätzlich festgelegt.

---

3 Vgl. Satzung zur Stadtgestaltung Leonberg, abgedruckt im Anhang S. 227 ff.

1. GEBÄUDEBREITE

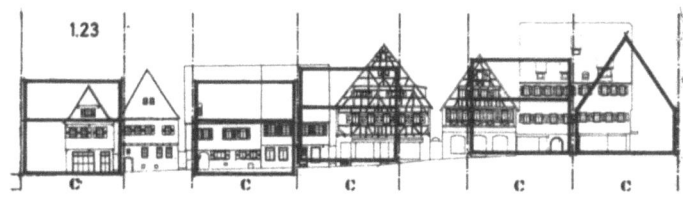

2. TRAUFHÖHE

52 Muster stadtgestalterischer Richtlinien: Auswirkungen von Festsetzungen über Gebäudebreiten, Traufhöhen, Dachformen und Dachneigungen, Baugrenzen und Fassadengliederungen

3. DACHFORM
4. DACHNEIGUNG

5. BAUGRENZE

6. FASSADENGLIEDERUNG

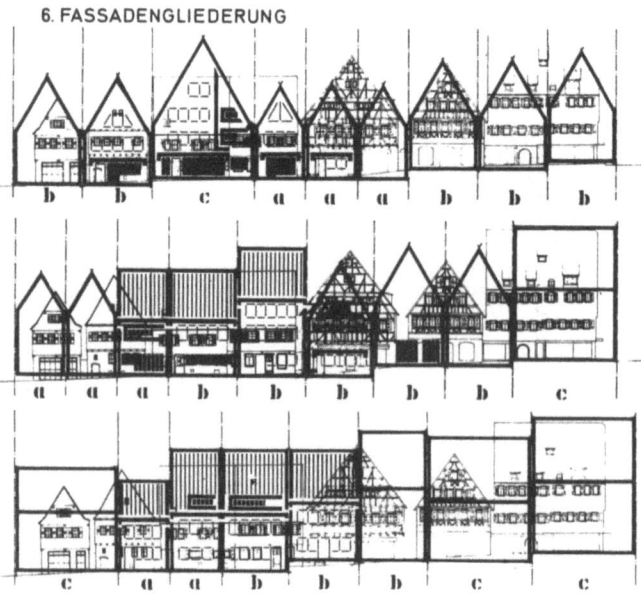

52 *Muster stadtgestalterischer Richtlinien: Auswirkungen von Festsetzungen über Gebäudebreiten, Traufhöhen, Dachformen und Dachneigungen, Baugrenzen und Fassadengliederungen*

53 Es ginge auch ohne stadtgestalterische Richtlinien, wenn immer Lösungen mit solcher Qualität angestrebt würden (Architekt Prof. Dipl.-Ing. Harald Deilmann)

Fassadengliederung

In § 12 sind die Fassadengliederungen fixiert. Die Gliederung der Fassaden soll im Maßstab ihrer Einzelelemente von den vorhandenen charakteristischen Fassaden in der Altsatdt ausgehen; dies kann aber in sehr modernen Formen und Materialien geschehen. Außerdem ist besonders auf die Ausbildung der Erdgeschoßzone hingewiesen.

Unterschiedliche Anwendungsmöglichkeiten

Die Konsequenzen dieser Satzung sind mit verschiedenen Anwendungsbeispielen dargestellt. Die erste isometrische Abwicklung zeigt den Bestand. Die folgenden

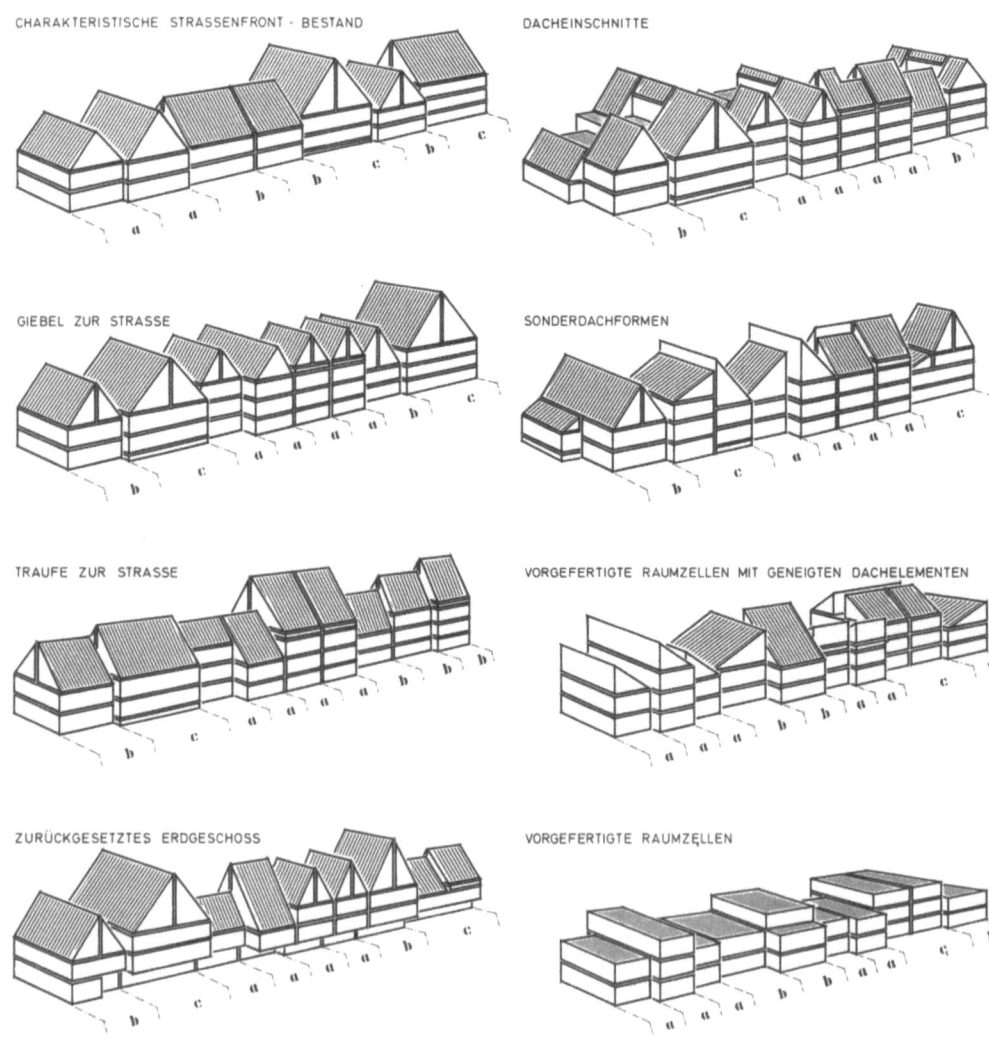

54 Beispiele möglicher Alternativen aufgrund des Gestaltungsprinzips der Abwechslung

Darstellungen zeigen beispielhaft, welche unterschiedlichen Möglichkeiten das Gestaltungsprinzip der Abwechslung innerhalb eines gewissen Rahmens, hier zwei bis drei Geschosse, für die Erneuerung des Bestandes bringen kann. Je nach der zusätzlichen Rahmenbindung, wie etwa geneigte Dächer mit dem Giebel zur Straße, der Traufe zur Straße oder beidem, mit zurückgesetztem Erdgeschoß, Dacheinschnitten oder Sonderdachformen wird der sich im Laufe der Erneuerung entwickelnde Straßencharakter verschieden sein. Aber auch innerhalb der gleichen Rahmenbedingungen (wie maximal drei Geschosse, geneigtes Dach, Giebel zur Straße) sind viele Varianten möglich, von denen hier jeweils nur eine dargestellt ist.

So steht jedes dieser Beispiele für zahllose mögliche Varianten, die durch unterschiedliche Wahl und Abfolge der Gebäudebreiten, durch vielfältige Variation der Traufhöhen, der Dachneigungen und Dachausbauten, der Dachformen, der Gebäudefluchten und nicht zuletzt der Fassadengliederung mit unterschiedlichen Materialien und Farben erzeugt werden können. Damit werden durch die Rahmenbedingungen einerseits, andererseits durch zusätzliche Randbedingungen die zulässige Gebäudebreite, die zulässigen Bandbreiten unterschiedlicher Traufhöhen, Dachneigungen oder Gebäudefluchten sowohl der Maßstab sowie der allgemeine Charakter der möglichen Erneuerung bestimmt. Die Regeln für die Unterschiedlichkeit aufeinanderfolgender Gebäudebreiten, Traufhöhen, Dachformen und Dachneigungen, Gebäudefluchten und Fassadengliederungen dagegen sichern das notwendige Maß der Vielfalt und ermöglichen zahllose Alternativen.

Das Gestaltungsprinzip hat also nicht nur für die Erneuerung einer Altstadtstraße Gültigkeit, sondern ebenso beispielsweise für die Planung einer Abwicklung von Flachdach-Reihenhäusern in einer neuen Siedlung. Dies sei mit Beispielen dargestellt, welche die gleiche Abwicklung aus vorgefertigten Raumzellen mit aufgesetzten Pultdächern oder Flachdächern aufbauen.

4.4 Repertoire der Stadtgestaltung

Art, Anordnung und gegenseitige Zuordnung der verwendeten Umweltelemente bestimmen die Umwelt. Die im folgenden aufgeführten Kategorien stadtgestalterischer Umweltelemente sind im Sinne einer Übersicht über das Gesamtrepertoire dargestellt. Im Einzelfall hängt die Verwendung dieser Elemente von der jeweiligen Planungsaufgabe, den verfügbaren Umweltelementen und von den jeweils relevanten stadtgestalterischen Zielsetzungen ab.

Topographie

Das topographische Repertoire umfaßt die Bodenarten, die Geländeausbildung im Planungsbereich wie charakteristische Formationen, wesentliche Geländeneigungen und das vorhandene Wassersystem – Bäche, Teiche, Seen, Flüsse. Die Ver-

55 Aktive, steigernde Nutzung der Topographie ...

wendung einer Hangseite über der Ortsmitte zur Anlage einer Aussichtsplatte ist aktive Verwendung des topographischen Repertoires; die Freihaltung einiger Sichtbeziehungen aus der Ortsmitte auf den Hang, wie etwa auf den Weinberg am Stuttgarter Hauptbahnhof, ist passive Repertoireverwendung. Die Freihaltung einer charakteristischen Hügelnase (Montmartre) ist bewahrend, ihre bewußt dominierende Bebauung steigernd, ihre Einbettung in umgebende Hochbebauung abschwächend; die damm- und hügelartige Ausbildung eines ehemaligen Flughafengeländes – Olympiagelände München – ist verändernd.

Das topographische Repertoire kann aktiv oder passiv genützt werden, dabei kann es bewahrend, steigernd, abschwächend oder verändernd sein. Die topographische Analyse des Planungsbereiches muß daher charakteristische Geländemerkmale, Abbrüche, Hügelnasen, Ebenen ebenso umfassen wie die Skala der auftretenden Geländeneigungen und Blickrichtungen von und auf charakteristische topographische Merkmale, die Bodenarten und das Wassersystem.[1]

Vegetation

Jede stadtgestalterische Analyse muß die vorhandene Vegetation auf die auftretenden Arten untersuchen, insbesondere auf deren Form oder Umriß, Textur, wie durchscheinend, dicht, glatt, zerklüftet, Größe, Verwendbarkeit, die vom Klima und Pflegebedarf abhängig ist und vom Verhalten während der Jahreszeit, wie immergrüne Baum- und Heckenarten. Die Vegetation stellt ein wesentliches Mittel der Umweltgestaltung dar. Beispielsweise kann ein dichter Baum prägnanter Form, wie etwa die Zypresse, eine Straßenseite gegen Westen ab-

---

[1] Vgl. K. Lynch, Site Planning, Cambridge, Mass. 1962, S. 14 ff. und S. 66 ff.

schirmen und raumbegrenzend wirken; ein verzweigter, dünnblättriger Baum wenig ausgeprägter Form mag im Sommer als schattenspendende Überdachung eines kleinen Platzes dienen. Für stadtgestalterische Zwecke sind dabei vor allem die Baumarten, die bodenbedeckenden Gewächse sowie die Heckensorten wichtig, die im Untersuchungsbereich vorhanden sind oder dort verwendet werden können. Das vegetative Repertoire kann ebenfalls aktiv und passiv verwendet werden, je nach Situation bewahrend, verändernd, steigernd oder abschwächend.[2]

Klima

Das klimatische Repertoire, das berücksichtigt werden muß, besteht aus der Skala vorhandener Temperaturschichten, Stufen vorwiegender Lichtintensität, der durchschnittlichen Niederschlagsmenge, Besonnungszeit der wesentlichen Teile des Untersuchungsgebietes sowie Windrichtungen, nach Intensität und Zonen ge-

56 Bewußte Arbeit mit den klimatischen Bedingungen . . .

gliedert. Jedes Gebiet hat ein allgemeines Klimacharakteristikum, das es mit der umgebenden Region teilt, und eine örtliche Abwandlung desselben, das lokale Klima, das durch natürliche (Topographie, Vegetation) und künstliche Gegebenheiten (Bebauung, Bepflanzung) bedingt ist, das heißt, die Form der Topographie, die Orientierung der wesentlichen Flächen, die Art der Oberflächen (Wald, Acker

2 K. Lynch, a. a. O., S. 72 ff.; L. Halprin, Cities, New York 1968, S. 176 ff.; R. L. Zion, Trees for Architecture and Landscape, New York 1973; A. Bernatzky, Baum und Mensch, Frankfurt 1973.

oder Bebauung) die Pflanzendecke, die Bebauung und die Art und Größe der Wasserflächen beeinflussen wesentlich das lokale Klima. Stadtgestalterische Arbeitsmethoden müssen dem Rechnung tragen; so können schon geringe Höhenunterschiede wesentliche Temperaturunterschiede bedingen (Stuttgarter Talkessel und umgebende Hügelrücken) und den Einsatz stadtgestalterischer Mittel mitbestimmen (z. B. intensive Baumpflanzung im Talkessel zur Verringerung der Aufheizung, Beschattung der Hauptfußgängerzüge). Die durchschnittliche Niederschlagsmenge beeinflußt den Grad der Überdachung von Ladenzonen in der Innenstadt, die Windrichtung die Stellung der Gebäude (Durchlüftung eines Talkessels, Zugerscheinungen in Passagen etc.).[3] Die bewußte Arbeit mit den jeweiligen klimatischen Bedingungen ist in der Stadtgestaltung besonders wichtig, da diese die Wahrnehmungsbedingungen entscheidend beeinflussen. Schon die Licht- und Schattenverhältnisse bei Sonnenschein wechseln von Landstrich zu Landstrich; aus der durchschnittlichen Niederschlagsmenge läßt sich die Zahl der Regentage für ein bestimmtes Gebiet ablesen, die Einfluß auf die notwendige Farbigkeit einer Stadt ausüben. Sicher ist es kein Zufall, daß der Farbenreichtum der Fassaden vom Mittelmeer aus bis nach Skandinavien, generell gesehen, größer und intensiver wird.

Straßenoberfläche

Die Ausbildung horizontaler Flächenstrukturen durch Farbe, Material und Gliederung der Fahrbahn und des Gehsteiges hat große Bedeutung für die Differenzierung der Umwelterscheinung. Wichtig sind vor allem die Flächen für Fußgänger; die Qualität des Gehsteiges beruht auf einer unmittelbaren, persönlichen Erfahrung visueller und taktiler Art durch den Fußgänger, da die Qualität des Bodenbelages die bequeme Benützung beeinflußt. Die Textur der Bodenbeläge kann die Bewegungen der Fußgänger in gewissen Grenzen steuern, das Betreten gewisser Flächen erschweren oder die Gehgeschwindigkeit bremsen, da glatte Oberflächen das Gehen erleichtern, rauhe es erschweren. Je nach überwiegender Aktivität kann der Oberflächenbelag verschieden ausgebildet werden – Einkaufen, Spazieren, Sitzen etc. – die mögliche Materialvielfalt ist groß – Asphalt, Beton, Klinker, Waschbeton, Natursteine wie Granit, Basaltlava, Schiefer.

Straßenwände

Ob ein Hochhaus, dessen Umrisse durch die Stadtplanung bestimmt wurden, ein »plumper Klotz« oder ein »filigranes Gebilde« wird, hängt nicht zuletzt von seiner Fassadenausbildung ab. So spielen auch vertikale Flächenstrukturen eine entscheidende Rolle beim Aufbau der Umweltkonfiguration; die Möglichkeiten sind unerschöpflich und reichen von vielen Variationen zum Thema Mauer bis zu

---

[3] K. Lynch, a. a. O., S. 19 ff. und S. 101 ff.; D. Olgyay, Design with Climate, New York 1969.

57 Straßenbelag zur Geschwindigkeitsbeschränkung . . .

unzähligen Fassadenausbildungsmöglichkeiten. Stadtgestalterisch relevant sind Gliederung, Textur, Plastizität und Farbe dieser Flächenstrukturen, deren richtige Verwendung aber nur im Einzelfall geprüft werden kann, soweit sie raumbestimmend sind und eine Rolle in der Raumfolge, der visuellen Sequenz spielen.[4]

Straßenbeleuchtung

Die Straßenbeleuchtung wird durch Lichtmenge, Lichtfarbe und Lichtart – offen, abgeblendet, indirekt – bestimmt. Ihr steht eine Vielzahl von Leuchtentypen zur Verfügung, die entlang der zu beleuchtenden Fläche einseitig, zweiseitig, mittig, hängend oder stehend angeordnet werden können. Die Wahl der Leuchtentypen sowie ihre Anordnung im Straßenraum ist stadtgestalterisch relevant, denn durch die Beleuchtung können stadtgestalterische Zusammenhänge verdeutlicht, betont, abgeschwächt oder aufgehoben werden. Dabei ist es nicht immer einfach, lichttechnische, verkehrstechnische und stadtgestalterische Fak-

[4] K. Lynch, a.a.O., S. 69ff.; L. Halprin, a.a.O.; R. Grebe, H. Wolff, Straße und Platz als städtebauliches Element, Nürnberg 1967; G. Cullen, Townscape, London 1961.

58 Vielfalt der Gliederung, Textur und Plastizität von Straßenwänden ...

toren gleichermaßen zu berücksichtigen. Beispielsweise verlangen oft licht- und verkehrstechnische Faktoren das Heranrücken der Leuchten an die Straße; die dann in der Perspektive selbst raumbildenden Masten lösen sich von den ursprüng-

59 Elemente vielfältiger Straßenbeleuchtung ...

lichen raumbildenden Elementen, den Fassaden zum Beispiel, und bilden einen selbständigen Straßenraum, der nachts beherrschend werden kann. Dabei beeinflußt die Leuchtenform und die Anzahl der Leuchten in einer Reihe den Grad der Abschließung. Andererseits kann durch die nächtliche Aufhellung wichtiger Gebäudefassaden ein charakteristischer Raumabschnitt betont, können durch die Auswahl der Leuchtenstandpunkte Raumfolgen gesteigert werden. Weitere Differenzierungsmöglichkeiten liegen im Grad der Ausleuchtung, in Außenbereichen geringer, im Zentrum höher, und der Lichtfarbe, warme Farbtöne für Fassaden und Fußgängerbereiche; darüber hinaus lassen sich durch gleiche Leuchtenformen und Lichtfarben wichtige Raumsequenzen herausheben, das heißt »Wege« unverwechselbar machen, »Bereiche« abgrenzen, »Brennpunkte« unterstreichen, »Merkzeichen« darstellen.[5]

Straßenmöblierung

Die Ausstattung des Straßenraumes mit Bänken, Blumen, Ampeln, Bäumen, Fahnenstangen, Feuermeldern, Vitrinen, Telefonhäuschen und dergleichen mehr

---

5 Vgl. A. Mander, Gestaltungsprobleme der Stadtbeleuchtung, München 1967; B. Ibusza, Eclairage Public et la Signalisation, Paris 1972.

ist für die Umwelterscheinung ebenso wichtig wie der zugrunde liegende Straßenraum selbst, vor allem für den ständigen Benutzer des Umweltabschnittes. Der Entwurf und die Anordnung dieser Elemente sind normalerweise noch weitgehend dem Zufall überlassen, abgesehen von technischen Kriterien. Die Standortbestimmung der »Straßenmöbel« ist eine stadtgestalterische Aufgabe, für die noch Kriterien entwickelt werden müssen. Telefonzellen sollten beispielsweise im Bereich lokaler Brennpunkte liegen, als Merkzeichen verwendbar und optisch leicht auffindbar sein; Plastiken sollten sich durch Farb- und Materialkontrast vom Hintergrund abheben, Brunnen für die Passanten zugänglich sein und Ruhemöglichkeiten bieten, Vitrinen nicht in der Gehlinie des Hauptfußgängerstromes liegen und dergleichen mehr. Es gibt aber auch eine Reihe von Straßenmöblierungselementen, die oft nicht vorausgesehen werden und dann unter Umständen um so unliebsamere Überraschungen darstellen, wie Streusandkästen, Trafosta-

60 Geglückte Placierung von Straßenmöblierungselementen . . .

61 Hinweisschilder in innerstädtischen Gebieten ...

62 Aktivitäten im öffentlichen Raum

tionen, Überflurhydranten, Bedürfnisanstalten.[6] Darüber hinaus bestimmt die grafische Information wesentliche Teile der städtischen Umwelt. Verkehrszeichen, Richtungsschilder, Litfaßsäulen, Zeichen und Symbole wie das Wirtshausschild, der Richtungspfeil, Leuchtschriften und Reklamen bilden das grafische Informationsfeld, das sich in ständiger Veränderung befindet (Tag/Nacht, Wechsel der Firma etc.). Die Größe von Hinweisschildern hat für Bundesstraßen in innerstädtischen Gebieten ebenso stadtgestalterische Konsequenzen wie die Reklame-

6 Die folgende Aufstellung ist eine unvollständige Übersicht der im allgemeinen auftretenden Elemente, die erweitert werden kann und Überraschungen vorbeugen soll. *Straßenbeleuchtung*: Schaltkästen, Trafostationen, Masten, Beleuchtungskörper. *Stromversorgung*:

dichte in einer Geschäftsstraße; so stellt das grafische Informationsfeld ein stadtgestalterisches Repertoire dar, das vielfältige Möglichkeiten bietet. Ein Beispiel: Identität muß nicht auf einer spezifischen, maßgeschneiderten Form beruhen, sondern kann auch durch entsprechende grafische Informationen hergestellt werden usw.[7] Der Auswahl und Anordnung der Straßenmöblierung kommt deshalb große Bedeutung zu, weil sie den primären Erlebnisraum des einzelnen maßgebend bestimmen und so seine Umweltvorstellung stark beeinflussen kann.

Nutzungen und Aktivitäten

Im erweiterten Sinne gehören aber auch die Umweltnutzung und die daraus resultierenden Aktivitäten zum Repertoire der Stadtgestaltung. »Bereiche«, »Wege« und »Grenzen« werden beispielsweise weitgehend von der Art, der Lage, der Ausdehnung und der Dichte verschiedener Nutzungen bestimmt. Aktivitäten beeinflussen die erlebte Qualität einer Straße, eines Platzes entscheidend, und deshalb zeichnet sich als ein weiteres Arbeitsfeld der Stadtgestaltung ab, daß sogenannte Aktivitätenkonzepte entwickelt werden. In diesen sind die zu erwartenden Aktivitäten im öffentlichen Straßenraum hinsichtlich ihrer Art, ihrer Dauer und der Tageszeit, zu der sie sich ereignen sollen, bis zu einem gewissen Grade vorprogrammiert. Diese Aktivitätenkonzepte können bis zur Programmierung der angestrebten Passantendichte zu bestimmten Tageszeiten gehen, die durch die gezielte Anordnung bestimmter Nutzungen erzeugt wird.[8]

Schaltkästen, Trafostationen, Freileitungen, Oberleitungen. *Verkehrsausstattung*: Verkehrsbeschilderung, Richtungsschilder, Signalanlagen, Wartehallen, Rolltreppen, U-Bahnaufgänge, Schutzbarrieren, Entlüftungsanlagen, Parkuhren, Parkwächterhäuschen. *Posteinrichtungen*: Briefkästen, Telefonzellen, stummes Postamt, Verteilerkästen. *Feuerwehr*: Überflurhydranten. Feuermelder. *Provisorien*: Streusandkästen, Bauzäune, Plakatträger, Lotterien, Tombola, Transparente. *Sonstiges*: Bänke, Papierkörbe, Bedürfnisanstalten, Mülltonnen, Bäume, Grünflächen (siehe Vegetation), Vitrinen, Automaten, Zeitungsstände, Brunnen, Skulpturen, Flaggenmasten.
7 Zu den Veröffentlichungen, die Fragen der Straßenmöblierung behandeln, gehören unter anderem: E. Beazly, Design and Detail of the Space between Buildings, London 1967; H. L. Malt, Furnishing of Cities, New York 1970; L. Halprin, Cities, New York 1968; A. Mander, Stadtdetails und Stadtgestaltung, in: Deutsche Bauzeitschrift, H. 3, 1968; K. Lynch, Site Planning, Cambridge, Mass. 1962.
8 Vgl. D. Dellemann u. a., Burano – eine Stadtbeobachtungsmethode zur Beurteilung als Lebensqualität, Bonn 1972; C. Steinitz, Meaning and the Congruence of Urban Form and Activity, in: Journal of the American Institute of Planners, H. 7, 1968.

5. Planungsprozeß der Stadtgestaltung

5.1 Elemente der Planungsprozesse

Problemstellung

Eine stadtgestalterische Aufgabe kann von der Straßenmöblierung, der Einbindung von Neubauten in den vorhandenen Bestand über die Erneuerung von Teilen eines Stadtviertels, die Entwicklung neuer Stadtviertel, über die Programmierung der stadtgestalterischen Aspekte der Stadtentwicklung einer Großstadt bis zur Veranlagung der konstituierenden städtebaulichen Elemente des Stadtimages einer Region reichen. Die Problemstellung ist der stadtgestalterische Aspekt einer Planungsaufgabe. So kann sie lauten, die stadtgestalterischen Aspekte eines vorhandenen Stadtviertels zu überprüfen und zu verbessern. Sie kann aber auch die Entwicklung eines stadtgestalterischen Programms zum Inhalt haben, das der Planung einer neuen Siedlung zugrunde gelegt werden soll.

Wertvorstellung

Unter Wert wird hier der Gegenstand eines gesellschaftlich bedingten Bedürfnisses verstanden – etwa die Möglichkeit eines Lernprozesses in der urbanen Umwelt. Der Wert einer Straße hinsichtlich des Bedürfnisses »möglicher Lernprozeß« hängt damit einerseits von ihrer Eigenschaft ab, unmittelbar oder mittelbar dieses Bedürfnis befriedigen zu können, und hat andererseits zur Voraussetzung, daß das Subjekt überhaupt es als einen positiven Wert empfindet, gegebenenfalls etwas »zu lernen«. Vorstellung wird hier verwendet als die Form der idealen Widerspiegelung der zukünftigen objektiven Realität.

Zielvorstellungen

Sinngemäß sind Zielvorstellungen das Bestimmen von Zielen einer beabsichtigten Handlung, das Ergebnis der Bewertung verschiedener alternativ möglicher und wünschenswerter zukünftiger Zustände. So sind Ziele aufgefaßt als der gedanklich vorweggenommene zukünftige Zustand einer angestrebten Entwicklung; Zielvorstellungen als eine unter mehreren Wertvorstellungen, die zur Zielvorstellung der Planung erklärt wird. Unter Zielsetzung wird·dabei die Auswahl eines der möglichen Ziele verstanden, mit denen die Zielvorstellung angestrebt werden kann. So sind Zielsetzungen, vereinfacht ausgedrückt, Wertvorstellungen, die zum Handlungsziel des Planungsprozesses erklärt werden.

Analytische Zielsetzung

Die Zielsetzung Orientierung bedeutet damit beispielsweise, daß die Analyse eines Stadtviertels auf der Ebene des Stadtbildes so durchgeführt werden soll, daß man dem Ergebnis der Analyse alles entnehmen kann, was die Orientierung erleichtert oder erschwert. Die Zielsetzung ist damit im stadtgestalterischen Planungsprozeß der Entscheidungsparameter, der Art und Umfang der Bestandsaufnahme bestimmt. Lautet die analytische Zielsetzung Orientierung, so bestimmt diese, was in der Bestandsaufnahme erhoben werden muß, wie etwa: die Bestandsaufnahme muß alle für die Fußgängerorientierung voraussichtlich relevanten Elemente enthalten.

Bestandsaufnahme, Stadtbild, Stadterscheinung, Stadtgestalt

Die Stadtbild-Bestandsaufnahme umfaßt die Untersuchung der Anmutungsqualitäten, der Stadtbildelemente und der Vorstellungsqualitäten, soweit sie für die analytische Zielsetzung relevant sind. Etwa: Welche Bereiche sind für die Orientierung von Bedeutung?
In der Bestandsaufnahme der Stadterscheinung werden die Beziehungsqualitäten, die Erscheinungsqualitäten, die Sequenzqualitäten und die Wirkungsqualitäten untersucht, soweit sie für die jeweilige analytische Zielsetzung von Bedeutung sind. Etwa: Welche Erscheinungsqualitäten sind für die Orientierung wichtig?
Die Stadtgestalt-Bestandsaufnahme umfaßt die Untersuchung der Umweltkonfiguration, der Umweltgestalt, der Umweltbildung, des Umweltrepertoires, der Umweltnutzung und der Wahrnehmungsbedingungen, die für die analytische Zielsetzung wichtig sind. Etwa: Welche Umweltnutzung spielt für die Orientierung eine Rolle?

Analyse des Stadtbildes, der Stadterscheinung und der Stadtgestalt

Die Stadtbildanalyse untersucht die Ursache, aus der Anmutungsqualitäten, Stadtbildelemente und Vorstellungselemente für die Zielsetzung positiv oder negativ relevant sind. Etwa: Worauf beruht die positive oder negative Beurteilung eines Brennpunktes hinsichtlich der Orientierung?
In der Analyse der Stadterscheinung werden die Ursachen untersucht, aufgrund deren Erscheinungsqualitäten, Sequenzqualitäten, Beziehungsqualitäten oder Wirkungsqualitäten für die Orientierung von Bedeutung sind. Etwa: Die Diskrepanz von Wahrnehmungskontinuität und Nutzungsdiskontinuität an einem Brennpunkt spielt für die Orientierung eine besondere Rolle.
Die Stadtgestalt-Analyse erfaßt, warum und inwiefern Umweltgestalt, Umweltbildung, Umweltrepertoire oder die Umweltnutzung für die Orientierung positiv oder negativ relevant sind.

Veränderungsfaktoren

Veränderungsfaktoren sind Einflußfaktoren, wie etwa die Untersuchung vorangegangener Planungen, die eine Veränderung des erhobenen und analysierten Bestandes erwarten lassen, auch wenn nicht von seiten der Stadtgestaltung eingegriffen wird. Diese Veränderungsfaktoren können sein: zunehmende Baufälligkeit ganzer Straßenzüge, Maßnahmen der Verkehrsplanung, die in nächster Zeit realisiert werden, genehmigte neue Bauvorhaben etc.

Prognose Stadtbild, Stadterscheinung, Stadtgestalt

Die Stadtbild-Prognose umfaßt die Darstellung der weiteren Entwicklung der erhobenen Anmutungsqualitäten, Stadtbildelemente und Vorstellungsqualitäten, die ohne stadtgestalterischen Eingriff erfolgen wird, so vielleicht Verlust der Identität einer Straße, wenn sie, wie vorgesehen, verbreitert wird. Die Prognose der Stadterscheinung umfaßt die Darstellung der weiteren Entwicklung der etwa erhobenen Erscheinungsqualitäten, Beziehungs- und Wirkungsqualitäten ohne Eingriff der Stadtgestaltung. Etwa: Verlust der Kongruenz Wahrnehmungs- und Nutzungsbeziehung durch eine niedrige Hecke zwischen einem Gehweg und den sie begleitenden Kanal. Die Stadtgestalt-Prognose umfaßt die Darstellung der weiteren Entwicklung der erhobenen Fakotren der Stadtgestalt, die für die jeweilige analytische Zielsetzung relevant sind. Etwa: Verlust von »Hervorhebungen«, die als Überraschungselemente zur Orientierung beigetragen haben, durch die geplante Straßenverbreiterung.

Bewertung Stadtbild, Stadterscheinung, Stadtgestalt

Die Stadtbild-Bewertung stellt die von der Zielsetzung abhängige Beurteilung der relevanten Faktoren der Stadtbildebene und ihrer ungesteuerten Veränderung dar. Hier kann sich ergeben, daß ein Bereich für die Orientierung nicht eindeutig genug ist, aber hohe ästhetische Relevanz aufweist, die durch geplante Verkehrsmaßnahmen beeinträchtigt werden wird.
Stadterscheinungs-Bewertung bedeutet die von der jeweiligen Zielsetzung abhängige Beurteilung der für sie relevanten Faktoren der Stadterscheinung. Das könnte als Beispiel ergeben, daß die »Erscheinungsqualitäten eines Bereiches«, der für die Orientierung nicht eindeutig genug ist, sich nicht genügend von denen eines benachbarten Bereiches unterscheiden.
Die Stadtgestalt-Bewertung ist die Beurteilung der für die Zielsetzung relevanten Faktoren der Stadtgestalt. Hier kann das Bewertungsergebnis lauten, daß die Sequenzqualitäten eines Bereiches sich zu wenig von denen des benachbarten Bereiches unterscheiden, um für die Orientierung ausreichend zu sein.

Planungsparameter des Planungsprozesses

Zielsetzungen sind problemabhängige Entscheidungsparameter, die aus der jeweiligen Zielvorstellung für den spezifischen Problemaspekt entwickelt werden. Damit sind sie Bewertungsvariable, die im stadtgestalterischen Planungsprozeß ebenso der Analyse wie der Planung zugrundeliegen. Zielsetzungen der Planungsstufe sind damit stadtgestalterische Kriterien, die bei der Aufstellung und Realisierung eines Planungsprogrammes berücksichtigt werden müssen; darüber hinaus sind sie Entscheidungsparameter für die Auswahl der Alternativen, die dem Entwurf zugrundegelegt werden soll.

Externe Forderungen

Externe Forderungrn sind Gesichtspunkte, die bei der Entwicklung des stadtgestalterischen Programms berücksichtigt werden müssen. Diese externen Forderungen können wirtschaftlicher, sozialer oder funktioneller Art sein und Rahmenbedingungen des Programmes darstellen, wie etwa: die Verteilung der Nutzungsflächen nach Art und Maß der Nutzung müsse eine weitgehende Überlagerung sozialer Schichten veranlagen.

Programm auf der Stadtbild-, der Stadterscheinungs- und Stadtgestaltebene

Das Stadtbild-Programm umfaßt die Darstellung der weiteren Entwicklung, den Inhalt der stadtgestalterischen Planung. In ihm werden die angestrebten Merkmale der Stadtbildebene formuliert, die sie aufweisen muß, um der planerischen Zielsetzung zu genügen. Etwa: im Planungsgebiet Nutzungen und Aktivitäten so anzuordnen, daß sich ein abgewogenes, abgestuftes und sich durchdringendes System von »Bereichen«, »Wegen« und »Brennpunkten« ergibt, das Anmutungsqualitäten aufweist, die Orientierung und Innovation ermöglichen, und dem angestrebten Soll-Image entspricht. Das Stadterscheinungsprogramm muß die Inhalte des Stadtbildprogramms für die Ebene der Stadterscheinung präzisieren. Die wirksame Umwelt muß also Erscheinungs-, Beziehungs-, Sequenz- und Wirkungsqualitäten aufweisen, die die Orientierung und Anregung fördern, wie hohe Kongruenz von Wahrnehmungs- und Nutzungsbeziehungen oder sinnvolle Verknüpfung von Elementen der Einmaligkeit, Klarheit und Einprägsamkeit.
Das Stadtgestaltprogramm präzisiert die von der Stadtgestaltung direkt zu treffenden Maßnahmen. Es definiert die Umweltgestalt der einzelnen Raumabschnitte, die Art des Umweltrepertoires ebenso wie die Verwendung der Faktoren der Umweltnutzung.

Alternativen für Stadtbild, Stadterscheinung und Stadtgestalt

Die Stadtbildalternativen stellen die verschiedenen Möglichkeiten dar, auf der Ebene des Stadtbildes die Forderungen des Stadtbildprogrammes zu erfüllen. So kann das oben angeführte Beispiel für ein Stadtbildprogramm zu verschiedenen Entwürfen führen, die alle das Stadtbildprogramm erfüllen, das bedeutet, verschiedene Systeme von Stadtbild- oder Vorstellungselementen können Orientierung und Anregung ermöglichen.
Die Stadterscheinungsalternativen stellen die verschiedenen Möglichkeiten dar, eine der Stadtbildalternativen auf der Ebene der Stadterscheinung zu präzisieren.

Hier kann die angestrebte Verknüpfung von einmaligen, klaren und einprägsamen Erscheinungselementen durch verschiedene Kombinationen von Struktur- und Erscheinungsqualitäten gebildet werden.

Die Stadtgestaltalternativen stellen sinngemäß die verschiedenen Möglichkeiten dar, eine der Stadterscheinungsalternativen zu realisieren. Dabei kann die Erscheinungsqualität Einprägsamkeit durch die Art der Nutzung, durch eine auffallende Fassadenfarbe oder eine charakteristische Form des Straßenraumes gegeben sein.

Prognose aufgrund der Planungsalternativen

Alternativprognosen des Stadtbildes beruhen auf der Simulation der möglichen Entwicklung im Falle der jeweiligen Planungsalternative. Wie wird sich, beispielsweise, das bestehende Stadtbildsystem im Falle der einen oder der anderen Stadtbildplanung ändern? Alternativprognosen der Stadterscheinung simulieren ebenfalls die jeweils mögliche Entwicklung; sie untersuchen die voraussichtlichen Veränderungen der Stadterscheinung in den verschiedenen Fällen. Etwa, bei welcher Alternative werden die vorhandenen Erscheinungsqualitäten, die in der Stadterscheinungs-Bestandsaufnahme erhoben wurden, am sinnvollsten verwendet? Alternativprognosen der Stadtgestalt analysieren die aus den Alternativprognosen Stadterscheinung und Stadtbild resultierenden Konsequenzen für die Stadtgestalt. Wie wird sich das bestehende Stadtgestaltsystem aufgrund dieser oder jener Stadtbildalternative ändern?

Bewertung unterschiedlicher Entwicklungsmöglichkeiten

In der Bewertung der Stadtbildalternativen werden die verschiedenen Möglichkeiten aufgrund der relevanten Zielsetzung gewichtet. So kann eine Alternative ergeben, daß sie am besten die Zielsetzung Orientierung erfüllt, während eine andere die Anregung besonders stärkt und eine dritte schließlich die beste Kombination hinsichtlich beider Zielsetzungen ergeben wird. Durch die Bewertung der einzelnen Stadterscheinungsalternativen wird die Alternative auf der Ebene der Stadterscheinung ermittelt, die der auf der Ebene des Stadtbildes angestrebten Alternative am besten entspricht. Diese Alternative kann also aus einer bestimmten Anordnung von Erscheinungs- und Wirkungsqualitäten bestehen, die Orientierung und Anregung gleichwertig veranlagen. Auf der Ebene der Stadtgestalt wird schließlich die Stadtgestaltalternative ermittelt, die die ausgewählte Stadterscheinungsalternative am besten erzeugen kann. Hier wird also die sinnvollste Kombination von Faktoren der Stadtgestalt ermittelt, die der ausgewählten Stadterscheinungsalternative entspricht.

Entwurf auf der Ebene des Stadtbildes, der Stadterscheinung und der Stadtgestalt

Der Stadtbildentwurf definiert auf der Basis der ausgewählten Stadtbildalternative das angestrebte System von Vorstellungs- oder Stadtbildelementen und gibt Art und Lage der erforderlichen Anmutungs- und Vorstellungsqualitäten an. Der Stadterscheinungsentwurf bestimmt analog dazu das erforderliche System von Stadterscheinungselementen sowie Art und Lage der Erscheinungs- und Strukturqualitäten. Der Stadtgestaltentwurf legt Art und Lage der Abschnitte unterschiedlicher Umweltgestalt, der Sequenzqualitäten, der Umweltbildung, der Gestaltqualitäten, des Umweltrepertoires und der Umweltnutzung fest.

Die Lösung eines stadtgestalterischen Problems besteht also aus dem dreigliedrigen stadtgestalterischen Entwurf, der aus einem Stadtbildentwurf den Stadterscheinungsentwurf und aus diesem den Stadtgestaltentwurf entwickelt. Wenn also die Problemstellung lautete, die stadtgestalterischen Aspekte eines Stadtviertels etwa im Zusammenhang mit einem Sanierungsvorhaben zu verbessern, so beginnt der stadtgestalterische Teilprozeß des Sanierungsprozesses im Gegensatz zu diesem nicht mit der Verteilung von Art und Maß der Nutzung, sondern mit der Entwicklung eines komplexen Systems von Stadtbildelementen, mit der Planung des Stadtviertels, wie es sich später im Bewußtsein seiner Bewohner darstellen soll. Liegt das Stadtbildsystem fest, so wird aus diesem die dafür notwendige scheinbar und tatsächlich wirksame Umwelt, das Stadterscheinungssystem abgeleitet, das notwendig ist, um das angestrebte Stadtbildsystem zu erzeugen. Steht das Stadterscheinungssystem fest, wird daraus schließlich das Stadtgestaltsystem entwickelt, das eine aus dem Stadtbildsystem entwickelte Verteilung von Art und Maß der Nutzung enthält.[1]

5.2 Modell des Planungsprozesses

An dem Modell des Planungsprozesses lassen sich die einzelnen Schritte des stadtgestalterischen Planungsprozesses ablesen, wie sie aus dem theoretischen Modell der Stadtgestaltung gleichermaßen für die Arbeitsfelder der Projektplanung, der Bereichsplanung, der Systemplanung und der Prozeßplanung hervorgehen.

Flußdiagramm des Planungsablaufes

Die Problemstellung hängt von der Problemdefinition und dem Projekt-, Bereich-, System-, oder Prozeßaspekt der Planungsaufgabe ab. Sie bedingt die im jeweiligen Problemfall relevanten Wertvorstellungen, aus welchen die zu berücksichtigenden Zielvorstellungen zu entwickeln sind, und bestimmt den Umfang der Bestandsaufnahme. Die Zielvorstellungen definieren Art und Umfang der Bestandsaufnahme zuerst auf der Ebene des Stadtbildes, dann der Stadter-

---

1 Natürlich kann diese Flächennutzungsdisposition nicht die sein, die endgültig der ›Sanierung‹ des Stadtviertels zugrundegelegt wird, da dabei ganz andere mehr als nur stadtgestalterische Kriterien eine Rolle spielen müssen, so wie Stadtgestaltung nur ein Teilgebiet der Stadtplanung ist. Aber die stadtgestalterische kann die endgültige Flächennutzungsdisposition entscheidend beeinflussen.

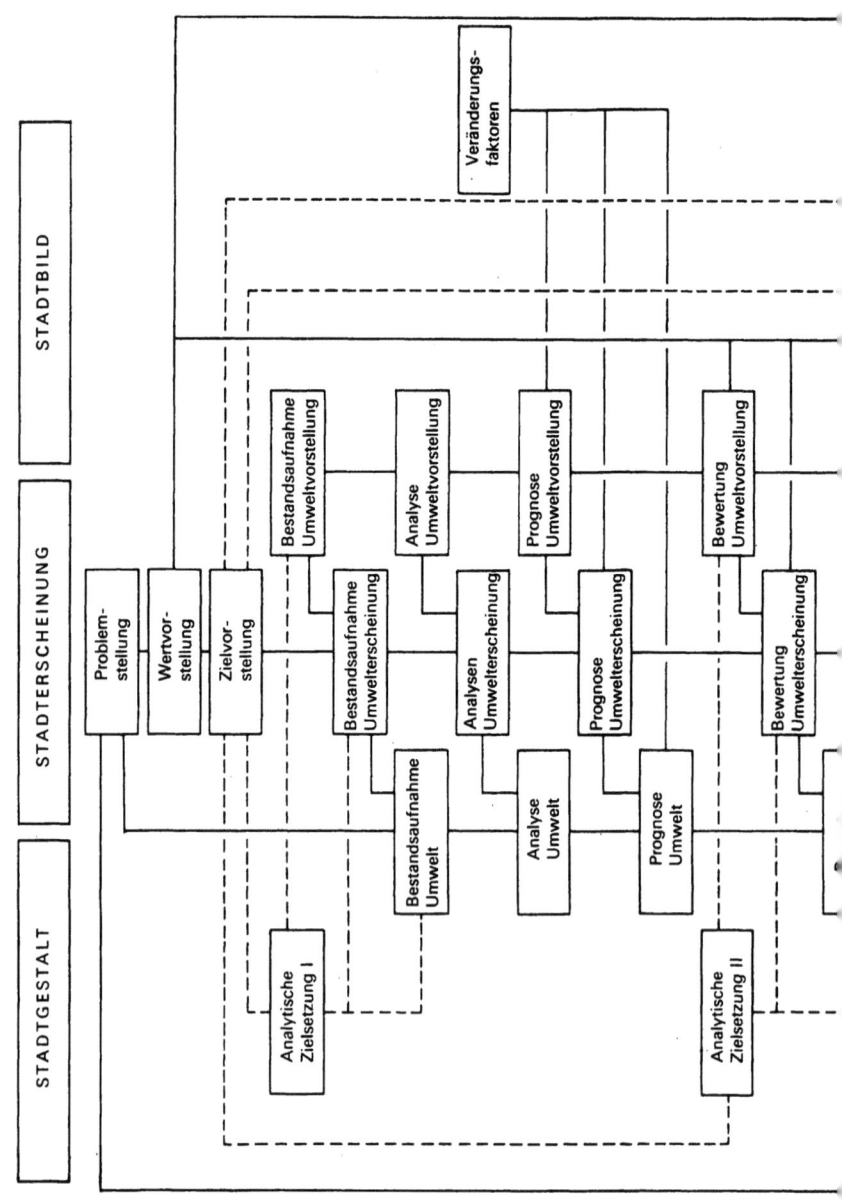

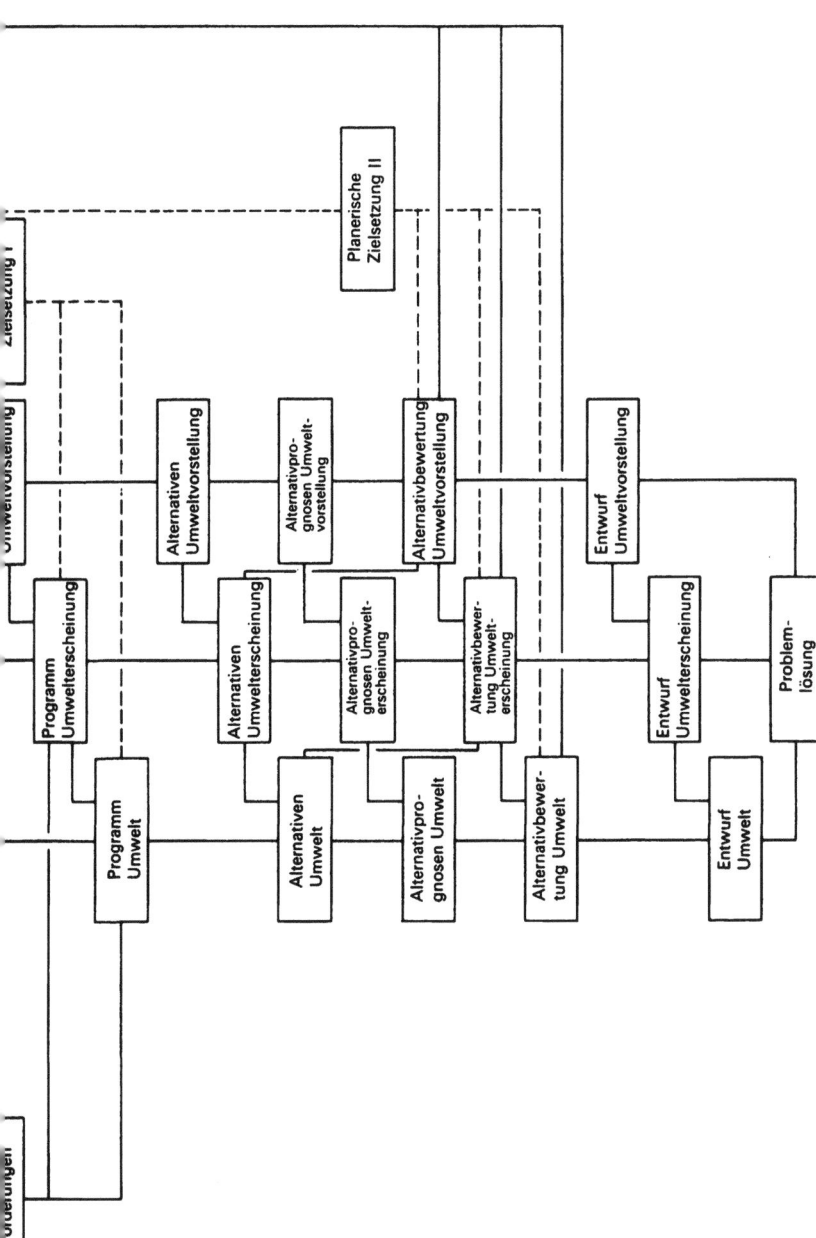

63 Modell des stadtgestalterischen Planungsprozesses

scheinung und schließlich der Stadtgestalt. Im Prozeß der Stadtbildanalyse, welcher die Stadterscheinungsanalyse und die Stadtgestaltanalyse folgt, werden die Ursachen für die Ergebnisse der Bestandsaufnahme untersucht. Unter Einbezug der Veränderungsfaktoren wird die weitere voraussichtliche Entwicklung ohne planerischen Eingriff in der Stadtbildprognose, der Stadterscheinungsprognose und der Stadtgestaltprognose simuliert und unter dem Aspekt der jeweiligen Ziele der Stadtgestaltung zunächst auf der Ebene des Stadtbildes, dann der Stadterscheinung und schließlich der Stadtgestalt bewertet. Auf der Basis der relevanten Zielsetzungen und in Abhängigkeit von externen Forderungen wird aus den Bewertungsergebnissen auf den drei Ebenen zunächst das Stadtbildprogramm, dann das Stadterscheinungsprogramm und gegebenenfalls das Stadtgestaltprogramm entwickelt. Aus dem Stadtbildprogramm werden dann Planungsalternativen auf der Ebene des Stadtbildes abgeleitet, aus welchen jeweils Planungsalternativen auf der Ebene der Stadterscheinung und der Stadtgestalt resultieren. Dann wird die von den einzelnen Alternativplanungen abhängige voraussichtliche weitere Entwicklung mit planerischem Eingriff untersucht und unter der jeweiligen Zielsetzung zunächst auf der Ebene des Stadtbildes, dann auf der Ebene der Stadterscheinung und der Stadtgestalt bewertet. Damit wird die auf der Ebene des Stadtbildes ausgewählte Alternative die Grundlage des Stadtbildentwurfes, aus welchem der Stadterscheinungsentwurf und der Stadtgestaltentwurf entwickelt werden können.

Unterschiedliche Planungsabläufe in der Stadtgestaltung

Dieser Ablauf des allgemeinen stadtgestalterischen Planungsprozesses ist in dem Modell des stadtgestalterischen Planungsprozesses dargestellt. Je nach Planungsebene und Arbeitsfeld allerdings variiert in dem durch das synthetische Modell vorgegebenen Rahmen der Planungsablauf im einzelnen. Im Falle der Projektplanung auf der Planungsebene der Sanierung erreicht der stadtgestalterische Planungsprozeß seinen höchsten Komplexitätsgrad, wenn die Sanierung unter stadtgestalterischen Gesichtspunkten bis zu konkreten Handlungsanweisungen führen soll, die in der verbindlichen Bauleitplanung fixiert werden können; hier endet der Planungsprozeß mit einem Entwurf auf der Ebene der Stadtgestalt. Die Bereichsplanung dagegen auf der Planungsebene der Stadtsteuerung, etwa die Entwicklung eines Rahmenplanes für einen Stadtbezirk unter stadtgestalterischen Gesichtspunkten, durchläuft unter Umständen nur die Planungsprozeßebene des Stadtbildes und der Stadterscheinung. Hier endet sie mit einem Entwurf auf der Ebene der Stadterscheinung, der die stadtgestalterischen Bedingungen des Rahmenplanes fixiert. Die Systemplanung auf der Planungsebene der Stadterweiterung, etwa die Planung eines zusammenhängenden Systems von »Wegen« und »Brennpunkten« in einer neuen Siedlung, kann sich gegebenenfalls auf die Entwicklung eines Systems von Stadtbildelementen beschränken. Diese kann mit einem Entwurf auf der Ebene des Stadtbildes enden, der durch Beispiele die auf der Ebene der Stadterscheinung und der Stadtgestalt zu treffenden Maßnahmen erläutert, wie etwa notwendige Erscheinungs-, Sequenz- und Wirkungsqualitäten der

»Wege«. Die Prozeßplanung schließlich kann auf der Ebene der Stadtsteuerung beispielsweise das komplette Stadtbildelementsystem einer Großstadt entwickeln und nach dem Durchlauf des analytischen und planerischen Teils des Planungsmodells auf der Ebene des Stadtbildes mit einem Entwurf abschließen. Dabei wird bewußt auf Anweisungen auf der Ebene der Stadterscheinung und des Stadtbildes verzichtet, um sie erst in späteren Realisierungsphasen zu entwickeln. So variiert der stadtgestalterische Planungsprozeß je nach den einzelnen Planungsebenen der Stadtsteuerung, der Stadterweiterung und der Stadterneuerung in Abhängigkeit von den Arbeitsfeldern der Projekt-, Bereichs-, System- und Prozeßplanung. Es ist selbstverständlich, daß der hier dargestellte Planungsprozeß in der Planungspraxis aus einer Reihe von Gründen, insbesondere finanzieller und zeitlicher Bedingungen wegen, nur selten so konsequent und vollständig durchgeführt werden kann. Entscheidend ist, daß die jeweils notwendigen wesentlichen Planungsschritte gesehen werden und daß der Verzicht auf einzelne Planungsschritte gegebenenfalls offengelegt wird.

5.3 Planungsprozeß in der Stadterneuerung

Am Beispiel des vollständigen stadtgestalterischen Planungsprozesses als eines Teils der Stadterneuerungsplanung wird im folgenden die Anwendung des Planungsmodells der Stadtgestaltung erläutert. Auch hier gilt natürlich, daß in der Planungspraxis diese Analyse- und Planungsphasen weder so vollständig noch in dieser strengen Reihenfolge ablaufen können; sie müssen es auch nicht. Je nach der örtlichen Situation, der Aufgabenstellung und den Randbedingungen politischer, finanzieller oder zeitlicher Art wird in der Regel nur der eine oder andere Teil des Gesamtablaufes bearbeitet werden. Außerdem sollte man stets einen iterativen Planungsprozeß anstreben und schon in der ersten Zeit der Beschäftigung mit einem Planungsproblem neben der Zielformulierung, der Bestandsaufnahme und ihrer Analyse auch erste Planungsschritte etwa in der Form möglicher Planungsalternativen bearbeiten; gerade der ständige Wechsel zwischen Bestandsaufnahme und Bestandsanalyse einerseits, Planungsschritten andererseits ist die fruchtbarste Arbeitsmethode. So stellt die Schilderung des stadtgestalterischen Planungsprozesses nicht etwa eine Entwurfsmethodik dar, sondern die Beschreibung der einzelnen Schritte in einer möglichen systematischen Reihenfolge.

Zielformulierung

Die Wertvorstellungen der Stadtbewohner, denen die Stadtgestaltung Rechnung tragen soll, lassen sich beispielsweise in dem Wunsch zusammenfassen, in einer vielfältigen, abwechslungsreichen und damit anregenden Gegend leben zu wollen, in der man immer wieder Neues erfahren kann und zu der die Bewohner positive emotionale Beziehungen herstellen können. Ein Stadtviertel etwa, in dem sich auch Fremde leicht orientieren können und das ästhetische Qualitäten aufweist, die mit dem Viertel Vertraute und Fremde gleichermaßen befriedigt. So kann die Zielvorstellung des Stadtplaners lauten, Planungsziel sei ein komplexes Stadtbildsystem von »Wegen«, die der Zielvorstellung Anregung und Orientierung entsprechen – um hier nur zwei mögliche Zielvorstellungen herauszugreifen.

Bestandsaufnahme

Die analytische Zielsetzung fordert dementsprechend von einer Bestandsaufnahme, daß sie alle für die Anregung und die Orientierung relevanten Stadtbildfaktoren erhebt. Das bedeutet die Erfassung der vorhandenen Anmutungsqualitäten, Umweltvorstellungselemente und Vorstellungsqualitäten zum einen unter dem Gesichtspunkt der Anregung, zum anderen unter dem der Orientierung. Sinnvollerweise werden zuerst die Vorstellungs- oder Stadtbildelemente wie »Wege«, »Bereiche« oder »Grenzen« untersucht, wie sie sich im Bewußtsein der Stadtbewohner darstellen, dann die von der jeweiligen Zielvorstellung abhängigen Anmutungsqualitäten erhoben, etwa anregende, aber schlecht ablesbare »Bereiche«, die interessante »Wege« begrenzen, die jedoch nicht verknüpfbar sind. Schließlich werden die Vorstellungsqualitäten erfaßt, die die Stadtbildelemente konstituieren und den Anmutungsqualitäten zugrunde liegen, wie Individualität und Einprägsamkeit. Dann wird die den Stadtbildelementen zugrunde liegende Stadterscheinung der »Wege«, »Bereiche« und »Grenzen« aufgenommen, werden die vorhandenen Erscheinungs- und Wirkungsqualitäten derselben erfaßt, wie etwa Intensität der Erscheinung und Nutzung. Schließlich werden die für die vorgenannten Bezugsebenen der Stadtgestalt relevanten Faktoren der Stadtgestalt erhoben, wie die Umweltkonfiguration oder Lage, Art und Dichte der Umweltnutzung.

Bestandsanalyse

Auf die Bestandsaufnahme unter der Zielsetzung Anregung und Orientierung folgt die Analyse, in der ermittelt wird, worauf die Ergebnisse der Bestandsaufnahme beruhen. Auf der Ebene des Stadtbildes werden die Anmutungsqualitäten auf Art und Konfiguration der konstituierenden Elemente der Anmutungsqualitäten untersucht und im selben Sinne die Stadtbildelemente hinsichtlich ihrer konstituierenden Vorstellungsqualitäten analysiert. Auf der Ebene der Stadterscheinung werden entsprechend die Art und Konfiguration der die Stadterscheinung konstituierenden Erscheinungs- und Wirkungsqualitäten analysiert, wie etwa Intensität der Erscheinung, Einmaligkeit der Nutzungen. Sinngemäß folgt die Analyse der relevanten Umweltkonfiguration auf der Ebene der Stadtgestalt, wie nicht klar ablesbare Nutzung oder viele gleichartige Straßenzüge.

Bestandsprognose

Anschließend wird in der Analysestufe der Bestandsprognose die voraussichtliche Veränderung des bestehenden Zustandes ohne Eingriff des Stadtplaners simuliert.

So wird beispielsweise auf der Ebene des Stadtbildes die voraussichtliche Veränderung der Anmutungsqualitäten, der Stadtbildelemente und der Vorstellungsqualitäten simuliert. Diese können aus Veränderungsfaktoren resultieren, die durch Verkehrsbauvorhaben gegeben sind, wenn durch eine Straßenverbreiterung ein »Weg« von einer »Naht« zu einer »Grenze« zu werden droht und der Verlust von Individualität und Einprägsamkeit zu erwarten ist – vorausgesetzt, daß ein stadtgestalterischer Eingriff nicht erfolgt. Ebenso werden die Veränderungen, die ohne einen stadtgestalterischen Eingriff auf der Ebene der Stadterscheinung und der Stadtgestalt stattfinden werden, simuliert und in diesem Fall vielleicht als voraussichtlicher Verlust bestimmter Erscheinungs- und Sequenzqualitäten analysiert.

Bestandsbewertung

Unter den gleichen Zielsetzungen wird dann das Ergebnis der Bestandsaufnahme und der Bestandsprognose bewertet. Dabei kann sich ergeben, daß die voraussichtliche, nicht von der Stadtgestaltung beeinflußte Bestandsentwicklung zwar einen Gewinn für die Zielsetzung Orientierung bedeutet, aber auf Kosten der Zielsetzung Anregung geht. Auch hier werden zunächst die Faktoren des Stadtbildes bewertet und dann entsprechend die Faktoren der Stadterscheinung und der Stadtgestalt unter den angenommenen Zielvorstellungen beurteilt; als Ergebnis wäre denkbar, daß der Verlust von Überraschungselementen die Orientierung erleichtern würde, die Möglichkeit der Anregung durch ein Überwiegen der Wiederholungselemente, durch Reduzierung der Wirkungsqualitäten und Vereinfachung des Umweltrepertoires jedoch verringert würde.

Planungsprogramm

Die Kombination externer Forderungen, wie Verbesserung der Verkehrsverhältnisse, und der planerischen Zielsetzungen mit den Ergebnissen der Bestandsbewertung führt zu der Formulierung der auf der Stadtbildebene angestrebten Merkmale und Qualitäten. So setzt die Zielvorstellung Anregung positive Reaktionen der Betroffenen auf die Anmutungsqualitäten voraus. Das bedeutet, daß diese durch ein abgewogenes und sich durchdringendes System von Stadtbildelementen, von »Bereichen«, »Wegen« und »Grenzen« aufgebaut werden müssen, die jeweils unterschiedliche Vorstellungsqualitäten, wie Individualität, Einprägsamkeit und Ablesbarkeit, aufweisen und den »Wegen« zum Beispiel ausreichende Kontinuität sichern, um Anregung und Orientierung gleichermaßen zu ermöglichen. Aus dem Stadtbildprogramm resultiert dann das Stadterscheinungsprogramm, das Erscheinungsqualitäten wie Einmaligkeit, Intensität oder Dominanz enthält, die durch Beziehungsqualitäten wie hohe Kongruenz von Wahrnehmungs- und Nutzungsbeziehungen verstärkt werden können. Im Stadtgestaltprogramm werden dann Lage und Art der Nutzungen, Aktivitäten und ihre dreidimensionale Ausbildung programmiert. Wenn komplexe sequentielle Erfahrung die Grundlage der Anregung ist, so würde also in diesem Beispiel versucht, die Wirkungsqualität Vorzugslage als immer wieder unerwartet auftauchendes Überraschungselement zu verwenden. Diese würde durch die Relation Wahrnehmungskontinuität/ Nutzungskontinuität die Erscheinungsqualitäten Einmaligkeit, Intensität und Dominanz veranlagen und dem Stadtbildelement »Weg« die Vorstellungsqualitäten Individualität und Einprägsamkeit verleihen. Analog dazu könnten Sequenzqualitäten vorgesehen werden, die Elemente des Umweltrepertoires wie Bäume als Wiederholungselemente auftreten lassen und so, ohne die Anregung zu beeinträchtigen, die Vorstellungsqualität Kontinuität ermöglichen und damit einem Passanten Orientierung erlauben.

Planungsalternative

In der Planungsstufe der Alternativentwicklung werden nun zunächst auf der Ebene des Stadtbildes, dann der Stadterscheinung und schließlich der Stadtgestalt die Planungsalternativen entwickelt, die das Planungsprogramm erfüllen. Das bedeutet, daß das Stadtbildsystem in verschiedener Weise ausgebildet sein kann und die Vorstellungsqualitäten Individualität, Einprägsamkeit und Ablesbarkeit in dem einen Fall nur auf visuellen Eigenschaften der Umwelterscheinung, im anderen Fall vor allem auf der Umweltnutzung und der Umweltbedeutung beruhen kann. So ist es durchaus denkbar, daß »Bereiche« und »Wege« überwiegend durch die Individualität, Einmaligkeit und Ablesbarkeit der Nutzungsverteilung charakterisiert sind und nur an manchen Stellen eine Kombination etwa von Einmaligkeit der Nutzung, Erscheinung und Bedeutung aufweisen. Ebenso können für die Erscheinungsqualitäten Einmaligkeit, Intensität oder Dominanz durch die Erscheinung, die Intensität durch die Nutzung und die Einmaligkeit durch die Bedeutung gegeben sein. Analog dazu können als Überraschungselemente eine oder mehrere Wirkungsqualitäten auftreten, wie etwa Vorzugslage, Hervorhebung oder Dominanz, oder Elemente des Umweltrepertoires, wie Farbe, Material Struktur. Alles das sind Elemente der Planungsalternativen, die sich außerdem kombinieren lassen.

Alternativprognosen

Auf der Planungsstufe der Alternativprognosen werden die Konsequenzen der einzelnen Alternativen hinsichtlich der immanenten Zielsetzungen und der externen Forderungen untersucht. So kann auf der Ebene des Stadtbildes eine Alternative eine heterogene Stadtbildelementstruktur aufweisen, die aus vielfältigen, sich überlagernden »Bereichen« besteht und die von einem einfachen »Wegsystem« durchzogen ist, das den Forderungen der Verkehrsplanung entgegenkommt, während eine andere Alternative einen weitgehenden homogenen »Bereich« entwickelt, der von einem differenziert strukturierten »Wegesystem« durchzogen ist, das verkehrsplanerische Ziele erschwert und einen geringeren Grad der Orientierungsmöglichkeiten bietet. Analog werden die Alternativprognosen auf der Ebene der Stadterscheinung und des Stadtbildes entwickelt.

64 *Stadtgestalterische Elemente der Stadterneuerung*

Alternativbewertung

Mit der Planungsstufe der Alternativbewertung nähert sich der stadtgestalterische Planungsprozeß dem Ende. Die Alternativprognosen auf der Ebene des Stadtbildes werden unter der Zielsetzung Anregung und Orientierung miteinander verglichen und danach ausgewählt, welche von ihnen die planerischen Zielsetzungen und die externen Forderungen am besten erfüllt. Die auf der Ebene des Stadtbildes ausgewählte Alternative begrenzt die auf der Ebene der Stadterscheinung möglichen Alternativen, die wiederum dem Bewertungsprozeß unterworfen werden müssen; schließlich bestimmt die ausgewählte Alternative auf der Ebene der Stadterscheinung die relevanten Alternativen der Stadtgestalt, die bewertet werden müssen.

Planungsentwurf

Auf diese Weise führt der stadtgestalterische Planungsprozeß zu den Grundlagen des Entwurfes auf der Ebene des Stadtbildes, dann der Stadterscheinung und schließlich der Stadtgestalt. Im Falle der Stadterneuerung wird daher der Entwurf zunächst auf der Stadtbildebene erfolgen müssen, der beispielsweise ein komplexes System von Stadtbildelementen vorsehen kann, das »Bereiche« als Zonen hoher, mittlerer und niedriger Intensität der Nutzung und Erscheinung mischt, die von einem hierarchisch differenzierten System von »Wegen« übergeordneter, örtlicher und lokaler Bedeutung durchzogen werden und von »Haupt- und Lokalbrennpunkten« gegliedert werden. Auf der Ebene der Stadterscheinung wird der Entwurf den Inhalt des Stadtbildentwurfs durch die Bestimmung und Verteilung der angestrebten Erscheinungs- und Wirkungsqualitäten präzisieren und damit die Grundlage des Stadtgestaltentwurfes werden, der »Bereiche« nicht nur durch die Umweltnutzung, sondern auch durch die Umweltgestalt veranlagt, der besondere Hausformen und Fassaden als Gebäudemerkmale, bestimmte Straßenraumproportionen als städtebauliche Merkmale zugrunde liegen können. »Brennpunkte«, als einmalige Überraschungselemente gedacht, die der Orientierung dienen sollen und damit Merkzeichencharakter aufweisen müssen, sind dann auf der Ebene der Stadtgestalt vielleicht ein unverwechselbarer Platz, dessen Raumeigenschaften und Repertoire einprägsame Elemente sind, dies vielleicht durch originelle, aber in sich einheitliche Beschaffenheit der Straßenoberflächen, Gehsteigbeläge, Fassaden, Beleuchtungskörper, Baumarten und Baumgruppierungen oder durch die Führung der Firstlinien. »Wege« können auf der Ebene der Stadtgestalt durch eines oder mehrere Elemente des Stadtgestaltrepertoires, die als Wiederholungselemente verwendet werden, Verknüpfbarkeit und damit Kontinuität erhalten, etwa durch Bäume, Farbe und Textur der Fassaden, Struktur der Gehwegflächen, einheitliche Beleuchtungskörper.

5.4 Arbeitsfelder der Stadtgestaltung

Vom Stadtimage bis zur Straßenmöblierung reicht das Arbeitsfeld der Stadtgestaltung. In jedem Planungsgebiet – das die ganze Großstadt wie auch nur ein Stadtteil sein kann – muß zunächst untersucht werden, welche Eigenschaften der Untersuchungsraum auf der Ebene des Stadtbildes aufweisen soll. So wird das Konzept des Stadtimages entwickelt; es formuliert, welche Ziele der Stadtgestaltung zu erfüllen sind. Dann wird programmiert, welche Stadtbildelemente, wie »Bereiche«, »Wege« oder »Brennpunkte«, das Planungsgebiet aufweisen soll: Das Stadtbildkonzept entsteht. Auf der Ebene der Stadterscheinung wird geplant, welche Wirkungen mit welchen Eigenschaften die Stadtbildelemente erzeugen sollen, und diese angestrebten Wirkungen werden in der Sequenz- und Bereichsplanung, unter Umständen auch in der Aktivitätenplanung fixiert. Wodurch diese Wirkungen ihrerseits erzeugt werden, wird auf der Ebene der Stadtgestalt sowohl mittels der Nutzungs- und Verkehrsplanung als auch mittels des Baumassenkonzeptes, des Konzeptes der Negativraumstruktur und des Umweltrepertoires festgelegt. Dabei zeigen sich die vielfältigen Lösungsmöglichkeiten innerhalb dieser Ableitungskette von der Stadtbildebene bis zur Stadtgestaltebene und umgekehrt.

Vom Stadtbild zur Stadtgestalt

Einerseits kann das gleiche Soll-Image mittels verschiedener Ziele der Stadtgestaltung erreicht werden. Durch unterschiedliche Vorstellungselemente kann das gleiche Ziel der Stadtgestaltung erreicht werden. Die gleichen Vorstellungselemente können durch unterschiedliche Wirkungen entstehen, und die gleiche Wirkung kann durch unterschiedliche Elemente der Stadtgestalt erzeugt werden.

Von der Stadtgestalt zum Stadtbild

Andererseits läßt sich ebenso aus Elementen der Stadtgestalt, wie Topographie, Vegetation oder künstlichen Elementen, die Wirkung »Umschließung« erzeugen. Bestimmte Arten der Umschließung in einem Gebiet können das Vorstellungselement »Bereich« bilden; interessante »Bereiche« erfüllen Ziele der Stadtgestaltung und wirken imagebildend im Sinne des Soll-Images. In dieser Ableitungskette sind die wissenschaftlichen ebenso wie die künstlerischen und politischen Aspekte der Stadtgestaltung verborgen. In der Ableitung des logischen Planungsablaufes liegt der wissenschaftliche Aspekt; die Entwicklung der Alternativen bedarf der künstlerischen Seite der Stadtgestaltung, und in Entscheidungen zwischen möglichen Alternativen ist außer dem wissenschaftlichen und dem künstlerischen auch der politische Aspekt der Stadtgestaltung zu sehen.

Konzept des Stadtimages

Das Imagekonzept wird aus der Analyse und Beurteilung des Ist-Images über die Formulierung des angestrebten Soll-Images entwickelt. Für das gesamte Untersuchungsgebiet wie für Teile desselben wird das Image analysiert, bewertet und in ein Soll-Image umgewandelt, das festhält, welcher Charakter mit welchen besonderen Eigenschaften für das ganze Gebiet und dessen einzelne Teile als Unterimage erreicht werden soll. Dieses Konzept des Stadtimages auf verschiedenen Ebenen des Untersuchungsraumes fließt in die Formulierung der Stadtentwicklungsziele ein.

Ziele der Stadtgestaltung

Ziele der Stadtgestaltung bestehen aus einer Hierarchie von Ober-, Haupt- und Unterzielen, die für jede Planungsaufgabe im einzelnen überprüft werden müssen. Auch sie werden für den gesamten Untersuchungsraum anders sein als für einzelne Teile desselben, so daß Ziele für die Gesamtstadt, für Bereiche, für Bereichselemente wie für einzelne Objekte möglich sind. Ebenso lassen sich Zielhierarchien für die Stadtbildebene, die Stadtgestaltebene und die Stadterscheinungsebene formulieren – die Kette der Umweltqualität von den Vorstellungs- bis zu den Wirkungsqualitäten. Diese Ziele der Stadtgestaltung fließen einerseits in die Stadtentwicklungsziele, andererseits in das Stadtentwicklungsprogramm ein.

Stadtbildkonzept

Im Stadtbildkonzept werden die vorhandenen Stadtbildelemente, wie »Bereich«, »Weg« oder »Grenze«, erhoben, bewertet und hinsichtlich ihrer angestrebten Veränderung geplant. So werden sie hinsichtlich der Lage, der Größe, ihrer hierarchischen Bedeutung und ihres Charakters konzipiert; dazu gehört die Entwicklung der konstituierenden Eigenschaften der Stadtbildelemente, der Vorstellungsqualitäten. Dieses Stadtbildkonzept fließt in den Stadtentwicklungs- oder Flächennutzungsplan ein.

Sequenzkonzept

Im Konzept der Sequenzplanung werden die Abfolgen bestimmter Wirkungen entlang von Sequenzen entwickelt, die das Stadtbildkonzept aufbauen und Zielen der Stadtgestaltung entsprechen. Dabei werden gleichzeitig »Bereiche«, »Grenz- und Brennpunkte« konditioniert und durch die Planung der Zeit, Dauer und Intensität der im öffentlichen Raum wirksam werdenden Aktivitäten ergänzt. Diese Sequenzplanung fließt in der Regel in die Rahmen- und Strukturplanung ein.

Höhen- und Baumassenkonzept

Mit dem Höhen- und Baumassenkonzept wird die räumliche Verteilung und der Aufbau der Höhenentwicklung sowie der Baumassen ebenso für das gesamte Stadtgebiet wie für Teilbereiche entwickelt. Diese Massen- und Höhenentwicklung wird dabei je nach Größe des Planungsgebietes unterschiedlich detailliert und damit Teil eines Stadtentwicklungsplanes, Planschicht des Rahmen- oder Strukturplanes oder Gegenstand mehrerer Bebauungspläne sein. Immer jedoch werden Sichtflächenpläne ergänzender Bestandteil eines solchen Höhen- und Baumassenkonzeptes sein müssen.

Negativraumkonzept

Das Sequenzsystem eines Planungsgebietes wird durch die Struktur des Sequenzsystems, wie gerade oder gekrümmte Straßen, ebenso bestimmt wie durch die Hierarchie der einzelnen Sequenzen. Diese Negativraumstruktur von offenen, halboffenen und geschlossenen Raumfolgen ist damit die dreidimensionale Ausbildung des öffentlichen Raumes, deren Planung auf der Ebene des Rahmen- und Stadtstrukturplanes wie auf der des Bebauungsplanes wirksam wird.

Fassadenabwicklung

Fassadengliederungen und Fassadenabwicklungen differenzieren die Raumfolgen des Negativraumkonzeptes. In Abwicklungskonzepten werden Fassadengliederung, Farb- und Materialstrukturen ebenso fixiert wie die mögliche Art der Fassadenfolgen. Solche Abwicklungskonzepte können als Gestaltungsrichtlinien Teil des Rahmen- oder Strukturplanes sein, die Bebauungspläne ergänzen oder in eigenen Gestaltungssatzungen fixiert werden.

Straßenraummöblierung

Konzepte für die Ausbildung einzelner Straßenräume, wie Fußgängerzonen oder Wohn- und Spielstraßen, gehören hier ebenso dazu wie Beleuchtungskonzepte für Stadtviertel oder die Gesamtstadt. Auch die Entwicklung und Steuerung des gesamten Straßenzeichensystems ist hier zu sehen; diese konkreten stadtgestalterischen Detailpläne können Bestandteil unterschiedlicher Planungsebenen sein.

6. Methoden der Stadtgestaltung

6.1 Bestandsaufnahme und Bestandsbewertung

Aus den einzelnen Phasen des stadtgestalterischen Planungsprozesses ergeben sich die im Einzelfall notwendig werdenden Bestandsaufnahmen. Die stadtgestalterische Bestandsaufnahme kann ebenso die Erhebung des Ist-Images einer Großstadt wie die Analyse der Papierkorbtypen in einem Stadtviertel betreffen; der Gegenstand der Bestandsaufnahme hängt nur von der jeweiligen Problemstellung ab. Die Beispiele für die unterschiedlichen Bestandsaufnahmen der Stadtgestaltung sind heute zahlreich.[1]
Sie können ebenso die Topographie, die Vegetation oder das Stadtklima umfassen wie die Umweltgestalt einzelner Straßen und Plätze, die Negativraumstruktur mit ihren unterschiedlichen Raumbegrenzungen, die Höhen- und Baumassenentwicklung, die Sichtflächen einzelner charakteristischer Gebäude oder die Umweltqualitäten, wie Wirkungs- oder Erscheinungsqualitäten. Darüber hinaus werden Stadtbildelemente, wie »Bereiche«, »Wege« oder dergleichen, erhoben, Ziele der Stadtgestaltung aus Bevölkerungsbefragungen oder Art, Zeit, Dauer und Ort bestimmter Aktivitäten im öffentlichen Raum analysiert. Außerdem werden Fassadengliederungen und Gesetzmäßigkeiten der Fassadenfolgen, Material- und Farbsysteme untersucht und Straßenmöblierungen erfaßt.
Nun gilt für alle diese Bestandsaufnahmen, daß sie anhand klar formulierter Kriterien, die aus Zielen und Wertvorstellungen der Stadtgestaltung abgeleitet sind, jeweils bewertet werden müssen. Ebensowenig wie eine Bestandsaufnahme der Topographie sinnvoll ist, wenn nicht aus ihr über eine Bewertung Schlüsse für die Planung gezogen werden können, ist die Bestandsaufnahme der Stadtsilhouette oder der Stadtbildelemente ohne Bewertung sinnvoll. Darüber hinaus gilt, daß eine Bestandsaufnahme in der Stadtgestaltung je nach den Beurteilungskriterien positive oder negative Ergebnisse zeigen kann.

---

[1] Als Beispiele für zahlreiche Gutachten, in denen sich Bestandsaufnahmen zur Stadtgestaltung finden, seien genannt: F. Bühler, M. Kolb, R. Wiesmaier, Stadtbilduntersuchung und Stadtbildkernerneuerung – Beispiel Rottweil, in: Stadtbauwelt, H. 35, 1972; E. Kossak, T. Sieverts, H. Zimmermann, Beratende Planung für kleine Städte, in: Stadtbauwelt, H. 17, 1968; San Francisco Planning Dept., Urban Design Plan, San Francisco 1971; M. Trieb, J. Veil, Rahmenplan und Satzung zur Stadtgestalt Leonberg, Leonberg 1973; T. Sieverts, M. Trieb, U. Hamann, Der Stuttgarter Westen als Erlebnisraum, Stuttgart 1974.

Beispiel: Bestandsaufnahme und Bestandsbewertung der Stadtbildelemente

Die Untersuchung der Stadtbild- oder der Vorstellungselemente ist schon oft durchgeführt worden und basiert auf Interviewmethoden, die Kevin Lynch entwickelt hat.[2] Im Grundsatz bestehen diese Erhebungsmethoden aus einer Ortsbegehung durch geschulte Beobachter, die das Stadtbildsystem des Untersuchungsgebietes analysieren und in einer Stadtbildkarte darstellen; parallel dazu wird in einer Interviewserie ein repräsentativer Bevölkerungsquerschnitt auf die stark oder schwach bewußten Stadtbildelemente und ihre Bewertung befragt. Nach der Überlagerung der Stadtbildskizzen der geschulten Beobachter und der Befragten werden die analysierten »Bereiche«, »Wege«, »Grenzen« und »Brennpunkte« zum einen auf die relevante Konfiguration von Vorstellungsqualitäten, zum anderen auf die Faktoren der Stadtgestaltung und der Stadterscheinung hin untersucht, die ihnen zugrunde liegt.[3] Allerdings unterscheidet sich die aus dem theoretischen Modell der Stadtgestaltung abgeleitete beschreibende Stadtbildbestandsaufnahme insofern von der Vorgehensweise Kevin Lynchs, als die Stadtbildelemente nicht auf eine Wert- und Zielvorstellung bezogen erhoben werden, sondern als »Urphänomene« der Umwelterfahrung wertfrei erfaßt werden. Wie diese urbanen Erfahrungsphänomene bewertet werden, hängt von ihren konstituierenden Elementen, der subjektiven Verfassung der Betrachter mit ihren verschiedenen Aspekten[4] und den Wert- und Zielvorstellungen ab, unter denen diese die Stadtbildelemente betrachten. Die Psychologie hat eine Reihe von Verfahren entwickelt, solche Bewertungen zu erfassen.[5] Gegenwärtig wird für die Ermittlung der Anmutungsqualitäten, die die bewertende Beschreibung der Stadtbildelemente darstellen, als Meßinstrument das semantische Differential oder Polaritätsprofil verwendet.[6] Es ist in der Regel eine Reihe von gleichen untereinander angeord-

---

2 Vgl. K. Lynch, Das Bild der Stadt, Berlin 1965.
3 Zu solchen Stadtbildanalysen gehören unter anderem: R. Linke, H. Schmidt, G. Wessel, Gestaltung und Umgestaltung der Stadt, Berlin 1970; J. D. Porteous, Design with People, in: Environment and Behavior, Vol. 3, H. 5, 1971; T. Sieverts, Stadt-Vorstellungen, in: Stadtbauwelt H. 5, 1966.
4 »Variables such as culture, personel and groupvalues, sentiment and symbolism and activity setting are also influential.« J. D. Porteous, Design with People, in: Environment and Behavior, Vol. 3, H. 5, 1971.
5 Vgl. K. H. Craik, The Comprehension of the everyday physical Environment, in: Journal of Planners, H. 1, 1968.
6 Die Entwicklung eines Instrumentariums zur Erfassung der konnotativen Aspekte der Umwelterfahrung basiert u. a. auf dem Meßinstrument des »semantischen Differentials«, das komplexe Umweltreize in skalarer Form erfassen kann und damit ein geeignetes Mittel für den Vergleich von konnotativen Aspekten von Umweltvorstellungselementen darstellt. Nach erfolgreichen Vorversuchen über die Operabilität des semantischen Differentials als stadtgestalterisches Meßinstrument für die wertenden Kategorien der Umwelterfahrung wird gegenwärtig in der Stadtgestaltung vorwiegend mit einem mehrstufigen Polaritätsprofil gearbeitet, mit acht voneinander unabhängige Er-

neten Wichtungsgraden, an deren Enden sich jeweils ein gegensätzliches Adjektivpaar befindet, wie etwa schön–häßlich. Die Befragten tragen auf diesen Skalen die subjektive Wertung ein, mit der sie den Befragungsgegenstand, eine Fassade, ein Gebäude, einen Straßenraum oder einen Bereich beurteilen. Die Auswertung dieser Polaritätsgrade ergibt ein zeichnerisch darstellbares Polaritätsprofil, etwa das eines Bereiches, der mit anderen »Bereichen« verglichen werden kann und die Bewertung der untersuchten »Bereiche« durch die Befragten aufzeigt.[7] Im Sinne dieser Untersuchung ist jedoch anzunehmen, daß der gleiche »Bereich« je nach der relevanten Wert- und Zielvorstellung unterschiedlich beurteilt wird. So erscheint es sinnvoll, verschiedene semantische Differentiale zu entwickeln, um je nach zu untersuchender zielabhängiger Wertung, wie Anregung, Orientierung oder gar Schönheit, mit entsprechenden gegensätzlichen Adjektivpaaren arbeiten zu können.

Urbane Korrelationen

Die quantitative Analyse der Fassaden eines Straßenabschnittes mit den maßästhetischen Methoden der Informationsästhetik allein sagen nichts über die Bedeutung dieser Fassadenfolge für die Qualität einer Straße aus. Auf der anderen Seite aber ergibt die qualitative Analyse dieser Fassaden, etwa mit Hilfe des semantischen Differentials, für sich genommen nichts über die Art, Zahl und Anordnung der vorhandenen Elemente des Umweltrepertoires, die das Image mitbestimmen. Erst durch die Gegenüberstellung quantitativer und qualitativer Faktoren dieser Fassadenfolge können urbane Korrelationen entwickelt, auf ihre gesetzmäßigen, wechselseitigen Beziehungen untersucht und für stadtgestalterische Prognosen verwendet werden. Erste Untersuchungen zu urbanen Korrelationen dieser Art gibt es[8] und werden durch informationstheoretische Ansätze zur Stadtbildpflege weitergeführt.[9] Für die Stadtgestaltung wird aber immer gelten müssen, daß die Ergebnisse informationstheoretischer Analysen immer qualitativen Aspekten gleichgesetzt werden müssen, bevor sie für die Planungspraxis relevant werden können.[10]

lebnisdimensionen erfaßt werden können. In diesen Erlebnisdimensionen spiegeln sich Anmutungsqualitäten wider, urbane Sachqualitäten, die im Stadtbewohner Stimmungen positiver oder negativer Art hervorrufen und in der Form von Erlebnisdaten den assoziativen Faktor der Wahrnehmung spiegeln. Dieses Meßinstrument wurde speziell für die konnotative Analyse der urbanen Umweltphänomene im Institut für Wirtschafts- und Sozialpsychologie der Universität Nürnberg-Erlangen unter der Leitung von Prof. Dr. J. Franke entwickelt. J. Franke, Der Städtebau als psychologisches Problem, in: Zeitschrift für experimentelle und angewandte Psychologie, Bd. XIX, H. 1, 1972; J. Franke, Zum Erleben der Wohnumgebung, in: Stadtbauwelt, H. 24, 1969.
7 Vgl. M. Krampen, Das Messen von Bedeutung, in: Architektur, Stadtplanung und Design, Werk, H. 1, 1971.
8 Vgl. J. Bortz, Erkundungsexperiment zur Beziehung zwischen Fassadengestaltung und ihrer Wirkung auf den Betrachter, vervielfältigtes Typoskript o.O., o.J.; M. Trieb, Urbane Korrelationen, vervielfältigtes Typoskript, Stuttgart 1969.

6.2 Sequenzsimulation und Notierungsverfahren

Sequenzsimulation

Wenn die Sequenzchoreographie eines Stadtbereiches mit einer urbanen Partitur zu vergleichen ist, so fehlt der Stadtgestaltung bisher die Möglichkeit von Probeaufführungen stadtgestalterischer Entwürfe. Die Entwicklung und Bewertung räumlicher Sequenzen aus der Sicht der Stadtbewohner setzt die Simulation des späteren sinnlichen Alltages der Betroffenen voraus, die schon im Entwurfstadium möglich sein muß. Die Aufgabe, sämtliche möglichen Wegsequenzen eines geplanten Stadterweiterungsgebietes dreidimensional zu simulieren, ist zwar heute mit den Methoden des Trickfilmes, der zahllose perspektivische Einzelzeichnungen aneinanderreiht, durchaus möglich, aber von dem notwendigen Zeit- und Arbeitsaufwand her normalerweise nicht realisierbar.

65 Notierungssymbole für Sequenzen

Computersimulation

Nun eröffnet die Entwicklung der Computertechnik neue Möglichkeiten. Schon seit einigen Jahren ist der Computer ein geeignetes Mittel für die Herstellung von Perspektiven, die etwa in einem Straßenraum die Stadterscheinung von einer bestimmten Gehlinie aus als Sequenzablauf in Einzelperspektiven beliebiger Zahl darstellen. Allerdings setzt diese Technik voraus, daß Raumprofil, Raumtiefe und sämtliche relevanten Raumdetails wie Straßenmöblierung, Fassadenstruktur und dergleichen als numerische Daten über x-, y- und z-Koordinaten in Lochkarten übertragen werden. Sind diese Daten erfaßt, so liefert ein Perspektivprogramm Perspektiven aus allen gewünschten Blickwinkeln und Entfernungen[11], die von automatischen Zeichenmaschinen aufgezeichnet oder von Bildschirmgeräten wie-

9 Vgl. A. Buttlar, A. Wetzig, Die Schönheit der Stadt berechnet, in: Süddeutsche Zeitung, Nr. 103, 1973.
10 Eine Kombination verschiedener Bewertungsmethoden wurde für die Befragung der Einwohner in einem Stuttgarter Stadtteil entwickelt. Vgl. dazu T. Sieverts, M. Trieb, U. Hamann, Der Stuttgarter Westen als Erlebnisraum, Stuttgart 1974.
11 Vgl. M. Krampen, Computer im Design, in: Kunst aus dem Computer, Stuttgart 1967.

dergegeben werden können. Seit einigen Jahren können diese Zeichenautomaten durch Leuchtschirmautomaten ersetzt werden, die bis zu 20 Bilder pro Sekunde aufeinanderfolgen lassen und damit filmartig den Sequenzablauf durch eine geplante Straße wiedergeben. Damit ergibt sich die Möglichkeit, geplante Straßensequenzen von jedem möglichen Standpunkt aus durch Leuchtschirmsimulation zu kontrollieren, an der auf einem Bildschirm projizierten Perspektive Korrekturen vorzunehmen, etwa das Raumprofil zu verändern – wobei diese Korrekturen automatisch zur entsprechenden Veränderung der gespeicherten Daten führen – und schließlich ganze Raumfolgen aus der Sicht eines Autofahrers oder eines Fußgängers zu simulieren. Die weitere technische Entwicklung wird entscheidende Verbesserungen dieser Verfahren bringen. Die Entwicklung elektronischer Abtastgeräte ermöglicht die automatische Datenspeicherung von normalen Entwurfsskizzen, die durch Verfahren der Transformation photogrammetrischer Analysen etwa einer vorhandenen Straße verfeinert werden und damit auch die Speicherung dreidimensionaler Daten der vorhandenen Straße erlauben. Die Kombination beider Verfahren wird die schnelle Simulation von Folgen planerischer Eingriffe in eine vorhandene Straßensequenz ermöglichen, mit der sich ein neues Gebäude mit veränderter Fluchtlinie in einer alten Straße ebenso simulieren läßt wie der Ersatz einiger Gebäude durch einen kleinen Platz etc.

Holographische Simulation

Schon heute ist darüber hinaus die stereographische Wiedergabe solcher Bildschirmsequenzen möglich, die mit der systematischen Verwendung der Holographie entscheidend verbessert werden. In Verbindung mit den vorgenannten Techniken könnte die Holographie der Stadtgestaltung in naher Zukunft ein Arbeitsmittel zur Verfügung stellen, das es ihr ermöglicht, sämtliche möglichen »Wegsequenzen«, beispielsweise einer neuen Siedlung, in beiden Bewegungsrichtungen in dreidimensionaler Form in einem Simulationsraum so zu projizieren, daß man in der projizierten Straßensequenz seinen eigenen Standort nach Belieben ändern kann, etwa um die Erscheinung desselben zum einen aus der Sicht des Fußgängers auf dem rechten Gehsteig, zum anderen aus der Sicht des Autofahrers zu prüfen.[12] Damit zeichnet sich heute ein Arbeitsinstrument der Stadtgestaltung ab, das es ihr ermöglichen wird, ihre selbstgestellte Aufgabe ganz anders zu erfüllen, als es heute möglich ist. Wenn auch der im Rahmen dieser Untersuchung entwickelte stadtgestalterische Planungsprozeß grundsätzlich der gleiche bleiben wird, so wird sich doch der eigentliche Entwurfsprozeß, insbesondere der der Wirkungs-, Erscheinungs- und Sequenzqualitäten, weitgehend auf die dreidimensionale Ebene verlagern und durch den direkten Entwurf der dreidimensionalen, plastischen Sequenzen auf Bildschirmgeräten erfolgen.[13]

---

12 Vgl. M. Trieb, Simulation de l'Espace Urbain, in: AIPA – Journal, Paris 1970.
13 Vgl. D. Campion, Computer in Architectural Design, London 1968; C. Levasseur,

Sanierungsgebiet: Stadtbild Zustand

⊓	GEBÄUDEREIHE GESCHLOSSEN
⊓⊓⊓	REIHE AUS EINZELGEBÄUDEN, IN FASSADE UND DACHFORM ERHALTENSWERT
▓▓▓	DENKMALSWÜRDIG
▓▓D	UNTER DENKMALSCHUTZ
⊔⊓	UNTERBROCHENE RAUMBEGRENZUNG
⊔⊔⊔	OFFENE BAUWEISE FREISTEHENDE EINZELGEBÄUDE BILDEN STRASSENRAUM
∧∧∧	RAUMBEGRENZUNG FEHLT
⊔⊔⊔⊔⊔⊔	BÖSCHUNG UFERKANTE
⊓⊓⊓⊓⊓⊓	DAMM
⊓	BRÜCKE
⊓⊓⊓⊓⊓	PLATZ - STRASSENRAUM
▓▓▓	ENGE GASSE
☐	GRÜNANLAGE GARTEN PARK ÖFFENTLICH
▓▓▓	UNZUGÄNGLICHE FLÄCHEN
▭	FREISTEHENDE BAUKÖRPER
⊠	MASSSTABSFREMDES BAUWERK
◆	TURM, WEITHIN SICHTBAR
●	SCHORNSTEIN
①	FACHWERKHÄUSER 17.-19. JAHRH.
②	KLASSIZIST. BÜRGERHAUS VERSCHIEFERT
③	KLASSIZIST. REIHENHAUS VERSCHIEFERT
④	SPÄTKLASSIZIST. DOPPELHAUS VERPUTZT
⑤	SPÄTKLASSIZIST. REIHENHAUS VERPUTZT
⋮⋮⋮⋮	OFFENE WIESEN
O	EINZELBAUM - NATURDENKMAL
⊂∞⊃	BAUMGRUPPE GESCHLOSSEN
OOO	ALLEE, BAUMREIHE
ᴧᴧᴧᴧ	BUSCHWERK, GEHÖLZKANTEN

66 *Bestandsaufnahme der Negativraumstruktur*
(Aus einem Gutachten der Freien Planungsgruppe Berlin)

Notierungsverfahren

Es gibt zahlreiche Versuche, eine Zeichenschrift für die urbane Sequenzchoreographie im Sinne einer allgemeingültigen phänomenologischen Notierung des Umwelterlebnisses zu entwickeln, die von Lawrence Halprin über Philip Thiel bis zur Freien Planungsgruppe Berlin reichen.[14] Wenn sich bis heute keine derartige choreographische Zeichenschrift durchsetzen konnte, so liegt das nicht daran, daß sich eine solche nicht entwickeln ließe, sondern daran, daß weitgehend eine Einigung darüber fehlt, welche Inhalte der Bestandsaufnahme und der Planung in der Stadtgestaltung einer allgemeingültigen Notierungssymbolik be-

> Approches theoriques sur l'Utilisation de Perspectives sur Ordinateurs en Architecture, in: Techniques et Architecture, H. 5, 1971; B. Auger, Der Architekt und der Computer, Stuttgart 1972.
>
> 14 Vgl. P. Thiel, La Notation de l'Espace, du Mouvement et de l'Orientation, in: Architecture d'aujourd'hui, Nr. 9, 1969; L. Halprin, Motation, in: Progressive Architecture, H. 7, 1965; E. Kossak, T. Sieverts, H. Zimmermann, Beratende Planung für kleine Städte, in: Stadtbauwelt, H. 17, 1968.

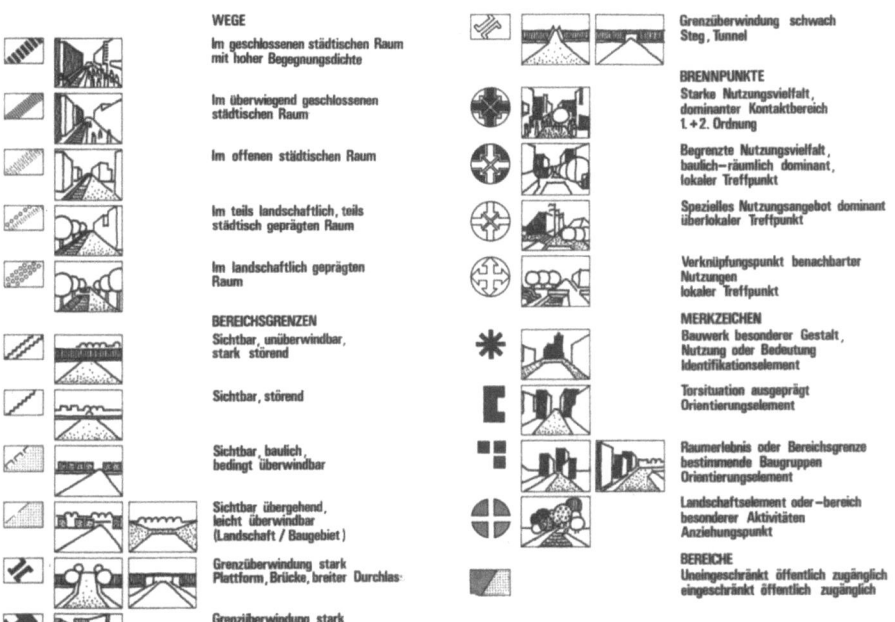

67 Notierungssymbole für Stadtbildkonzepte (Aus dem Entwurf für den neuen Stadtteil Hamburg-Allermöhe der Freien Planungsgruppe Berlin)

dürfen. Die Zeichenschriften, die der Praxis am meisten entsprechen, sind von der Freien Planungsgruppe Berlin entwickelt und oft in Arbeiten anderer Teams angewandt und übernommen worden. Treten aber neue Analyse- und Planungskategorien wie bei der hier entwickelten Sequenzplanung auf, so müssen diese Notierungsverfahren ergänzt werden. Entscheidend für die Brauchbarkeit eines Notierungssystems ist dabei allein, ob es in der Lage ist, analog zur Stenographie, zur Notenschrift oder zur Ballettchoreographie Inhalte der Stadtgestaltung in Kurzform zu verschlüsseln, um dadurch sowohl die Bestandsaufnahme als auch die Planung stadtgestalterischer Inhalte zu erleichtern. Gerade bei der Ausschöpfung der hier gezeigten Sequenzregeln wird für die Planung auf der Ebene der Stadterscheinung ein solches Notierungsverfahren notwendig – auch wenn die hier entwickelten Symbole noch keinerlei Anspruch auf Allgemeingültigkeit erheben wollen.

6.3 Stadtgestalterische Realisierungsmaßnahmen

Ausschöpfung des Planungs- und Bauordnungsrechtes

Planungskonzepte der Stadtgestaltung werden durch die volle Ausschöpfung des vorhandenen Planungs- und Bauordnungsrechtes unterstützt werden müssen.[15] Nicht nur durch die Strukturplanung und die daraus resultierende verbindliche Bauleitplanung, sondern vor allem auch durch die Erteilung der Baugenehmigung für den Um- oder Neubau einer baulichen Anlage wird das Stadtbild, die tatsächlich erlebte Umwelt der Einwohner, entscheidend geprägt werden. Das bedeutet, daß beispielsweise in Baden-Württemberg nicht nur die im Bundesbaugesetz in § 1, Absatz 5 (»die Bauleitpläne haben [...] der Gestaltung des Orts- und Landschaftsbildes zu dienen«) und § 9, Abs. 2 (»die Landesregierungen können [...] bestimmen, daß [...] Festsetzungen über die äußere Gestaltung baulicher Anlagen [...] in den Bebauungsplan aufgenommen werden können«) genannten Grundsätze und Möglichkeiten ausgeschöpft werden müssen, sondern daß auch die bauordnungsrechtlichen Bestimmungen der Landesbauordnung, wie sie in § 16 und § 17 LBO gegeben sind (bauliche Anlagen sind mit ihrer Umgebung so in Einklang zu bringen, daß sie die beabsichtigte Gestaltung des Straßen- und Ortsbildes nicht beeinträchtigen; sinngemäß § 16, Abs. 2 LBO). Dabei sollte die beabsichtigte äußere Gestaltung von baulichen Anlagen nicht nur als Teil der Strukturplanung (räumliches Konzept) entwickelt werden, sondern auch, soweit notwendig, auf der Basis von § 111, Abs. 1 Nr. 2 und Abs. 2 Nr. 2 der LBO in örtlichen Bauvorschriften, eventuell Gestaltungssatzungen festgelegt werden, um die eindeutige Beurteilung von Baugesuchen hinsichtlich § 16, § 17 der LBO im Baugenehmigungsverfahren durch das Baurechtsamt zu ermöglichen. Darüber hinaus sollten Befreiungen von den Festsetzungen des Bebauungsplanes im Baugenehmigungsverfahren insbesondere nur dann erteilt werden, wenn das Bauvorhaben einen Beitrag zur Verbesserung der Stadtgestalt im Sinne der stadtgestalterischen Planungskonzepte leistet. Damit kann die Möglichkeit der Befreiung nach § 31 (1) (2) Bundesbaugesetz zu einem Beitrag zum Wohle der Allgemeinheit im Sinne von § 31 (2) BBauG werden und auf diese Weise ein bewußtes, sinnvoll eingesetztes Rechtsinstrument für die Durchsetzung stadtgestalterischer Planungsempfehlungen werden. In einem ähnlichen Sinne sollten die Möglichkeiten des Städtebauförderungsgesetzes und einer novellierten Fassung des BBauG voll ausgeschöpft werden. Erfolge, die beispielsweise hinsichtlich des Stadtbildes in einigen Städten wie Alsfeld oder Bremen-Schnorr erzielt wurden, gehen nicht zuletzt auch auf eine konsequente Ausschöpfung der gesetzlichen Möglichkeiten zurück.

Gestaltungssatzung als Durchsetzungsinstrument

Wenn auch die rechtliche Stellung der Gestaltungssatzung hinsichtlich einzelner Bestimmungen umstritten und die Voraussetzungen für den Erlaß von Gestaltungssatzungen durch die Gemeinden von Bundesland zu Bundesland verschieden sind,

---

15 Vgl. T. Sieverts, M. Trieb, U. Hamann, a. a. O.

so gibt es doch von Schleswig-Holstein bis Bayern eine Reihe von Städten, die solche Satzungen erlassen haben.[16] Sicher sind die meisten Satzungen in gewissem Sinne passiver Art und auf den Schutz des vorhandenen Stadtbildes ausgerichtet; wie schon angedeutet, kann aber das Rechtsinstrument der Ortssatzung auch zur Sicherung der beabsichtigten Gestaltung des Straßen- und Ortsbildes dienen, zumindest in einigen Bundesländern. So sind bei dem Entwurf einer Satzung die jeweiligen rechtlichen Möglichkeiten und Grenzen eingehend zu prüfen, da davon die Art und der Umfang der möglichen Bestimmungen abhängen. Diese können, wie Beispiele bisheriger Satzungsentwürfe und Satzungserlasse zeigen, sehr umfangreich sein. Zu den möglichen Inhalten einer Gestaltungssatzung für eine Stadt oder Teile derselben gehören allgemeine Anforderungen an bauliche Maßnahmen hinsichtlich der Qualität und der Anpassung von Neu- und Umbauten an die Umgebung, Richtlinien für Fassadenabwicklungen mit Angaben zu Fassadenbreiten, Abfolge von Fassadenbreiten, Dachformen, Dachneigungen, Traufhöhen, Firstrichtungen, Gebäudefluchten, Fassadengliederungen, Material- und Strukturart der Fassaden, Farbgebung, Werbeanlagen.[17] Ebenso können Aussagen zur Ausbildung der Erd- und Obergeschosse und baulicher Details wie Erker oder Portale[18] in der Satzung enthalten sein und besondere Vorschriften für Baudenkmäler aufgenommen werden.[19] Auch Richtlinien für die Straßeninformationen, Reklamen wie Richtungs- und Hinweisschilder, die Art der Dacheindeckungen, der Dachaufbauten, der Fenster, Türen, Markisen, Schaufenster, Balkone und Brüstungen und der Einfriedungen sind möglich.[20] Außerdem können sogar besondere Anforderungen an Freileitungen und Antennen und an Tankstellen gestellt werden, selbst der Standort von Mülltonnen kann beeinflußt werden.[21]

System öffentlicher Zuschüsse

Die notwendigen Maßnahmen, die aus stadtgestalterischen Forderungen resultieren, sind für die privaten beteiligten Grundstückseigentümer und Bauinteressenten oft allein nicht finanzier- und durchführbar. Aus diesem Grunde muß von den Stadtverwaltungen als weitere Maßnahme ein Katalog möglicher Finanzierungshilfen entwickelt werden, der von Zuschüssen für Fassadenbeleuchtungen über Modernisierungsbeihilfen bis zu verlorenen Zuschüssen bei Objekt- und

16 Folgende Veröffentlichungen vermitteln eine gute Einführung in die Möglichkeiten und Probleme von Gestaltungssatzungen: V. K. Paschke, Die Idee des Stadtdenkmals, Nürnberg 1972; D. Wildemann, Erneuerung denkmalswerter Altstädte, Detmold 1971; K. Erdmannsdorffer, Die Ortssatzung – ein Mittel zur Rettung unserer Altstädte, in: Der Bauberater, H. 3, 1971.
17 Siehe als Muster einer Gestaltungssatzung, M. Trieb, J. Veil, Satzung zur Stadtgestalt Leonberg, Leonberg 1973 (Anhang).
18 Stadt Reutlingen (Planungsstab), Entwurf einer Altstadtsatzung Reutlingen, Reutlingen 1973.
19 Vgl. Stadt Bietigheim, Altstadtsatzung, Bietigheim 1970.
20 Vgl. K. Erdmannsdorffer, a. a. O.
21 Vgl. Stadt Rüsselsheim, Bausatzuung Rüsselsheim, Rüsselsheim 1963.

Gruppensanierungen reicht. Dieser Finanzierungskatalog sollte nicht nur die möglichen Zuschüsse seitens der Stadt, sondern auch des Landes und des Bundes umfassen, sowie auf weitere Darlehnsformen hinweisen. Wie beispielsweise in London, sollte dieser Katalog von verlorenen Zuschüssen bis zu zinsverbilligten Krediten nach den verschiedenen Anwendungsmöglichkeiten gegliedert und in der Form leicht verständlicher Broschüren veröffentlicht und an alle Interessenten verteilt werden. Parallel dazu sollten durch gezielte Öffentlichkeitsarbeit, beispielsweise durch die Veröffentlichung und Erläuterung dieses Finanzierungskataloges in der Tagespresse, die hier vorhandenen Möglichkeiten ständig in das Bewußtsein der möglichen Interessenten gerückt werden.

Realisierung stadtgestalterischer Maßnahmen

Die Verbesserung der Stadtgestalt sollte innerhalb der Stadtverwaltung als ein eigenständiger, zusätzlicher Aufgabenbereich gesehen werden. Wenn zu den vorgeschlagenen Maßnahmen zur Verbesserung des Erscheinungsbildes beispielsweise die Erhaltung und Herauspräparierung der Fassaden bestimmter Straßen und Plätze gehört oder stellenweise der Umbau des öffentlichen Straßenraumes nicht aus Verkehrsgründen, sondern zur Verbesserung der Qualität des öffentlichen Raumes notwendig wird, so bedingt das den Entwurf und die Realisierung dieses Entwurfes durch eine verantwortliche Stelle innerhalb der Stadtverwaltung, vorzugsweise des Stadtplanungsamtes. Die bisherigen Erfahrungen haben gezeigt, daß mittel- und langfristige Maßnahmen zur Verbesserung des Stadtbildes nur da erfolgreich waren, wo innerhalb der Bauverwaltung eine entsprechende Stelle, Abteilung oder ein eigenes Amt mit qualifizierten Kräften eingerichtet wurde. Aus diesem Grund haben Städte wie Hannover, Braunschweig oder Freiburg schon eigene Planstellen für die Stadtgestaltung eingerichtet und besetzt. Hamburg und Berlin verfügen schon seit längerer Zeit über eine Abteilung für Stadtbild, wie Hamburg, oder sogar ein eigenes Amt für Stadtbildpflege, wie Berlin. Wesentlich ist dabei, daß diese Stellen in der Lage sind, eigene Stadtbildkonzepte selbst oder aus Wettbewerbs- bzw. Gutachterarbeiten zu entwickeln und sie, teilweise mit eigenem Budget, durch die verantwortliche Koordination der beteiligten Abteilungen und Ämter, insbesondere der Verkehrsabteilungen, des Tiefbauamtes, des Hochbauamtes sowie der Privatinitiativen in die Wirklichkeit umzusetzen. So legt, um nur ein Beispiel zu nennen, das Amt für Stadtbildpflege der Baubehörde Berlin, das schon seit etwa zehn Jahren besteht, nicht nur fest, in welchen Stadtteilen welche Straßenzüge etwa aus dem 19. Jahrhundert erhalten werden sollen und wie sie zu renovieren sind, sondern gibt den Hauseigentümern aus einem eigenen Fonds Zuschüsse. Nicht in bar, sondern in der Form, daß das Amt die Fassaden selbst renoviert mit eigenen Bauleitern auf der Basis städtischer Ausschreibungen, während bei diesem Verfahren die Hauseigentümer die Kosten, die sie für eine Sicherung der Fassade hätten aufbringen müssen, an die Stadt überweisen. Ebenso wie eine gezielte Erneuerung bestimmter Fassadenzüge kann auch die Quartierverbesserung durch Maßnahmen im öffentlichen Straßenraum, etwa durch die

Verbesserung bestimmter Straßen und Plätze, nur dann gelingen, wenn *eine* verantwortliche Stelle die Ausbildung des Straßenraumes, die Auswahl der Straßenmöblierungselemente, wie Lampen, Papierkörbe, Bepflanzungen, Pflaster oder die Umgestaltung der Fassaden konzipiert, verantwortlich koordiniert und für die Realisierung zumindest in der Form künstlerischer und technischer Oberleitung sowohl innerhalb der Stadtverwaltung auch als gegenüber privaten Initiativen verantwortlich zeichnet.[22]

Förderung der Eigeninitiativen

Die nichtprogrammierten architektonischen und städtebaulichen Aktivitäten der Einwohner nehmen in vielen Städten im In- und Ausland in erfreulichem Maße zu und finden vielerorts die bewußte Unterstützung und Förderung durch die Stadtverwaltung. Die soziale Bedeutung der möglichen Eigeninitiativen im öffentlichen Raum durch die Einwohner ist heute schon sozialpsychologisch eindeutig belegt, und negative Beispiele, wie zunehmende Straßenkriminalität und soziale Unruhen in einzelnen Stadtvierteln aufgrund mangelnder Artikulationsmöglichkeiten, unterstreichen die Notwendigkeit eines solchen individuellen Freiraumes. Diese Aktivitäten können im Einzelfall beispielsweise von der Modernisierung und Verschönerung von Einzelgebäuden nach eigenen Vorstellungen der Bewohner über die Verbesserung der Außenanlagen bis zur Beteiligung an der Veränderung des öffentlichen Raumes der Straßen und Plätze reichen.[23] Damit wird nicht nur eine stärkere persönliche Beziehung der Einwohner zu ihrer täglichen Umgebung entscheidend gefördert, sondern auch bei sinnvoller Förderung und Koordination solcher Eigeninitiativen beispielsweise durch den Stadtteilbeauftragten dank der Verknüpfung öffentlicher und privater Initiativen eine weitaus schnellere und vielfältigere Verbesserung der Umweltqualitäten erreicht werden, als es der Stadtverwaltung alleine möglich wäre. Daraus ergibt sich für die Städte die Notwendigkeit, bei jeder städtebaulichen Maßnahme schon auf der Ebene der Strukturplanung einen Freiraum für die individuellen Aktivitäten der Nutzer einzuplanen; dabei sollte in jedem Einzelfall Art und Umfang der Möglichkeit von angestrebten Eigeninitiativen überprüft werden und dann in gezielter Öffentlichkeitsarbeit den Stadtbewohnern die Möglichkeit ihrer eigenen Aktivitäten bewußt gemacht werden.

Nutzung auf Zeit[24]

Für die Erhöhung der Qualität dichtbebauter Stadtviertel für die Bewohner wie

22 Vgl. P. Jesberg, Stadtgestaltung – Stadtbildplanung, in: Deutsche Architekten- und Ingenieurzeitschrift, H. 3, 1973.
23 Vgl. H. Schmidt-Brümmer, F. Lee, Die bemalte Stadt, Köln 1973.
24 Diese Realisierungsmaßnahme ist mit juristischer Präzision von Ulrich Conrads vorgeschlagen und formuliert worden. Vgl. U. Conrads, Architektur – Spielraum für Leben, Gütersloh 1972.

für die dort Arbeitenden sind Flächen für öffentliche Plätze, Spielplätze, Miniparkanlagen und die Aktivitäten von Bürgerinitiativen, Bürgerclubs, Vereinen, Interessengemeinschaften und sozialen Organisationen notwendig. Dafür reichen jedoch die in der öffentlichen Hand befindlichen Grundstücke in der Regel nicht aus. Deshalb kann in solchen Fällen, wie Ulrich Conrads vorschlägt, die Nutzung auf Zeit notwendig werden. Sie bedeutet die zeitlich begrenzte Überführung nicht oder unzulässig benutzter Grundstücke sowie leerstehender Gebäude in die Verfügungsgewalt der Städte, wenn diese oder von ihr Beauftragte bereit und in der Lage sind, solche Grundstücke und Gebäude als temporäre Spielplätze, Miniparks, bewirtschaftete öffentliche Treffpunkte, Clubs, Werkstätten, Ausstellungs- und Versammlungsräume einzurichten und zu unterhalten. Dafür sollte die Stadtverwaltung demontable Leichtbau-Systeme, Do-it-yourself-Baukästen, Spielplatzbaumaterialien und anderes bereithalten, während die Herrichtung und Unterhaltung der Anlagen je nach Situation, Aufgabe der öffentlichen Hand oder von privaten Interessengruppen, Bürgerinitiativen, sozialen, kulturellen oder politischen Organisationen sein kann. Die Voraussetzung für eine solche Nutzung auf Zeit muß jedoch sein, daß die öffentliche Hand nicht anderweitig Grundstücke oder Gebäude für diesen Zweck besitzt und frei machen kann und daß der Grundstückseigentümer nicht einen ungerechten, weil mindernden Eingriff in seine Lebenshaltung und Existenz erfährt, der durch Pachtzahlungen, Steuernachlässe oder anderes nicht aufgehoben wird. Außerdem muß die Enteignung auf Zeit in dem Augenblick enden, indem der Eigentümer geltend machen kann, daß er eine Baugenehmigung erteilt bekommt oder ein anderer Gebrauch, auch der Verkauf, für ihn existenznotwendig geworden ist. Auf der Basis des in der Novellierung befindlichen Bundesbaugesetzes erscheint es zum gegenwärtigen Zeitpunkt denkbar, daß die Grundlagen einer solchen Enteignung auf Zeit beispielsweise in einer Ortssatzung, die vom Gemeinderat beschlossen wird, in allen Einzelheiten geregelt wird.

Stadtteilbeauftragter

Vielerorts werden stadtgestalterische Planungskonzepte und die Realisierungsmaßnahmen nur dann Erfolg haben, wenn ein Stadtteilbeauftragter benannt wird, der als Koordinator der öffentlichen und privaten Initiativen sich ausschließlich mit der angestrebten zukünftigen Entwicklung befaßt und die Planungsabsichten in die Wirklichkeit umsetzt. Bisher waren in der Bundesrepublik wie im Ausland die aus der Planung als notwendig sich ergebenden Entwicklungsmaßnahmen nur dann erfolgreich, wenn ein Stadtentwicklungsbeauftragter benannt wurde, der als ständig treibende Kraft und Koordinator unterschiedlicher Interessen voll hinter dieser Aufgabe stand. Das setzt voraus, daß ein solcher Stadtteilbeauftragter sich nicht nur als Advokat des Stadtteils, sondern auch als treibende Kraft verantwortlich fühlt.[25] Entscheidend ist, daß er sich die Ziele der Struktur-

25 Vgl. T. Sieverts, Erneuern, ohne zu zerstören, in: Die Zeit, Nr. 36, 1973.

planung für die Gesamtplanung während ihrer Bearbeitung und nach ihrem Abschluß zu eigen macht und sich in die technischen, wirtschaftlichen, sozialen, rechtlichen und politischen Möglichkeiten der Förderung und Koordination öffentlicher und insbesondere privater Initiativen einarbeitet. Nur dadurch wird er in der Lage sein, in ständigen Gesprächen mit allen Beteiligten die jeweiligen Entwicklungs- und Lösungsmöglichkeiten aufzuzeigen, Einzelinitiativen zu koordinieren und zu koppeln sowie über die Unterstützung konkreter Aktionen die aktive Mitwirkung der Bevölkerung an der Weiterentwicklung ihres Stadtteils dauerhaft zu institutionalisieren. Die so umrissene Aufgabe des Stadtteilbeauftragten bedeutet aber auch, daß es sich hier vor allem um die Durchsetzung, die Realisierung von Planungsmaßnahmen im Sinne eines ständigen Motors der Entwicklung handelt, nicht aber so sehr um die Entwicklung und Kontrolle von Planungskonzeptionen: Damit stellt sich diese Aufgabe im Grunde als die eines Bürgermeisters für den jeweiligen Stadtteil dar.

68 Stadtgestaltung – Dekoration oder Renditefaktor? Selbstverständlichkeit!

Anhang

Beispiel einer Gestaltungssatzung
Der folgende Entwurf einer Gestaltungssatzung besteht aus:
- den Allgemeinen stadtgestalterischen Richtlinien (ASR)
- den ergänzenden Bereichsrichtlinien
- den dazugehörigen Richtlinienplänen

Allgemeine stadtgestalterische Richtlinien (ASR)
In den Allgemeinen stadtgestalterischen Richtlinien, der ASR, sind der Geltungsbereich der Satzung, die allgemeinen Anforderungen an bauliche Maßnahmen und ihre gegenseitige Zuordnung fixiert. Diese beruhen auf der Forderung, Einzelgebäude so auszubilden, daß der jeweilige Straßenzug innerhalb eines allgemeingültigen Rahmens durch unterschiedliche, abwechselnde Gebäudeelemente einen individuellen, unverwechselbaren Charakter gewinnt. Außerdem bestimmt die ASR den Umfang der zusätzlichen Genehmigungspflicht auch für kleinere bauliche Maßnahmen sowie die Folgen von Zuwiderhandlungen gegen diese Satzung.
Aufgrund von § 111 Abs. 1 Nr. 2 und Abs. 2 Nr. 2 der Landesbauordnung – LBO vom 20. Juni 1972 und § 4 der Gemeindeordnung für Baden-Württemberg vom 25. Juli 1955 beschließt der Gemeinderat folgende Gestaltungssatzung zum Schutz der Ortsteile von Leonberg, die von besonderer geschichtlicher, künstlerischer und städtebaulicher Bedeutung sind.
Allgemeine stadtgestalterische Richtlinien (ASR)

Erster Abschnitt
§ 1 Geltungsbereich
(1) Der Geltungsbereich der ASR umfaßt die in den Richtlinienplänen für die Altstadt und für Eltingen gekennzeichneten Gebiete.

(2) Er bezieht sich auf die in der Altstadt von Leonberg gelegenen Flächen, soweit sie innerhalb folgender Umgrenzungen gelegen sind: Westseite der Grabenstraße zwischen den Grundstücken Grabenstraße 19 bis Grabenstraße 1, Ostseite Grundstück Graf-Eberhard-Straße 2, Südostseite Graf-Eberhard-Straße 3 entlang der Südseite der Stadtmauer bis zum Schnittpunkt mit der Zwerchstraße, entlang der Südwestseite der Stadtmauer bis zum Knick derselben bei Grundstück 86/1. Weiter entlang der Westseite der Stadtmauer bis zum O.W. 5, entlang der Nordwestseite des Grundstücks Nr. 102 an der Außenseite des Grundstücks Spitalhof 1–7; entlang der Nordseite der Stadtmauer entlang des O.W. 19 (Hinterer Zwinger) zwischen den Gebäuden Spitalhof 7 und Graf-Ulrich-Straße 5/1; in nord-ostwärtiger Richtung zur Südostecke des Gebäudes Ditzingerstraße 1 eingeschlossen die Grundstücke Graf-Ulrich-Straße 7 und 9,

(3) sowie in Eltingen auf die von folgenden Straßen umschlossenen Flächen: Westseite der Leonberger Straße zwischen den Grundstücken Bergstraße 1 und Carl-Schmincke-Straße 1, Westseite der Bruckenbachstraße zwischen den Grundstücken Carl-

Schmincke-Straße 3 und Glemsstraße 1 (Flst. 6607/2), einer Linie 45,00 m südlich der Südgrenze der Glemsstraße parallel zu dieser zwischen dem Flst. 6607/2 und dem Flst. 48/3 bis zur Südgrenze des Grundstückes Kirchbachstraße 27; entlang der Ostseite der Kirchbachstraße zwischen den Grundstücken Kirchbachstraße 27 und Carl-Schmincke-Straße 47; entlang der Ostgrenze des Grundstücks Carl-Schmincke-Straße 78 und entlang der Südseite der Bergstraße zwischen den Grundstücken Bergstraße Nr. 47 und Nr. 1.

§ 2 **Gegenstand der Allgemeinen stadtgestalterischen Richtlinien**
(1) Die Allgemeinen stadtgestalterischen Richtlinien treffen Festsetzungen über die Gestaltung der straßenseitigen Abwicklungen von Gebäuden und Gebäudegruppen und deren Einzelteile einschließlich der zugehörigen Dachkörper.
(2) Eine Abwicklung im Sinne der ASR ist die Summe der Fassaden von Baukörpern entlang eines Straßen- bzw. Platzraumes (also einer Blockseite), begrenzt durch zwei Querstraßen oder ähnliche deutliche Unterbrechungen der Bauzeile, soweit im Richtlinienplan nichts anderes festgesetzt ist.

§ 3 **Bereichsrichtlinien**
(1) Über die ASR hinausgehende, besondere Bestimmungen für die im Richtlinienplan gekennzeichneten Einzelbereiche ergänzen die ASR und sind in den angeschlossenen Bereichsrichtlinien festgesetzt.

Zweiter Abschnitt
§ 4 **Allgemeine Anforderungen**
Bauliche Maßnahmen aller Art, auch Reparaturen und Renovierungen, haben bezüglich Werkstoffwahl, Farbgebung, Konstruktion und der Gestaltung ihrer räumlichen Gliederung der Erhaltung und Weiterentwicklung des Stadtbildes zu dienen.

§ 5 **Räumliche Gliederung**
Abwicklungen müssen innerhalb des festgesetzten Rahmens gegliedert werden durch: a) unterschiedliche Fassadenbreiten, b) verschiedene Dachformen, c) wechselnde Dachneigungen, d) unterschiedliche Traufhöhen, e) verschiedene Firstrichtungen und f) verspringende Gebäudefluchten.

Dritter Abschnitt
§ 6 (1) **Fassadenbreiten**
1. Straßen- bzw. platzseitige Fassadenbreiten müssen durch deutliche vertikale Begrenzungen ablesbar sein.
2. Die zulässigen Fassadenbreiten müssen folgenden Richtwerten entsprechen:
Richtwert (a): 4,00– 6,00 m
Richtwert (b): 6,00– 9,00 m
Richtwert (c): 9,00–13,00 m
3. Folgt auf einen Richtwert (a) ein Richtwert (b), so muß die Differenz der Breite mindestens 1,50 m, entsprechend die Differenz von (b) zu (c) mindestens 2,50 m betragen.
4. Fassaden von Gebäuden, die die angegebenen Richtwerte (a), (b) und (c) oder ein Vielfaches von diesen überschreiten, sind so zu gliedern, daß sie den Festsetzungen des § 6 (1) 1.–3. entsprechen.
(2) **Abfolge von Fassadenbreiten**
1. Es dürfen höchstens drei Richtwerte (a) aufeinander folgen. Wird mindestens eine Bedingung des § 5 b)–f) erfüllt, so können bis zu fünf Richtwerte (a) aufeinander folgen.

2. Es dürfen höchstens zwei Richtwerte (b) aufeinander folgen. Wird mindestens eine Bedingung des § 5 b)–f) erfüllt, so können bis zu drei Richtwerte (b) aufeinander folgen.
3. Es dürfen höchstens zwei Richtwerte (c) aufeinander folgen, wenn mindestens eine Bedingung des § 5 b)–f) erfüllt wird.
4. Für mindestens 2,00 m zurückgesetzte Erdgeschosse gelten § 6 (1), § 6 (2) 1.–3. und § 11 nicht.

§ 7 Dachformen
(1) Die vorgeschriebene Dachform ist das Satteldach, soweit in den Bereichsrichtlinien nichts anderes festgesetzt ist.
(2) 1. Sonderdachformen, wie z.B. gegeneinander versetzte Putzdächer, sind zulässig. Der Höhenversatz darf dabei, gemessen vom First zur Kehle, 1,50 m nicht überschreiten.
2. Für Übergänge zwischen verschiedenen Firstrichtungen und Dachformen können Abweichungen von Ziff. 1 als Ausnahmen zugelassen werden.
(3) Giebel von Satteldächern dürfen höchstens 12,00 m breit sein. Giebel von Pultdächern dürfen höchstens 8,00 m breit sein.
(4) Aufbauten, Dacheinschnitte und Fenster auf geneigten Dachflächen müssen von den straßenseitigen Giebeln mindestens 2,50 m Abstand halten. Die Länge von Dachaufbauten darf maximal 50% der Gebäudelänge betragen, ihre Höhe darf, gemessen am Schnittpunkt Vorderkante/Dachhaut, 1,20 m nicht überschreiten.
(5) Geneigte Dachflächen müssen mindestens zu $^2/_3$ der Gesamtfläche durch einheitliche Dachdeckung geschlossen sein.

§ 8 Dachneigungen
(1) 1. Dachneigungswinkel unter 50° sind nicht zulässig.
2. Bei Sonderdachformen und gegeneinander versetzten Pultdächern kann für eine Dachfläche ein geringerer Neigungswinkel bis zu 25° zugelassen werden.
(2) Es dürfen höchstens drei Dächer gleicher Firstrichtung mit gleicher Dachneigung aufeinander folgen.
(3) Innerhalb einer Abwicklung darf die Differenz der Dachneigungswinkel nicht unter 3° und nicht über 10° liegen (wechselnde Dachneigung) (Ausnahme § 8 (1) 2.).

§ 9 Traufhöhen
(1) In den Bereichsrichtlinien können Traufhöhen festgesetzt werden.
(2) Gleiche Traufhöhen können bis zu drei aufeinanderfolgende Richtwerte (a), bis zu zwei aufeinanderfolgende Richtwerte (b) und (c) aufweisen.
(3) Ein Versatz der Traufhöhen muß bei gleicher Stockwerkzahl zwischen 0,30 m und 1,30 m liegen.

§ 10 Firstrichtungen
(1) In den Bereichsrichtlinien können Firstrichtungen festgesetzt werden.
(2) Innerhalb einer Abwicklung können Wechsel der Firstrichtungen festgesetzt werden.
(3) Eine Firstrichtung muß mindestens zwei Richtwerte (a), zwei Richtwerte (b) oder einen Richtwert (c) umfassen.

§ 11 Gebäudefluchten
(1) Es kann festgesetzt werden, daß die Gebäudeflucht innerhalb einer Abwicklung mindestens einmal verspringen muß. Die Versprünge müssen zwischen 0,30 m und 2,00 m liegen.
(2) Gebäudefluchten ohne Versprünge von über 20,00 m Länge sind nicht zulässig.

§ 12 Fassadengliederungen
(1) Die Gliederung der Fassaden ist den charakteristischen bestehenden Fassadengliederungen anzupassen.
(2) Schaufenster sind nur im Erdgeschoß zulässig und in Größe und Proportion auf das Gebäude und seinen Maßstab abzustimmen.

Vierter Abschnitt
§ 13 Oberfläche der Fassaden
Glatte und glänzende Oberflächen sowie Verkleidungen aus Schindeln und Platten sind nicht zugelassen. Ausnahmen hiervon können bei der Gestaltung der Schaufensterzone im Erdgeschoß zugelassen werden.

§ 14 Farbgestaltung
(1) Das farbige Erscheinungsbild der Altstadt und Eltingens ist in seiner wohlabgewogenen Vielfalt zu erhalten und weiterzuentwickeln.
(2) Gebäude, die architektonisch eine Einheit darstellen, aber in mehrere Eigentumsteile zerfallen, sind in Farbgebung, Material und Proportionen einheitlich zu behandeln.

§ 15 Werbeanlagen
(1) Werbeanlagen sind so auszubilden, daß sie sich in Größe, Form und Farbe der Umgebung anpassen.
(2) Unzulässig sind:
1. Großflächenwerbung
2. Serienmäßig hergestellte Werbeanlagen für Firmen- oder Markenwerbung, soweit sie nicht auf die Umgebung Rücksicht nehmen.
(3) Mehrere Werbeanlagen an einem Gebäude sind in Größe und Form aufeinander abzustimmen.

Fünfter Abschnitt
§ 16 Zusätzliche Genehmigungspflicht (§ 111 Abs. 2 Ziff. 1 LBO)
Abweichend von § 89 Abs. 1 LBO, wird aufgrund von § 111 Abs. 2 Ziff. 1 LBO Baugenehmigungspflicht für folgende Vorhaben eingeführt:
(1) Die Errichtung und Änderung von Bauteilen in Anlagen und Einrichtungen, soweit sie von öffentlichen Flächen aus sichtbar sind (z. B. die Herstellung oder Änderung von Tür-, Licht- oder sonstigen Öffnungen in Wänden und in der Dachfläche)
(2) Stützmauern über 30 cm Höhe
(3) Einfriedigungen, soweit sie von öffentlichen Flächen aus sichtbar sind
(4) Abgrabungen und Aufschüttungen über 50 cm Höhenunterschied gegenüber dem Gelände
(5) Werbeanlagen mit mehr als 0,2 qm Größe

§ 17 Zuwiderhandlungen
Zuwiderhandlungen gegen die Vorschriften dieser Satzung können gemäß § 112 Abs. 1 Ziff. 2 LBO als Ordnungswidrigkeit mit einer Geldbuße bis zu DM 30 000,-, wenn sie fahrlässig begangen werden, mit einer Geldbuße bis zu DM 10 000,- geahndet werden.

§ 18 Bestandteile der Satzung
Die Allgemeinen stadtgestalterischen Richtlinien und die Bereichsrichtlinien mit den Richtlinienplänen für die Altstadt und Eltingen sind Bestandteil dieser Satzung.

§ 19 Rechtskraft
Die Satzung tritt mit dem Tag der amtlichen Bekanntmachung der Genehmigung in Kraft.

Bereichsrichtlinien

Im zweiten Teil werden die Festsetzungen der ASR für die jeweiligen Einzelbereiche ergänzt. Damit enthalten die Bereichsrichtlinien die jeweils notwendigen zusätzlichen stadtgestalterischen Festsetzungen. Diese örtlichen Ergänzungen der ASR können ihre Festsetzungen sowohl einengen als auch in gewissen Fällen von ihnen befreien. Zusätzliche Bindungen, wie etwa der Ausschluß einer bestimmten Gebäudebreite oder von Sonderdachformen, engen die Festsetzungen der ASR ein; Ausnahmen, wie etwa das Flachdach, in bestimmten, genau umrissenen Bereichen befreien von den Festsetzungen der ASR. Dadurch kann die Bandbreite der gestalterischen Festsetzungen an verschiedenen Stellen enger oder weiter gefaßt werden.
In der ersten Spalte der Bereichsrichtlinien ist die Art der Festlegung bzw. der betreffende Paragraph der »Allgemeinen stadtgestalterischen Richtlinien«, für den zusätzliche Festsetzungen getroffen werden, definiert.
Gelten die Festsetzungen nicht für den gesamten Bereich, sondern nur für bestimmte Abwicklungen, so ist dies in der zweiten Spalte vermerkt.
In den Richtlinienplänen ist der Geltungsbereich der einzelnen Bereichsrichtlinien fixiert. Durch die Darstellung der »Abwicklungen« wird festgelegt, welche Gebäudefronten im Sinne der ASR zu gestalten sind. Durch die Länge und Nummer der Abwicklung wird festgelegt, wie weit und wo eine bestimmte Festlegung der Bereichsrichtlinien Gültigkeit hat.

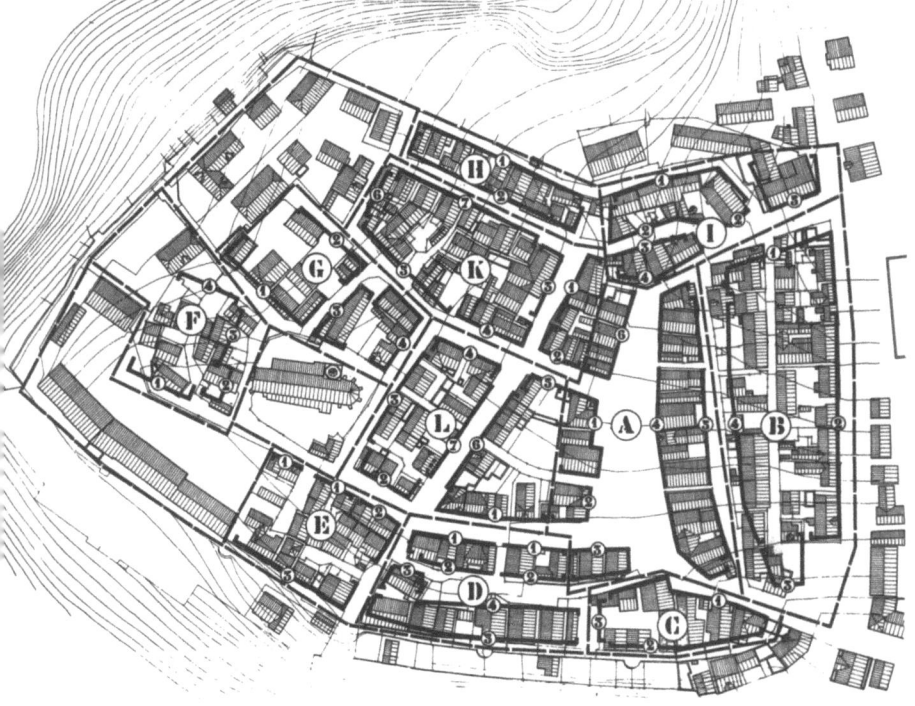

69 Geltungsbereich der Bereichslinien

Bereich A – Marktplatz

Art der Festsetzungen	Abwicklung Nr.	Inhalt der Festsetzungen
Ergänzung der ASR zu		
§ 7, (2)		Sonderdachformen nicht zulässig
	A 5	Anbauten mit Sonderdachformen möglich
§ 8, (1)		Dachneigung = 60°
§ 9, (1)	A 2	Traufhöhe gegenüber Rathaus max. 5,50 m, gegen Schloßstraße mind. 8,00 m
§ 10, (1)		Firstrichtung senkrecht zur Marktplatzfläche
§ 13		Fachwerkfassaden müssen freigelegt bzw. erhalten werden; Schaufensterzone muß der Gesamtfassade in Material und Gliederung angepaßt werden

Bereich B – Grabenstraße

Ergänzungen der ASR zu:		
§ 7, (1)	B 2	Flachdach zulässig
	B 4	Firstrichtung senkrecht zu Hintere Straße
§ 10	B 1	Firstrichtung parallel zu Graf-Ulrich-Straße

Literaturverzeichnis

Die folgende Literaturzusammenstellung soll eine Vertiefung in die hier angeschnittenen Themen ermöglichen. Deshalb ist sie entsprechend den einzelnen Abschnitten gegliedert und weist fast in jedem Abschnitt zusätzlich zu den zitierten Arbeiten eine Reihe weiterer Titel auf. Angesichts der fast unübersehbaren Zahl von Veröffentlichungen konnte diese Auswahl jedoch in keiner Weise vollständig sein. Darüber hinaus ließen sich Mehrfachzitierungen von Arbeiten, die für verschiedene hier behandelte Themen gleichermaßen von Bedeutung sind, nicht vermeiden.

Einleitung

Bacon, E. D.: Stadtplanung – von Athen bis Brasilia, Zürich 1967
Berndt, H.; Lorenzer, A.; Horn, K.: Architektur als Ideologie, Frankfurt a. M. 1968
Conrads, U.: Architektur – Spielraum für Leben, Gütersloh 1972
Cullen, G.: Townscape, London 1961
Franke, J.: Zum Erleben der Wohnumgebung, in: Stadtbauwelt, H. 24, 1969
Franke, J.; Bortz, J.: Der Städtebau als psychologisches Problem, in: Zeitschrift für experimentelle und angewandte Psychologie, Band XIX, H. 1, 1972
Hillebrecht, R.: Von Ebenezer Howard zu Jane Jacobs – oder: War alles falsch? in: Mitteilungen der List-Gesellschaft, Fasc. 5, Nr. 9, Basel 1966

Kolloquiumbericht:
Probleme der Stadtgestaltung, Stuttgart 1972 (Städtebauliches Institut der Universität Stuttgart)
Lynch, K.: City Design and City Appearance, in: Principles and Practice of Urban Planning, Washington 1968
Lynch, K.: Das Bild der Stadt, Berlin 1965
Markelin, A., Trieb, M., (Hrsg.): Mensch und Stadtgestalt, Stuttgart 1974
Mitscherlich, A.: Die Unwirtlichkeit unserer Städte, Frankfurt a. M. 1965
Peters, P.: Stadt für Menschen, München 1973
Keller, R.: Bauen als Umweltzerstörung, Zürich 1974
Schneider, M.; Sieverts, T.: Zur Theorie der Stadtgestalt – Versuch einer Übersicht, in: Stadtbauwelt, H. 26, 1970
Schultz, U. (Hrsg.): Umwelt aus Beton oder unsere unmenschlichen Städte, Hamburg 1971
Sieverts, T.: Stadtgestalt, Wissenschaft und Politik, in: Mitteilungen der Deutschen Akademie für Städtebau und Landesplanung, H. 12, 1972
Sitte, C.: Der Städtebau nach seinen künstlerischen Grundsätzen, 6. Aufl., Wien 1965
Spreiregen, E. D.: Urban Design: The Architecture of Towns and Cities, New York 1965
Stadtplanungsamt Hannover: Zur Diskussion: Innenstadt, Hannover 1970

Erster Teil

1. Stadtgestaltung als Arbeitsfeld

Alberti, L. B.: Zehn Bücher über die Baukunst, Leipzig 1912 (Florenz 1485)
Bacon, E. D.: Stadtplanung von Athen bis Brasilia, Zürich 1968
Bernd, H.; Horn, A.; Lorenzer, A.: Architektur als Ideologie, Frankfurt 1968

Braunfeld, W.: Mittelalterliche Stadtbaukunst in der Toskana, Berlin 1953
Buls, C.: Ästhetik der Städte, Gießen 1898
Cullen, G.: Townscape, London 1961
Kieß, W.: Geschichtliche Aspekte der Stadtgestaltung, unveröffentlichtes Typoskript, Stuttgart 1973
Lynch, K.: Site Planning, Cambridge, Mass. 1962
Lynch, K.: Das Bild der Stadt, Berlin 1963
Pahl, J.: Die Stadt im Aufbruch der perspektivischen Welt, Berlin 1963
Paschke, U. K.: Die Idee des Stadtdenkmals, Nürnberg 1972
Pieper, H.: Lübeck: Städtebauliche Studien zum Wiederaufbau einer historischen deutschen Stadt, Hamburg 1946
Rauda, W.: Raumprobleme im europäischen Städtebau, München 1956
Sieverts, T.: Beiträge zur Stadtgestaltung, in: Stadtbauwelt, H. 6, 1965
Sitte, C.: Der Städtebau nach seinen künstlerischen Grundsätzen, 6. Aufl., Wien 1965
Stübben, J.: Der Städtebau, Darmstadt 1890
Unwin, R.: Grundlagen des Städtebaues, Berlin 1910

Erkenntnis- und Handlungsfeld

Afheldt, H.: Städte im Wettbewerb, in: Stadtbauwelt, H. 26, 1970
Choay, F.: L'urbanisme, Utopies et Realités, Paris 1965
Consortium of GLC, City of Westminster: Covent Garden's Moving, London 1969
Franke, J.: Zum Erleben der Wohnumgebung, in: Stadtbauwelt, H. 24, 1969
Gebhard, H.: Wertvorstellungen als Elemente der Planung, in: Stadtbauwelt, H. 17, 1968
Gropius, W.: Architektur, Frankfurt 1955
Michel, J.: La Rue et ses Signes Nouveaux, in: Le Monde Nr. 4, 1971
Mitscherlich, A.: Thesen zur Stadt der Zukunft, Frankfurt a. M. 1965
Sieverts, T.: Stadtvorstellungen, in: Stadtbauwelt, H. 9, 1966
Thiel, P.: La Notation de l'Espace, du Mouvement et de l'Orientation, in: Architecture d'Aujourd'hui, H. 9, 1969

Definition der Stadtgestaltung

Appleyard, D.: Notes on Urban Design and Physical Planning, vervielfältigtes Typoskript, Berkeley 1968
Cullen, G.: Townscape, London 1961
Elmar, F. L.; Sutherland, D. B.: Urban Design and Environmental Structures, in: Journal of the American Institute of Planners, H. 1, 1971
Lynch, K.: Site-Planning, Cambridge, Mass. 1962
Lorenzer, A.: Die Problematik der Bedeutung des urbanen Raumes, vervielfältigtes Typoskript, Stuttgart 1970
Papageorgiou, A.: Stadtgestaltung als neue Komponente der Planung, in: Stadtbauwelt, H. 11, 1970
Schneider, M.; Sieverts, T.: Zur Theorie der Stadtgestalt, in: Stadtbauwelt, H. 26, 1970

2. Erkenntnistheoretische Grundlagen

Bense, M.: Einführung in die informationstheoretische Ästhetik, Hamburg 1969
Bense, M.: Was ist der urbane Raum? vervielfältigtes Vortragsprotokoll, Stuttgart 1969
Bollnow, F. M.: Mensch und Raum, Stuttgart 1963
Boulding, K. E.: The Image, Ann Arbor 1956
Carr, S.: The City of Mind, in: Ewald, W. (Hrsg.), Environment for Men, Bloomington 1968

Dürkheim, K. V.: Untersuchungen zum gelebten Raum, in: Neue psychologische Studien, München 1932
Ganser, K.: Image als entwicklungsbestimmendes Steuerungsinstrument, in: Stadtbauwelt, H. 26, 1970
Henrici, K.: Beiträge zur praktischen Ästhetik im Städtebau, München 1904
Klaus, G.; Buhr, M.: Philosophisches Wörterbuch, Leipzig 1969
Leinfellner, W.: Einführung in die Erkenntnis- und Wissenschaftstheorie, Mannheim 1967
Lewin, K.: Grundzüge einer topologischen Psychologie, Bern 1969
Lorenzer, A.: Die Problematik der Bedeutung des urbanen Raumes, vervielfältigtes Typoskript, Stuttgart 1970
Lynch, K.: Das Bild der Stadt, Berlin 1965
Minkowski, M.: Le temps vécu, Paris 1933
Nitschke, G.; Thiel, P.: Anatomie des gelebten Raumes, in: Bauen und Wohnen H. 9, 1968
Rieger, H. C.: Begriff und Logik der Planung, Wiesbaden 1967
Schneider, M.; Sieverts, T.: Zur Theorie der Stadtgestalt, in: Stadtbauwelt, H. 26, 1970
Sprout, H.; Sprout, M.: Ökologie Mensch-Umwelt, München 1971
Ströcker, E.: Philosophische Untersuchungen zum Raum, Frankfurt 1965

3. Grundzüge der Theorie der Stadtgestaltung

Appleyard, D.: Notes on Urban Design and Physical Planning, Berkeley 1968
Bense, M.: Einführung in die informationsästhetische Ästhetik, Hamburg 1969
Bense, M.: Was ist der urbane Raum? vervielfältigtes Vortragsprotokoll, Stuttgart 1969
Bruckmann, H. M.; Trieb, M.: Faktoren und Methoden der städtebaulichen Umweltplanung, vervielfältigtes Vortragstyposkript, Stuttgart 1970
Bollnow, F. M.: Mensch und Raum, Stuttgart 1969
Canter, D. V. (Hrsg.): Architekturpsychologie, Düsseldorf 1973
Craik, K. H.: The Comprehension of the Everyday Physical Environment, in: Journal of the American Institute of Planners, H. 1, 1968
Cullen, G.: Townscape, London 1961
Garbrecht, D.: Das Verhalten von Fußgängern als Interaktion mit der physisch-sozialen Umwelt, in: Werk, H. 3, 1971
Goffman, D.: Verhalten in sozialen Situationen, Gütersloh 1971
Joedicke, J.: Anmerkungen zu einer Theorie des Raumes, in: Bauen und Wohnen, H. 9, 1968
Klaus, G.; Buhr, M.: Philosophisches Wörterbuch, Leipzig 1969
Lewin, K.: Grundzüge einer topologischen Psychologie, Bern 1969
Linke, R.; Schmidt, H.; Wessel, G.: Gestaltung und Umgestaltung unserer Stadt, Berlin 1971
Lynch, K.: Das Bild der Stadt, Berlin 1965
Lynch, K.: City Design and City Appearance, in: Principles and Practice of Urban Planning, Washington 1968
Nitschke, G.; Thiel, P.: Anatomie des gelebten Raumes, in: Bauen und Wohnen, H. 9, 1968
Norberg-Schulz, C.: Existence, Space and Architecture, New York 1971
Southworth, M.; Southworth, S.: Environmental quality in Cities and Regions, in: Town Planning Review, Vol. 44, H. 3, 1973
Spreiregen, P. D.: Urban Design: The Architecture of Towns and Cities, New York 1965
Sprout, H.; Sprout, M.: Ökologie Mensch-Umwelt, München 1971
Steiner, R.: Goethes naturwissenschaftliche Schriften, Neuaufl., Stuttgart 1962

Steinitz, C.: Meaning and the Congruence of Urban Form and Activity, in: Journal of the American Institute of Planners, H. 7, 1968

4. Elemente des theoretischen Modells

Agosti, E.; Mori, C.; u. a.: Percezione, fruizone, progetto, in: Casabella, H. 4, 1969
Appleyard, D.: Styles and Methods of Structuring a City, in: Environment and Behavior, Vol. 1, H. 2, 1969
Bacon, E. N.: Stadtplanung von Athen bis Brasilia, Zürich 1967
Chapin, F. S.; Hightower, H. C.: Household Activity Patterns and Land Use, in: Journal of the American Institute of Planners, H. 8, 1965
Cullen, G.: Townscape, London 1961
Franke, J.: Zum Erleben der Wohnumgebung, in: Stadtbauwelt, H. 24, 1969
Franke, J.; Bortz, J.: Der Städtebau als psychologisches Problem, in: Zeitschrift für experimentelle und angewandte Psychologie, Band XIX, H. 1, 1972
Görsdorf, K.: Umweltgestaltung, München 1971
Holschneider, J.: Die Stadtgestalt auf naturwissenschaftlich-empirische Weise zu synthetisieren, in: Baumeister, H. 4, 1969
Hopkinson, R. G.: The Quantitative Assessment of Visual Intrusion, in: Journal of the Royal Town Planning Institute, Vol. 7, No. 10 1971
Lewin, K.: Grundzüge einer topologischen Psychologie, Bern 1969
Lorenzer, A.: Die Problematik der Bedeutung des urbanen Raumes, vervielfältigtes Typoskript, Stuttgart 1970
Lynch, K.: Das Bild der Stadt, Berlin 1965
Lynch, K.: What time is this place? Cambridge/Mass. 1972
Mander, A.: Stadtdetail und Stadtgestaltung, in: Deutsche Bauzeitschrift, H. 3, 1968
Schneider, M.; Sieverts, T.: Zur Theorie der Stadtgestalt, in: Stadtbauwelt, H. 26, 1970
Sitte, C.: Der Städtebau nach seinen künstlerischen Grundsätzen, Neuaufl., Wien 1965
Spreiregen, P. D.: Urban Design: The Architecture of Towns and Cities, New York 1965
Stübben, D.: Der Städtebau, Leipzig 1924
Thiel, P.: La Notation de l'Espace, du Mouvement et de l'Orientation, in: Architecture d'Aujourd'hui, H. 149, 1969

5. Theoretisches Modell der Stadtgestaltung

Becker, H.; Keim, K. D.: Wahrnehmung in der städtischen Umwelt, Berlin 1972
Canter, D. V.: Architekturpsychologie, Düsseldorf 1973
Craik, K. H.: Environmental psychology in: Newcombs, T (Hrsg.) New Directions in Psychology, New York 1970
Franke, J.: Ansätze einer psychologischen Grundlagenforschung zur Stadtgestaltung in: Mitteilungen der Deutschen Akademie für Städtebau und Landesplanung, Band XVI, Dezember 1972
Norberg-Schulz, Ch.: Existence, Space and Architecture, London 1971
Schneider, M., Sieverts, T.: Zur Theorie der Stadtgestaltung in: Stadtbauwelt 1970/26

Zweiter Teil

1. Stadtgestaltung und Stadtentwicklung

Arbeitsgruppe Stadtentwicklung der Stadt Stuttgart: Entwurf der Stadtentwicklungsziele Stuttgart 1970 (vervielfältigtes Manuskript) S. 13 ff.

Adrian, H.; Adrian, M.; Zimmermann, P.: Planung und Durchführung großer komplexer Bauvorhaben im Rahmen der Stadterneuerung und Stadtentwicklung, in: Stadtbauwelt 1973/38
Appleyard, D.: Notes on Urban Design and Physical Planning, Berkeley 1968 (vervielfältigtes Manuskript)
Bacon, E. N.: Stadtplanung – von Athen bis Brasilia, Zürich 1967
Barnett, J.: Urban Design As Public Policy, New York 1974
Bruckmann, H. M.; Trieb, M.: Faktoren und Methoden der städtebaulichen Umweltplanung (vervielfältigtes Vortragsmanuskript) 1970, S. 7
Freie Planungsgruppe Berlin: Mehrschichtige Konzeptplanung, in: Baumeister 1969/11
Gormsen, N.: Stadtbildpflege, in: Mitteilungen der Deutschen Akademie für Städtebau und Landesplanung XVI, Dezember 1972
Consortium of GLC; City of Westminster: Covents Garden Moving, London 1969
Lynch, K.: City Design and City Appearance, in: Goodman, W. (Hrsg.), Priciples and Practice of Urban Planning, Washington 1968
Sieverts, T.: Stadtgestaltung, Wissenschaft und Politik, in: Mitteilungen der Deutschen Akademie für Städtebau und Landesplanung XVI, Dezember 1972
Spreiregen, P. D.: Urban Design: The Architecture of Towns and Cities, New York 1965
Southworth, M.; Southworth, S.: Environmental quality in cities and regions, in: Town Planning Review, Vol. 44, H. 3, 1973
Trieb, M.; Veil, J.: Rahmenplan und Satzung zur Stadtgestalt Leonberg, Leonberg 1973
Veil, J.: Der Städtebauliche Rahmenplan, in: Stadtbauwelt 1972/37
Waterhouse, A.: Die Reaktion der Bewohner auf die äußere Veränderung der Städte, Berlin 1972
Wessel, G., Zeuchner, G.: Zur städtebaulichen Gestaltung von Wohngebieten. In: Deutsche Architektur 1974/23
Whittick, A.: Aestetics of Urban Design, in: Journal of the Town Planning Institute, 1970/8

2. Planung auf der Stadtbildebene

Stadtimage:

Afheldt, H.: Städte im Wettbewerb, in: Stadtbauwelt 70/26
Antonoff, R.: Wie verkauft man seine Stadt? Düsseldorf 1971
Becker, H.; Keim, D.: Wahrnehmung in der städtischen Umwelt, Berlin 1972
Boulding, K. E.: The Image, Ann Arbor 1956
Franke, J.: Ein Versuch zur wissenschaftlichen Fundierung der Stadtgestaltung in: Markelin, A., Trieb, M. (Hrsg.): Mensch und Stadtgestalt, Stuttgart 1974
Franke, J.: Wie wirken Wohnsiedlungen? in: Umschau 1973/21
Franke, J.: Ein Versuch zur wissenschaftlichen Grundlagenforschung der Stadtgestaltung, in: Mitteilungen der Deutschen Akademie für Städtebau und Landesplanung, München 1972
Franke, J.; Hoffmann, K.: Allgemeine Strukturkomponenten des Image von Siedlungsgebieten, Institut für Wirtschafts- und Sozialpsychologie, Nürnberg 1973 (vervielfältigtes Manuskript)
Ganser, K.: Image als entwicklungsbestimmendes Steuerungsinstrument, in: Stadtbauwelt 70/26
Krause, K. J.: Imageanalyse in der Stadtentwicklungsplanung (vervielfältigtes Manuskript o. J.)
Lenz-Romeiss, F.: Image und Erscheinungsbild – die neue Masche, in: Baumeister

Lynch, K.: What time is this place? Boston 1972
Mackensen, R.: Attraktivität der Großstadt – ein Sozialindikator, in: Analysen und Prognosen 7/71
Morheim, H.: Die Attraktivität deutscher Städte – Ein Faktor für die betriebliche Standortwahl, WGI – Berichte zur Regionalforschung Bd. 8, München 1972
Norberg-Schulz, C.: Existence, Space and Architecture, New York 1971
Rieger, H. C.: Begriff und Logik der Planung, Wiesbaden 1972
Waterhouse, A.: Die Reaktion der Bewohner auf die äußere Veränderung der Städte, Berlin 1972
Zimmermann, K.: Zur Imagearbeit von Städten, in: Der Städtetag 1973/5
Zimmermann, K.: Zum Image-Konzept in der Stadtentwicklungsplanung, in: Archiv für Kommunalwissenschaften, 11. Jg./1972

Ziele der Stadtgestaltung

Albers, G.: Zur Gestalt der Stadt, in: Was wird aus der Stadt? München 1972
Albers, G.: Zur Einordnung der Stadtgestaltung in eine umfassende Entwicklungsplanung in: Markelin, A. Trieb, M., (Hrsg.) Mensch und Stadgestalt, Stuttgart, 1974
Becker, H.; Keim, K. D.: Wahrnehmung in der städtischen Umwelt, Berlin 1972
Berndt, H.; Lorenzer, A.; Horn, K.: Architektur als Ideologie, Frankfurt a. M. 1968
Breitling, P.: Die Stadt verbalisiert, in: Baumeister 1970/7
Carr, S.; Lynch, K.: Where Learning Happens, in: The Conscience of City, Daedalus 1968
Dietze, P.: Die Bewertung von Alternativen im Prozeß der städtebaulichen Planung, Stuttgart 1970 (vervielfältigtes Manuskript)
Henselmann, H.: Welche Ziele sind für die heutige Stadtgestaltung denkbar? in: Aufgaben und Methoden der Stadtgestaltung, Stuttgart 1973
Ikonnikow, A.: Funktion, Form, Gestalt, in: Architekture SSSR 1972/2
Kolloquiumbericht: Ziele der Stadtgestaltung, Stuttgart 1973 (Städtebauliches Institut der Universität Stuttgart)
Lenz-Romeiss, F.: Die Stadt – Heimat oder Durchgangsstation, München 1970
Leonhardt, F.: Verpflichtung zum Schönen als dringende Bildungsaufgabe, in: Deutsche Architektur und Ingenieurzeitschrift 1971/7
Lynch, K.: City Design and City Appearance, in: Principles and Practice of Urban Planning, Washington 1968
Lynch, K.: Das Bild der Stadt, Berlin 1965
Lynch, K.: What time is this place? Boston 1972
Mander, A.: Gestaltung, Dekor und Kunst in der Stadt, in: Deutsche Bauzeitung 1972/1
Pailhous, J.: La Representation de l'Espace Urbain, Paris 1970
Portmann, A.: Entläßt die Natur den Menschen? München 1971
Rapoport, A.; Kantor, R.: Komplexität und Ambivalenz in der Umweltgestaltung, in: Stadtbauwelt 1970/26
Rapoport, A.; Hawkes, R.: The Perception of Urban Complexity, in: Journal of the American Institute of Planners 1970/3
San Francisco Planning Dep.: Urban Design Plan, San Francisco 1971
Sieverts, T.; Trieb, M.; Hamann, U.: Der Stuttgarter Westen als Erlebnisraum, Stuttgart 1974
Trieb, M.: Ziele der Stadtgestaltung, in: Stadtbauwelt 1972/35
Waterhouse, A.: Dominant values and urban planning policy, in: Journal of the Town Planning Institute, Vol. 57, 1971/11
Whittick, A.: Aesthetics of urban design, in: Journal of the Town Planning Institute 1970/8

Konzept des Stadtbildes
Appleyard, D.: Why Buildings Are Known, in: Environment and Behavior, Vol. 1/2, 1969
Downs, R. M.; Stea, O. (Hrsg.): Image and Environment – Cognitive Mapping and Spatial Behavior, Chicago 1973
Grund, L.: Wiesbaden – Innenstadt, Planungshinweise zur Stadtgestaltung, Wiesbaden 1974 (Magistrat der Landeshauptstadt Wiesbaden)
Hausdorff, F.: Grundzüge einer Mengenlehre, Leipzig 1944 (2. Aufl.)
Lewin, K.: Grundzüge einer topologischen Psychologie, Bern 1969 (dt)
Lynch, K.: Das Bild der Stadt, Berlin 1965
Menger, K.: Dimensionstheorie, Leipzig 1928
Sieverts, T.: Stadtvorstellungen, in: Stadtbauwelt 1966/9
Sieverts, T.; Trieb, M.; Hamann, U.: Der Stuttgarter Westen als Erlebnisraum, Stuttgart 1974 (Stadtplanungsamt Stuttgart)
Spreiregen, P. D.: Urban Design: The Architecture of Towns and Cities, New York 1965
Steinitz, C.: Meaning and the Congruence of Urban Form and Activity, in: Journal of the American Institute of Planners 1968/34
Worskett, R.: The Character of Towns, London 1969

3. Planung auf der Stadterscheinungsebene

Elemente der Sequenzplanung
Agosti, E.; Mori, C.; Grassi, E. u.a.: Percezione, Fruizone, Progretto, in: Casabella 1969/4
Appleyard, D.: Why Buildings Are Known, in: Environment and Behavior, Vol. 1/Nr. 2, 1969, S. 131 ff.
Cullen, G.: Townscape, London 1961
Ewert, E.: British Townscape, London 1965
Fehl, G.: Eine Stadtbild-Untersuchung, in: Stadtbauwelt 1968/18
Holschneider, J.: Interdisziplinäre Terminologie; Rhythmus und Sequenz, in: Baumeister 1969/4
Jonge de, D.: Plaatskeuze in recreatiegebieden, in: Bow 1968/23
Jonge de, D.; Heimessen, C. F. H.: Platzwahl in Kantinen und Cafes, in: Deutsche Bauzeitung, H. 9, 1969, S. 656 ff.
Lynch, K.: Das Bild der Stadt, Berlin 1965
Lynch, K.: Site planning, Cambridge, Mass. 1962
Meisenhörner, W.: Rhythmus als Zeitkörper, in: Bauwelt 1969/2
Metzger, W. u.a.: Gesetze des Sehens, Frankfurt a. M. 1954
Schmidt, H.; Linke, R.; Wessel, G.: Gestaltung und Umgestaltung der Stadt, Berlin 1971
Wolfe de, J.: The Italien Townscape, London 1963

Sequenzplanung
Appleyard, D.; Lynch, K.; Myer, J. R.: The View from the Road, Cambridge, Mass. 1966
Appleyard, D.: Styles and methods of structuring a City, in: Environment and Behavior, Vo. 2/1970/1
Bense, M.: Semiotk, Ästhetik, Urbanität, in: Probleme der Stadtgestaltung, Kolloquiumbericht Stuttgart 1973 (Städtebauliches Institut der Universität Stuttgart)
Bacon, E. N.: Stadtplanung von Athen bis Brasilia, Zürich 1967
Halprin, L.: Cities, New York 1962
Holschneider, J.: Interdisziplinäre Terminologie – Rhythmus und visuelle Sequenz, in: Baumeister 1969/4
Kepecs, G.: Wesen und Kunst der Bewegung, Brüssel 1969

Lynch, K.: Site planning, Cambridge, Mass. 1962
Schmidt, H.; Linke, R.; Wessel, G.: Gestaltung und Umgestaltung der Stadt, Berlin 1970
Sieverts, T.: Bild und Berechnung im Städtebau, in: Information und Imagination, München 1973
Thiel, P.: La notation de l'espace, du mouvement et de l'orientation, in: Architecture d'Aujourd'hui 1969/9

4. Planung auf der Stadtgestaltebene

Höhen- und Baumassenkonzept

Aregger, H.; Claus, O.: Hochhaus und Stadtplanung, Zürich 1967
City of Detroit, City Plan Commission: An Urban Design Concept for the Inner City
Kutcher, A.: The New Jerusalem – Planning and Policies, London 1973
San Francisko Planning Dept.: Urban Design Plan, San Francisko 1971
Southworth, M. u. S.: Environmental Quality in Cities and Regions, in: Town Planning Rewiew Vol. 44, Nr. 3/1973
Stadtplanungsamt Hannover: Zur Diskussion: Innenstadt Hannover 1970

Negativraumstruktur

Bacon, E. N.: Stadtplanung von Athen bis Brasilia, Zürich 1967
Crawford, D.: Straitjacket, in: Architectural Review 1973/1
Domenig, G.: Weg – Ort – Raum, in: Bauen und Wohnen 1968/9
Engel, D.; Jagals, R. u. V.: Netzstruktur und Raumstruktur, in: Stadtbauwelt 1966/12
Essex County Council: A Design Guide for Residential Areas 1973
Fehl, G.: Eine Stadtbild-Untersuchung, in: Stadtbauwelt 1968/18
Holschneider, J.: Begrenzung und Bezugspunkt, in: Baumeister 1971/4
Joedicke, J.: Vorbemerkungen zu einer Theorie des architektonischen Raumes, in: Bauen und Wohnen 1968/9
Leonard, M.: Humanizing Space, in: Progressive Architecture 1969/4
Otto, W. F.: Der Raumsatz, Stuttgart 1969
Jagals, R.; Jagals, U.; Engel, D.: Raumstruktur in Stadtbereichen, in: Stadtbauwelt 1966, 12

Fassadenfolgen

Buttlar, A.; Wetzig, A.: Die Schönheit der Stadt – berechnet in: Süddeutsche Zeitung 1973/Nr. 103, S. 151
Kiemle, M.: Ästhetische Probleme der Architektur unter dem Aspekt der Informationstheorie, Berlin 1967
Piper, H.: Lübeck – städtebauliche Studien zum Wiederaufbau, Hamburg 1946
Trieb, M.; Veil, J.: Rahmenplan und Gestaltungssatzung zur Stadtgestalt, Leonberg 1973
Wildemann, D.: Erneuerung denkmalwerter Altstädte, Münster 1971 (s. Sonderheft des Lippischen Heimatbundes)

Repertoire der Stadtgestaltung

Appleyard, D.; Lynch, K.: Sign in the City, Cambridge/Mass. 1963
Baumann, A.: Neues Planen und Gestalten, Münsingen (CH) 1953
Beazly, E.: Design and Detail of the Space between Buildings, London 1967
Bernatzky, A.: Baum und Mensch, Frankfurt a. M. 1973
Council of Industrial Design: Street furniture index 1972/73, London 1972
Cullen, G.: Townscape, London 1961

Dellemann, D. u.a.: Burano – Eine Stadtbeobachtungsmethode zur Beurteilung der Lebensqualität, Bonn 1972
Genzmer, F.: Die Ausstattung von Straßen- und Platzräumen, Berlin 1910
Halprin, L.: Cities, New York 1968
Halprin, L.: New York, New York, New York 1968 (Dept. of Housing and Development)
Ibusza, B.: L'eclairage public et la signalisation, Paris 1972
Lynch, K.: Site planning, Cambridge, Mass. 1962
Malt, H. L.: Furnishing our cities, New York 1970
Mander, A.: Stadtdetails und Stadtgestaltung, in: Deutsche Bauzeitschrift 1968/3
Mander, A.: Gestaltungsprobleme der Stadtbeleuchtung, München 1967 (Institut für Städtebau und Wohnungswesen)
Mander, A.: Gestaltung, Dekor und Kunst in der Stadt, in: Deutsche Bauzeitschrift 1972/1
Olgyay, D.: Design with Climate, New York 1969
Sieverts, T.: Information einer Geschäftsstraße, in: Stadtbauwelt 1968/20
Spreiregen, P. D.: Urban Design: The Architecture of Towns and Cities
Steinitz, C.: Meaning and the Congruence of Urban Form and Activity, in: Journal of the American Institute of Planners 1968/7
Stübben, D.: Der Städtebau, Leipzig 1924
Zion, R. L.: Trees for Architecture and Landscape, New York 1973

5. Methoden der Stadtgestaltung

Bestandsaufnahme und Bestandsbewertung

Agrittolis, G.; Fehlemann, K.; Nibbes, C.; Puffert, A.: Stadtbilduntersuchung – ein Aspekt der Stadterneuerung, in: Neue Heimat 1972/11
Albers, G.: Entwurf zur Stadtbild-Bestandsaufnahme, München 1971 (vervielfältigtes Manuskript)
Albers, G.; Bühler, F.; Kolb, M.; Wiesmaier, R.; Werner, A.: Stadtkern Rottweil, München 1973 (Forschungen und Berichte der Bau- und Kunstdenkmalpflege Baden-Württemberg, Bd. 3)
Albers, G.; Breitling, P.; Bühler, F.: Stadterneuerung und Entwicklungsplanung Beispiel Altstadt Ulm, Stuttgart 1972
Bortz, J.: Erkundungsexperiment zur Beziehung zwischen Fassadengestaltung und ihrer Wirkung auf den Beobachter, Nürnberg, o. J. (vervielfältigtes Manuskript
Buttlar, A.; Wetzig, A.: Die Schönheit der Stadt – berechnet, in: Süddeutsche Zeitung 1973/103
Craik, K. H.: The Comprehension of the everyday physical environment, in: Journal of the American Institut of Planners 1968/1
Franke, J.: Zum Erleben der Wohnumgebung, in: Stadtbauwelt 1969/24
Franke, J.; Bortz, J.: Der Städtebau als psychologisches Problem, in: Zeitschrift für experimentelle und angewandte Psychologie, Bd. XIX, 1972/1
Halprin, L.: Motation, in: Progressive Architektur 1965/7, Berlin 1965
Kossak, E.; Sieverts, T.; Zimmermann, H.: Beratende Planung für kleine Städte, in: Stadtbauwelt 1968/17
Krampen, M.: Das Messen von Bedeutung, in: Werk 1971/1
Lynch, K.: Das Bild der Stadt, Berlin 1965
Porteous, J. D.: Design with People, in: Environment and Behavior 1971/5
Schmidt, H.; Linke, R.; Wessel, G.: Gestaltung und Umgestaltung der Stadt, Berlin 1970
San Francisco Planning Dept.: Urban Design Plan, San Francisco 1971

Seitz, P., Nicolovius, M.: Neue Heimat (Hrsg.) Informationsreihe Stadtbilduntersuchungen, Hamburg 1973
Sieverts, T.: Entwurf zur Stadtbild-Bestandsaufnahme, Berlin 1970 (vervielfältigtes Manuskript)
Sieverts, T.: Stadtvorstellungen, in: Stadtbauwelt 1966/5
Sieverts, T.; Trieb, M.; Hamann, U.: Der Stuttgarter Westen als Erlebnisraum, Stuttgart 1974, Stadtplanungsamt Stuttgart
Soutworth, M. u. S.: Environmental Quality in Cities and Regions, in: Town Planning Review 1973/Nr. 3
Thiel, P.: La Notation de l'espace, du mouvement et de l'orientation, in: Architecture d'Aujourd'hui 1969/9
Trieb, M.: Urbane Korrelationen, Stuttgart 1969 (vervielfältigtes Manuskript)
Trieb, M.: Bestandsaufnahme in der Stadtgestaltung, Stuttgart 1971 (vervielfältigtes Manuskript)

Sequenzsimulation und Notierungsverfahren

Auger, B.: Der Architekt und der Computer, Stuttgart 1972
Campion, D.: Computer in Architectural Design, London 1968
Freie Planungsgruppe Berlin: Gutachten für Helmstedt, Lippstadt, Ansbach, Hamburg u. a.
Halprin, L.: Motation, in: Progressive Architecture 1965/7
Levasseur, C.: Approches théoriques sur l'utilisation der perspectives sur ordinateurs en architecture, in: Techniques et Architecture, 1971/5
Negroponte, N., Regent Advances in Sketch Recognition in: National Computer Conference, Boston 1973
Thiel, P.: La Notation de L'espace, du mouvement et de l'orientation, in: Architecture d'Aujourd'hui 1969/9
Trieb, M.: Simulation de l'espace urbain, in: AIPA-Journal, Paris 1970

Stadtgestalterische Realisierungsmaßnahmen

Conrads, U.: Architektur S Spielraum für Leben, Gütersloh 1972
Erdmannsdorffer, K.: Die Ortssatzung – ein Mittel zur Rettung unserer Altstädte, in: Der Bauberater 1971/3
Jesberg, P.: Stadtgestaltung – Stadtbildplanung, Deutsche Architektur und Ingenieurzeitschrift, 1973/3
Peschke, U. K.: Die Idee des Stadtdenkmals, Nürnberg 1972
Planungsstab der Stadt Reutlingen: Entwurf einer Altstadtsatzung, Reutlingen 1973
Schmidt-Brümmer, H.; Lee, F.: Die bemalte Stadt, Köln 1973
Sieverts, T.: Erneuern ohne zu zerstören, in: Die Zeit 1973/36
Sieverts, T.; Trieb, M.; Hamann, U.: Der Stuttgarter Westen als Erlebnisraum, Stuttgart 1974
Stadt Bietigheim: Altstadtsatzung, Bietigheim 1970
Stadt Dinkelsbühl: Dinkelsbühler Baugestaltungsverordnung, Dinkelsbühl 1967
Stadt Duderstadt: Ortssatzung über Baugestaltung, Duderstadt 1961
Stadt Goslar: Ortssatzung über Baugestaltung, Goslar 1964
Stadt Hameln: Ortsstatut zur Erhaltung des historischen Orts- und Straßenbildes, Hameln 1968
Stadt Nördlingen: Gemeindeverordnung über besondere Anforderungen an die äußere Gestaltung baulicher Anlagen, Nördlingen o. J.
Stadt Münstereifel: Satzung der Stadt Münstereifel über die Baugestaltung und Pflege der Eigenart der Ortsbilder, Münstereifel 1966

Stadt Rothenburg: Ortssatzung über die Baugestaltung in der Stadt Rothenburg o. d. T., Rothenburg 1952
Stadt Rüsselsheim: Bausatzung Rüsselsheim, Rüsselsheim 1963
Verordnung der Salzburger Landesregierung: Bestimmung über die Erhaltung der äußeren Gestalt der Bauten in der Altstadt, Salzburg 1968
Trieb, M.; Veil, J.: Rahmenplan und Gestaltungssatzung Leonberg, Leonberg 1973

Bildnachweis

1 Foto Wortmann/Klappert, Berlin
2 Merian 9/XXV.
3 La Region Parisienne Nr. 1
4 R. Keller, Bauen als Umweltzerstörung, Zürich 1973
5 Foto Wortmann/Klappert
7 E. D. Bacon, Stadtplanung von Athen bis Brasilia
8 wie vor
9 Fotos N. Daldrop, Stuttgart
15 Paris Projet Nr. 3
16 A Design Guide for Residential Areas; Essex County Council, Chelmsford
18 Stadterneuerung Heidelberg; Vertiefungsarbeit an den Fachbereichen 2 und 14 der Universität Stuttgart (Verf.: Baake u. a.)
19 Foto N. Daldrop, Stuttgart
20 Stadterneuerung Stuttgart-Zuffenhausen: Vertiefungsarbeit am Städtebaulichen Institut der Universität, Stuttgart. (Verf.: Baldauf, Grammel, Sohn, Trucksess, Wehlan)
21 wie vor
22 D. Appleyard, Street Livability Study, San Francisco
23 City Plan Commission: Urban Design Concept, Detroit 1971
24 wie 20
39 A. Kutcher, The New Jerusalem, London 1973
40 M. Trieb, J. Veil, Rahmenplan und Satzung zur Stadtgestalt Leonberg, Leonberg 1973
41 San Francisco Planning Dept., Urban Design Plan, San Francisco 1971
42 wie 39
43 wie 41
44 G. T. Nolli, Plan von Rom, 1748
45 Zeichnung Louis Kahn
46 R. Jagals, U. Jagals, B. Engel, Raumstruktur in Stadtbereichen, Stadtbauwelt H. 12, 1966
47 Foto K. Lehnartz, Berlin
48 Broschüre Stadtbildpflege Berlin; Bebauungsplanentwurf Schloßplatz Schwetzingen (Architekten Lutz & Wick, Kramer, Neuppert, Trosdorff), DB H. 12, 1973
49 H. Piper, Lübeck, Städtebauliche Studien zum Wiederaufbau einer historischen deutschen Stadt, Hamburg 1946
50 Paris Projet Nr. 6, Foto CSENA, New York, Paris Projet Nr. 1
51 wie 40
52 wie 40
54 wie 40
55 Foto Blume, Berlin
56 Foto A. D. Tzveten, New York
57 Foto K. Lehnartz, Berlin
58 Zeichnung Schnabel, aus: Victor Grün, Das Herz unserer Städte, Stuttgart 1973
59 Foto N. Daldrop, Stuttgart
61 Paris Projet Nr. 3
62 Foto K. Lehnartz, Berlin
66 Freie Planungsgruppe Berlin, Gutachten Lippstadt
67 Freie Planungsgruppe Berlin, Gutachten Hamburg
68 Baureferat der Stadt München, Fußgängerbereiche in der Altstadt

Alle anderen Abbildungen nach Angaben des Verfassers gezeichnet von Maria-Elaine Kohlsdorf, Jurek Katz und Wittig Belser

Bei Fragen zur Produktsicherheit wenden Sie sich bitte an:
If you have any questions regarding product safety,
please contact:

Birkhäuser Verlag GmbH
Im Westfeld 8
4055 Basel, Schweiz
productsafety@degruyterbrill.com